De tu hija con
muchísisisisimo cariño

TE QUIERO MUCHO PAPI !!

La Europa asocial

ATALAYA

475

LUIS MORENO

La Europa asocial

Crisis y estado del bienestar

EDICIONES PENÍNSULA

BARCELONA

Primera edición: diciembre de 2012

Ediciones Península,
Peu de la Creu 4, 08001-Barcelona.
info@edicionespeninsula.com
www.edicionespeninsula.com

VÍCTOR IGUAL · fotocomposición
ROMANYÀ VALLS, S.L. · impresión
DEPÓSITO LEGAL: B. 31.841-2012
ISBN: 978-84-9942-169-8

Para mi hija Eloísa

ÍNDICE

AGRADECIMIENTOS

El presente ensayo se redactó durante mi estancia en Roma merced al Programa de Movilidad del Ministerio de Educación (PR2010-0095). Como investigador social, estoy en deuda por el apoyo prestado a lo largo de mi carrera científica por las instituciones públicas de investigación españolas y, en particular, por los ministerios responsables de la instrucción y la ciencia. Desde mi beca predoctoral en Edimburgo (1983-1986), hasta la última ayuda de movilidad (2011-2012), he contado siempre con financiación pública competitiva de instituciones españolas y también europeas. En esta ocasión, agradezco la colaboración de mi anfitrión institucional romano (Istituto di Ricerche sulla Popolazione e le Politiche Sociali, Consiglio Nazionale delle Ricerche) y de su directora, Sveva Avveduto, por su apoyo y hospitalidad.

Asimismo, dejo constancia de que el presente libro no habría visto la luz pública sin el apoyo de la Fundación Europea de la Ciencia (convocatoria Eurocores-Hum-VIB, European Science Foundation), y la financiación del Ministerio de Educación (Acción Complementaria CSO2008-02874), patrocinadores del proyecto europeo «Actitudes hacia el bienestar en una Europa en transformación» (Welfare Attitudes in a Changing Europe). Investigadores sociales de diversos países europeos, junto a los miembros del grupo POSEB (Políticas Sociales y Estado del Bienestar), del Instituto de Políticas y Bienes Públicos (IPP-CCHS-CSIC), analizaron durante el periodo 2009-2012 la evidencia empírica relativa a las opiniones y percepciones expresadas por los ciudadanos en veintisiete países europeos.

Como profesor de investigación del Consejo Superior de Investigaciones Científicas (CSIC), he dirigido proyectos de investigaciones cuyos resultados sirven de soporte empírico y analítico a buena parte de las reflexiones recogidas en este volumen. Me he beneficiado científicamente de las actividades y empeños iniciados en 1988 en el Instituto de Estudios Sociales Avanzados (IESA), y desarrollados con posterioridad en la Unidad de Políticas Comparadas (UPC), centros predecesores del IPP, ahora instituto en el Centro de Ciencias Humanas y Sociales del CSIC. Este libro es fruto en buena parte de los múltiples debates sobre las últimas evoluciones del estado del bienestar y las políticas sociales en encuentros científicos, seminarios y proyectos de investigación desarrollados en dichas instituciones.

He sido afortunado al contar con fructíferas aportaciones de colegas a lo largo de mi singladura científica, algunas de las cuales se recogen de modos variados en las páginas que siguen. Estoy en deuda con Francisco Javier Moreno Fuentes por sus sugerencias y comentarios realizados antes y durante la redacción del libro. Salvador Giner, Manuel Pérez Yruela y Gregorio Rodríguez Cabrero son colegas (y, sin embargo, amigos) de larga trayectoria, cuyo magisterio conservo como un precioso activo científico y personal.

Agradezco, igualmente, los comentarios a distintos borradores del presente texto por parte de José Adelantado, Inés Calzada, Eloísa del Pino, Pau Marí-Klose, Francisco Javier Moreno Fuentes y Joan Romero.

Me han sido de gran utilidad las publicaciones previas realizadas con otros académicos cuyos nombres menciono a continuación, excusándome ante cualquier olvido involuntario e injusto: Manuel Aguilar Hendrickson, Ana Arriba, Luis Capucha, Álvaro Espina, Maurizio Ferrera, Peter Flora, Alessandro Gentile, Ana Marta Guillén, Stein Kuhnle, André Lecours, Nicola McEwen, Manos Matsaganis, Bruno Palier, Eloísa del Pino, Juan Antonio Ramos, Olga Salido, Sebastià Sarasa, Amparo Serrano Pascual, Peter Taylor-Gooby y Carlos Trelles. Han sido también útiles los alientos, las sugerencias y las conversaciones mantenidas con Marco Accorinti, Paolo Calza Bini, Julio Carabaña, Demetrio Casado, Fernando Casas, María Gómez Garrido, Antonio González Temprano, Miguel Laparra, Margarita León, Ramón Máiz, Vicente Marbán, Alberto Martín Pérez, Maite Montagut, Begoña Pérez Eransus, Enrico Pugliese, Joaquín Roy, Sebastián Royo, Joan Subirats y Joseba Zalakain. Por supuesto, la responsabilidad de los puntos de vista y análisis efectuados en el libro es exclusivamente del autor. Estoy igualmente en deuda con Manuel Fernández-Cuesta, editor de Ediciones Península, por su apoyo e interés.

Gracias, por último, a mi esposa Patti, a mis hijos Magüi, Jojo y Elo, a mi nieto Adrián, al *nonno* Antonio (†), a mi hermano Pepe, así como a Andrew, Barbara, Carmen, Fernanda, Jack, Jordi, José Antonio, Lilí, María Jesús, María José, Maria Chiara, Michael, Pear, Rosa y Truzzo por su amistad y cariño durante el tiempo que redacté este libro.

LUIS MORENO
Roma (Campo Marzio), mayo de 2012

PRESENTACIÓN: LAS EDADES DEL *WELFARE*

INTRODUCCIÓN

Define el estado del bienestar (EB) un conjunto de instituciones estatales proveedoras de políticas sociales dirigidas a la mejora de las condiciones de vida y a procurar la igualdad de oportunidades entre los ciudadanos. Las políticas sociales, a su vez, son intervenciones de los poderes públicos que afectan a las oportunidades vitales de los ciudadanos y cubren sus riesgos vitales, sobre todo en los ámbitos de la educación, el empleo, la salud, la seguridad social y las transferencias fiscales. El gasto público destinado a los EB está comprendido en una franja entre una quinta parte y un tercio del producto interior bruto (PIB) y supone alrededor de la mitad del gasto público de sus países. Ambos rasgos caracterizan distintivamente a los EB europeos.[1]

Durante la segunda mitad del siglo XX, y con altos grados de legitimidad, el estado del bienestar hizo posible la aspiración ciudadana por la mejora de las condiciones de vida en Europa occidental. Cabe establecer, en retrospectiva, que a los *treinte gloreuses*, o periodo de la edad de oro[2] del capitalismo del bienestar europeo (1945-1975), le sucedió una edad de plata (1976-2007),[3] que mantuvo una encomiable resiliencia[4] ante los persistentes ajustes a fin de contener los gastos sociales (*cost containment*) y para evitar retrocesos de las políticas del bienestar (*welfare retrenchment*).

Tras el crack económico de 2007,[5] la cuestión que ponderar en los inicios del siglo XXI es si la presente edad de bronce del *welfare* (2008-¿?) podrá mantener los rasgos constitutivos del bienestar social consolidados en la segunda mitad del siglo XX. Las edades de oro y plata del bienestar fueron efectivas en la resolución de los «viejos riesgos sociales» industriales (asistencia sanitaria, desempleo o pensiones de vejez, pongamos por caso). Sin embargo, las limitaciones del EB se fueron evidenciando con la maduración de algunos programas públicos de bienestar social, la emergencia de «nuevos riesgos sociales»[6] y un asedio ideológico neoliberal en pos de su desmantelamiento. ¿Es aún el bronce que caracteriza la edad del *welfare* actual un metal ganador en la pugna por preservar la ciudadanía social en la Unión Europea? ¿O debería la historia social pasar la página del EB como un asunto pretérito sin más valor que su evocación retórica?

CONTEXTO ANALÍTICO

Tras la Segunda Guerra Mundial, los sistemas de protección social de las democracias occidentales facilitaron un notable aumento del bienestar ciudadano y un grado considerable de emancipación de las clases sociales subordinadas. Ello se logró mediante actuaciones públicas que contribuyeron a una sensible mejora de sus condiciones materiales. Las prestaciones y servicios educativos, sanitarios y de previsión social aportaron legitimidad a los mecanismos de acumulación capitalista y posibilitaron un consenso en la Europa occidental responsable de una prosperidad y una paz social sin precedentes en la historia de la modernidad continental y, por extensión, internacional.[7] En dicha evolución, los procesos de unificación europea arroparon los avances conseguidos por los EB europeos. La idea de una Europa fraternal y compasiva aportó consistencia normativa al bienestar social, fortalecido por los hitos institucionales de la europeización.

La fundación en 1951 de la Comunidad Europea del Carbón y el Acero auspició el Tratado de Roma de 1957, el cual, a su vez, propició la andadura de la Comunidad Económica Europea y la eventual construcción de la Unión Europea.[8] En todo su inacabado proceso de construcción sistémica, la europeización ha perseguido una integración económica, política y social mediante la fijación de derechos de protección social respetuosos con estilos de vida y tradiciones culturales milenarias. La subsidiariedad y la responsabilidad democrática han sido sus dos grandes principios políticos basados en la tutela de los derechos humanos. La solidaridad entre los ciudadanos se ha mantenido como aspiración por la justicia social de unas sociedades largamente lastradas por las inequidades del pasado.

«Capitalismo del bienestar» es la expresión acuñada para describir el modelo de crecimiento económico y cohesión social en el Viejo Continente desde la mitad del siglo XX. Tal modelo ha procurado la legitimación de un orden económico capitalista mediante la institucionalización del EB tras 1945. Con anterioridad a esta fecha, otras estrategias y variantes de previsión y mutualismo sociales sentaron las bases de los modernos EB, como fue el caso de los sistemas contributivos bismarckianos europeos. En Estados Unidos de Norteamérica, su híbrido del bienestar social había incentivado la provisión de servicios por las empresas y las organizaciones altruistas. Las políticas del *New Deal*[9] estadounidense plasmaron enfoques del capitalismo del bienestar, en especial en la resolución de la crisis económica del crash de 1929. Más adelante se analizarán con mayor detalle los diversos regímenes y mundos del bienestar. Baste por ahora manifestar el carácter diferencialmente europeo de sus EB frente a la variante del *welfare* norteamericana, donde la actuación de los poderes públicos nunca alcanzó —o quiso alcanzar— la capacidad autónoma de sus instituciones públicas para modificar las dinámicas del mercado.

Con la llegada al poder de Margaret Thatcher en 1979, se quebró el amplio consenso económico, político y social sustentador del EB británico en el Reino Unido (Crouch, 1999). El ejemplo sería seguido por otros gobiernos europeos y de países desarrollados, los cuales retrotrajeron sus recetas de economía política a actuaciones «ortodoxas» propias de las formas del capitalismo decimonónico, tales como la reversión de la intervención pública (*rolling back the frontiers of the state*), una baja inflación, una férrea disciplina financiera y una neutralización de actores sociales antagónicos (sindicatos). Tales programas de actuación se implementaron con desiguales rendimientos políticos, pero con una reconocible intención de cortapisar derechos y tutelas (*entitlements*) de los ciudadanos. A una explosión de demandas del bienestar, tras el periodo 1945-1975, le sucedió una implosión de decisiones gubernamentales, acompañadas ambas por una creciente congestión institucional en la provisión de políticas y servicios y una limitada disponibilidad presupuestaria ante la maduración de los sistemas de protección social.

Se ha comparado el denominado thatcherismo con la desregulación de la *Reaganomics*, promovida desde 1981 por el presidente Ronald Reagan en Estados Unidos.[10] Ambas favorecieron la (re)privatización de empresas nacionalizadas o públicas y una mayor imposición indirecta de índole regresiva, amén de recortes en las prestaciones sociales. Pese a su mayor o menor afinidad económica y política, destaca como rasgo singular compartido entre dichos enfoques una matriz cultural común, dado que se produjeron inicialmente en países anglosajones de tradición liberal. Con posterioridad, otros gobiernos europeos en países con tradiciones políticas estatalistas hicieron también suyos los diagnósticos del neoliberalismo anglosajón, tales como Alemania, Italia, y la propia Francia. Sus actuaciones fueron implementadas de manera indistinta por ejecutivos de derechas y de izquierdas, dándose mestizajes ideológicos en todo el mundo, tales como la denominada Tercera Vía, la cual agrupó a líderes políticos tales como Blair, Clinton, Jospin, Lula da Silva, Menem, Prodi o Schroeder.

Los nuevos centristas mostraron una inédita aversión a la intervención estatal y abrazaron con la fe del nuevo converso el credo neoliberal de delegar a los mercados financieros la guía de la vida social y económica. Se asumieron las tesis de la eficiencia, la creatividad y la innovación mercantiles y se facilitaron ventajas fiscales para las grandes empresas. Por su parte, la estética de los «terceristas» se mimetizó con el glamour de millonarios y «triunfadores», en muy poca sintonía con los estilos de vida de buena parte de sus votantes.[11]

Ciertamente, las recetas del neoliberalismo monopolizaron en los últimos decenios el debate de las políticas económicas viables y obtuvieron un acuerdo de economía política cuasi unánime. En 1989, el denominado «fundamentalismo de mercado» se plasmó en el llamado Consenso de Washington, un compuesto sintético de diez medidas avaladas por instituciones radicadas en la capital estadounidense (Banco Mundial, Fondo Monetario Internacional y Departamento del Tesoro estadounidense).[12] El Consenso de Washington pasó a erigirse como el canon de economía política para los países de la OCDE. Una suerte de convicción monetarista reemplazó al keynesianismo de la posguerra mundial. Se otorgó carta de naturaleza a la racionalidad de las fuerzas del mercado como criterio de actuación económica en el nivel doméstico nacional, así como a una mayor interdependencia de la economía mundial, todo ello siguiendo el patrón anglo-norteamericano de globalización reforzado tras la caída del muro de Berlín.

Durante el transcurso de la edad de plata (1976-2007), analizada con mayor detalle en el segundo capítulo de este volumen, se puso en evidencia la creciente influencia de los mercados a la hora de limitar la soberanía de los EB. Estos debían consolidar las grandes inversiones sociales efectuadas durante un prolongado periodo de crecimiento y prosperidad. A pesar de las fuertes presiones para equilibrar entradas y salidas en los libros de contabilidad nacional[13] y procurar la contención de costes (*cost containment*), el gasto social del EB no retrocedió en ninguno de los países con sistemas de protección más maduros.[14] Si acaso, aumentó en aquellos países de desarrollo tardío, como la España posfranquista, dado su empeño por recuperar el tiempo perdido.

Corolario del descontrol de ciertos mecanismos de crédito privado y la maximización de prácticas especulativas mediante sofisticados instrumentos financieros y derivados,[15] se desencadenó en 2007 una crisis global provocada por el colapso de las hipotecas *subprime* en el mercado de la vivienda estadounidense y la quiebra, al año siguiente, del gigante bancario Lehmann Brothers. La subsiguiente licuación financiera provocó una crisis mundial de amplio alcance y repercusiones que afectaron, especialmente, a las democracias del bienestar (pos)industriales, cuyos gobiernos pusieron a disposición del sistema bancario cantidades ingentes de dinero público a fin de evitar la quiebra de sus sistemas financieros. El alcance y los efectos futuros del crack de 2007 son de naturaleza conjeturable, pero la extensión mundial del tipo de capitalismo de casino ha constatado una estrategia hacia un modo de crecimiento donde la avidez imposibilita la solidaridad (Schwartz, 2008).[16]

PREGUNTAS DE INVESTIGACIÓN Y EMPEÑO INDAGADOR

¿Ha cedido la Europa social el paso a la Europa asocial?; ¿se desvinculan los europeos del bienestar de sus conciudadanos?; ¿existe un cambio civilizatorio hacia nuevas formas de individualismo posesivo?; ¿es prescindible el estado del bienestar en una economía mundializada?; ¿será la presente edad de bronce del *welfare* el preludio de una vuelta a la prehistoria del bienestar social? Las respuestas a tales preguntas de investigación —interrelacionadas entre sí— enmarcan el empeño indagador del presente ensayo.

Tras el crack de 2007, el modelo neoliberal ha sido identificado como el principal responsable de los excesos financieros y las turbulencias económicas mundiales. No obstante, las recetas europeas para la salida de la crisis pronosticaban «más-de-lo-mismo». Eran notorias las reticencias de los gobiernos nacionales de los estados miembros de la UE a articular una acción coordinada continental. Persistían las dificultades para crear una alternativa política y económica continental, circunstancia evidenciada en la negativa del gobierno conservador-liberal británico a profundizar en la europeización fiscal y beligerante contra la moneda común europea (euro).[17] Sí se habían (re)abierto, en cambio, múltiples interrogantes respecto a la sostenibilidad social y económica de los EB europeos, y a la voluntad política de salvaguardar su pervivencia y la de la propia Unión Europea. En diversas comunidades académicas y epistémicas se insistía en la dificultad de imaginar una UE sin EB nacionales. Pero los escenarios de futuro del *welfare* aparecían borrosos tanto para los decisores públicos (*policy makers*) como para la común de las gentes.

Desde 2007, las respuestas gubernamentales de los países europeos a la crisis han sido erráticas, a pesar de la insistencia de las recomendaciones comunitarias en consolidar las redes nacionales de bienestar favorecedoras de la cohesión social. Las visiones soberanistas de los estados miembros insistían en que sus fronteras territoriales eran los límites naturales para la preservación del *welfare*, al ser este jurisdicción y competencia exclusiva de los EB europeos y quedar, por ende, al pairo de las interferencias del *acquis communautaire*. Además, las políticas sociales se presentaban como meros subrogados de las políticas económicas nacionales.[18]

La aspiración de la UE de ser la economía del conocimiento más competitiva y dinámica del mundo en 2010, proclamada en la Cumbre de Lisboa de 2000, había colisionado estrepitosamente con el mantenimiento de un nacionalismo estatalista receloso de la europeización. Tal actitud seguía lastrando, a comienzos de 2012, la articulación de una acción económica europea frente a la concurrencia de Estados Unidos y

Japón, y a la pujanza productiva de los denominados países BRICS (Brasil, Rusia, India, China y Sudáfrica).[19] Las respuestas de los gobiernos de los estados miembros de la UE se habían canalizado de manera individual en la creencia de que las naciones europeas podrían preservar sus ventajas en los mercados globalizados (Alemania, Francia o Reino Unido) y, en el caso de algunos países con EB maduros, conservar tanto sus sistemas de protección sociales como su alta competitividad comercial internacional (por ejemplo, los países nórdicos). Se fundamentaba tal creencia en las supuestas bondades de las capacidades idiosincráticas de algunos países más laboriosos y rigurosos (en el centro y norte europeos), en contraste con otros menos industriosos y aplicados (sudeuropeos y excomunistas). Se apuntaba a que estos últimos no podrían mantener sus sistemas de protección social, muchos de ellos fatigosamente construidos o mantenidos durante la edad de plata del *welfare*.

En líneas generales, las últimas evoluciones de la mundialización económica parecen haber reducido a dos la escala de opciones de reformas del bienestar: (a) la adopción de un modelo de individualización remercantilizadora, característico del neoliberalismo anglo-norteamericano, o (b) la asunción de un tipo de neoesclavismo laboral y de *dumping* social distintivo del modelo asiático emergente. Si respecto al primer modelo, más afín a los antecedentes históricos y los presupuestos políticos de los países europeos, se proponía una renovación capitalista que preservase, aun residualmente, algunas de sus más conocidas improntas sociales, el segundo modelo apuntaba a una mayor competitividad en el (des)orden económico global favorecido por la ausencia de derechos y tutelas sociales, y por una permanente pugna por el regateo y espiral a la baja (*race to the bottom*). En la confluencia de ambas opciones se denotaba una preferencia común por la devolución a la esfera privada de aquellas responsabilidades tradicionalmente asumidas, en el caso del modelo europeo, por los poderes públicos y complementados por la acción de grupos primarios como los familiares y por organizaciones altruistas de la sociedad civil. La senda de futuro parecía encaminarse de manera irremisible hacia la Europa asocial.

ASUNCIONES CIENTÍFICAS Y PROPÓSITOS INTENCIONALES

Con pertinaz insistencia, los científicos sociales se concentran en la explicación exhaustiva de alguna dimensión de los fenómenos observables. Ello se realiza de acuerdo con su área de especialización o dominio de conocimiento. Tal enfoque acostumbra a identificar a un responsable causal independiente, o a un condicionante inexorable de las otras dimensiones orilladas por el sesgo cognitivo del investigador. En ocasiones, los análisis alcanzan un alto grado de excelencia científica mediante la utilización de métodos sofisticados, con una predilección por aquellos cuantitativos en el afán de homologar las ciencias humanas y sociales con aquellas otras «duras» y «exactas», tales como la física o la matemática. Dichos empeños se llevan a cabo indistintamente desde presupuestos éticos esencialistas, materiales deterministas o reduccionistas epistemológicos. No es ese el caso del presente ensayo.

El autor lleva a sus espaldas un bagaje no liviano como investigador sobre el EB y las políticas sociales en la confluencia epistemológica y metodológica de la sociología, las ciencias política y de la administración, y la economía política. Esta última aproximación disciplinar, en ósmosis permanente con la sociología económica y pública,[20] es acreedora en mayor medida de los análisis recogidos en este libro, los cuales se concentran en las relaciones entre la economía y el poder político en el desarrollo del *welfare* o bienestar social. Naturalmente, el establecimiento de fronteras de conocimientos en el contexto de las ciencias sociales es con frecuencia un ejercicio científico irrelevante. La compartimentalización académica de las ciencias sociales ha sido efecto y causa de una mostrenca especialización en subáreas de observación a menudo desligadas entre sí. Quizás haya sido la ciencia económica la que haya mostrado un mayor ensimismamiento disciplinar con la ingente producción de modelos formales, los cuales ignoran de manera asidua las diversas aportaciones de otras ciencias sociales y suelen instalarse en una excelencia científica sin relevancia para el decisor público (*policy-maker*).

Con carácter general, debe señalarse que el presente ensayo tamiza consideraciones políticas en el análisis de las implicaciones económicas que afectan a Europa. El principal propósito de este libro es ofrecer análisis e ideas de carácter aplicado que, eventualmente, los puedan tener en cuenta los actores sociales y las instituciones implicadas en el ulterior desarrollo del bienestar social. Al analizar las realidades de lo económico, el acento de las reflexiones se sitúa en la esfera de lo político. La metodología comparativa es la adoptada en un trabajo de índole inter- y trans- nacional y que tiene al Viejo Continente como contexto geográfico y político de referencia. La dimensión de la gobernanza multinivel forma, en gran medida, parte de los análisis de economía política llevados a cabo en las páginas del presente volumen.

Recuérdese que la economía política hunde sus raíces en la filosofía moral del siglo XVIII, y especialmente en las aportaciones de los pensadores de la Ilustración escocesa, auténticos pioneros en reflexionar cómo optimizar opciones, conductas e instituciones de la economía. Ya en 1776, Adam Smith (1723-1790) publicó su *Investigación de la naturaleza y causas de la riqueza de las naciones*, lo que le confirió posterior reputación como el más preclaro teórico del liberalismo económico y configuró sus ideas como el basamento conceptual más influyente de la economía política del mercado.[21] David Hume (1711-1776), quizás el más atrevido de los teóricos especuladores en la historia de la filosofía, así como Adam Ferguson, introductor y teórico del concepto sociológico de sociedad civil, y John Millar, proponente analítico de la historia constitucional y la clase social, generaron, junto con las tesis postuladas por la escuela filosófica del sentido común (*Scottish School of Common Sense*),[22] considerables debates de economía política de amplia repercusión no solo para el devenir de la modernidad en Gran Bretaña, sino también en todo el continente europeo y el hemisferio occidental.

La intelección inquiriente de los pensadores de la Ilustración escocesa concuerda con la intención general del investigador social por: (a) conocer el modo de subsistencia económica dominante, y (b) los modos de organización y las eventuales transformaciones societarias. En tiempos recientes, además de los análisis marxianos, o de los enfoques de la elección pública (*public choice*), la «nueva economía política»[23] ha concentrado su empeño científico en ofrecer propuestas de intervenciones y políticas económicas a gobiernos y ciudadanos, especialmente respecto a los conflictos distributivos e institucionales de las sociedades (pos)industriales del bienestar.

Más allá del determinismo economicista, los análisis de la nueva economía política utilizan recursos conceptuales y metodológicos de otras ciencias sociales despreciados por aquel. Útiles de la psicología social, por ejemplo, favorecen narraciones causales en el entendimiento de los procesos estocásticos de los mercados de valores en las crisis financieras. Dentro de la pluralidad interdisciplinar a disposición de la nueva economía política cabe mencionar la tríada analítica de las tres *íes*, compuesta por los intereses organizados, las ideas/ideologías y las instituciones. Las tres *íes* interactúan entre sí en un modo clarificador de los procesos de transformación de las políticas del bienestar en curso y conforman el principal marco heurístico de observación en este ensayo (Moreno, 2009a).

En términos generales, se asume que las ideas (ideologías) se confrontan con los intereses a través de la mediación de las instituciones, tanto públicas como privadas. El examen de los agentes sociales —sus demandas, movilizaciones y reivindicaciones— es, por tanto, de importancia crucial en el armazón analítico de las tres *íes*. A su vez, las ideas son aquellas que los actores tienen para conseguir sus intereses, los cuales suelen manifestarse en situaciones «ganadoras» y «perdedoras» tras los cambios de las políticas (*policy shifts*). Las instituciones, por su parte, se tienen en cuenta especialmente en cuanto al establecimiento de las reglas de juego, los procedimientos de conflicto y negociación que estructuran los juegos de intereses de los actores y las posibles consecuencias de las reformas de las políticas (Hall, 1986).

Las reflexiones realizadas en el presente ensayo deben considerarse en su dimensión analítica y no tanto como desiderata normativa del autor. Una declaración propositiva tal solo puede exponerse como bucle intencional; el autor es consciente de la inevitabilidad del sesgo cognitivo. Se procura atender a la exigencia de explicar los fenómenos observados siguiendo las pautas generales de la aplicación inductiva de la mayéutica. Se trata, en otras palabras, de adecuar la máxima socrática de indagar la verdad latente en cada lector mediante la exposición de análisis y reflexiones que estimulen su propio raciocinio explorador y la extracción de conocimiento. En dicha tarea, se utiliza la hermenéutica comprensiva del *Verstehen* weberiano con el objetivo de interpretar el significado de los fenómenos analizados y los motivos racionales empleados para comprender las acciones humanas. El recurso a la lógica situacional, ceñida a la coyuntura de desafíos a los que se enfrenta el EB, persigue un modo de explicación de las expectativas y, eventualmente, de las conductas sociales intencionales y anticipadoras (Giner, 1997).

En síntesis, el presente ensayo indaga en la permanencia y cambio del EB en Europa y en el tránsito de lo «social» a lo «asocial». El caso de España es el contrapunto local de reflexiones con vocación comparada y generalizable, por lo que son frecuentes las acotaciones y referencias al caso español. El propósito general del ensayo es estimular en el lector una valoración de los procesos que afectan al EB europeo y a las perspectivas de su futuro indeterminado. Además, y como objetivo complementario de la obra, el autor pretende dar unidad en el presente ensayo a un conjunto previo de estudios y observaciones publicados durante más de una treintena de años como investigador social. De ese modo se pretende saldar cuentas con la coherencia de un pasado científico empeñado en el estudio de los temas que interesan al EB como objeto de estudio.

PLAN DE LA OBRA Y CONTENIDOS

Tras fijar el contexto de análisis, el propósito y el plan de la obra en esta presentación, el capítulo I del libro indaga en los fundamentos conceptuales y teóricos del EB. En el título de este capítulo inicial ya aparece la pregunta de si nuestro objeto de estudio puede ser considerado un epifenómeno de la modernidad en Europa. Discursivamente, el punto de partida —¿y de llegada?— de los modernos EB correspondería a la cuarta fase del modelo de Europa, propuesto por Stein Rokkan,[24] y a la formalización de los valores de igualitarismo y solidaridad expresados en las categorías de la ciudadanía civil, política y social (Marshall, 1950).

Se teoriza y revisa la génesis histórica, el desarrollo y la consolidación del EB como una progresiva sedimentación institucional europea, al tiempo que se incorpora un análisis esclarecedor de los regímenes del bienestar europeos, considerados como constelaciones de encajes institucionales de carácter económico, político y social (Esping-Andersen, 1990). El régimen de bienestar (*welfare regime*) denota una relación compleja de rasgos legales y organizativos entrelazados entre estado y economía, y se manifiesta en cuatro grandes tipos: anglosajón, continental, mediterráneo y nórdico. El análisis macrocomparativo de los regímenes o mundos del capitalismo del bienestar europeos sirve al propósito de distinguir e identificar rasgos comunes de países similares en su lógica del bienestar (*welfare rationale*). Una vez reconocidas las disparidades históricas y de encajes operativos en la organización del bienestar, la convergencia observada entre los regímenes europeos no solo valida las tesis de la integración en la Unión Europea, sino que constata un anclaje en sus sistemas de valores compartidos encarnados en sus EB y sistemas de protección social (Adelantado y Calderón, 2005).

El capítulo II versa sobre el crecimiento hasta límites de la institucionalización del bienestar social en los EB europeos. La bonanza en las condiciones de vida de los europeos durante la segunda mitad del siglo XX, fruto de los logros de las políticas sociales, llevó consigo cierta saturación de las intervenciones públicas. A las crecientes demandas del bienestar social se correspondió, tras las crisis de mediados de la década de 1970, una limitación de decisiones gubernamentales, lastradas por: (a) factores exógenos, como la universalización del modelo económico anglo-norteamericano, y (b) endógenos, como han sido los propios efectos perversos del *welfare*, tales como el riesgo moral (*moral hazard*) o las apropiaciones indebidas. Los cambios societarios, sin embargo, son identificados en este segundo capítulo como las principales causas en la aparición de los «nuevos riesgos sociales» (NRS) que han condicionado toda la etapa final de la edad de plata del bienestar social. Plantean estos últimos un dilema de cuya resolución depende en buena medida la consolidación, o no, de la tendencia a una mayor individualización mercantilizadora en la gestión de los riesgos sociales. El cuestionamiento del pacto fiscal en Europa, junto a la molicie gubernamental respecto al fraude en el pago de los impuestos que facilitarían medios y recursos para la activación de los ciudadanos precarios europeos, suscitan nuevas dudas respecto al mantenimiento de las «mallas de seguridad» o «últimas redes» de protección social que han conferido cohesión social y estabilidad productiva en el Viejo Continente (Moreno, 2000).

El capítulo III concentra sus análisis en el Modelo Social

Europeo (MSE), proyecto articulado en torno a la solidaridad colectiva, la equidad social y la eficiencia productiva resultantes de los procesos de conflicto y cooperación en la Europa contemporánea. Promueve el MSE una ciudadanía social entendida como una limitación a la desigualdad social y económica, una mayor protección a los más vulnerables y un partenariado social activo. Como objetivo estratégico, el MSE auspicia el crecimiento económico sostenido y sostenible basado en la cohesión social. La axiología de los europeos es el soporte legitimador de una Europa social que ha sido cuestionada abiertamente por la última crisis económica: ¿a nivel ontológico, es posible un capitalismo del bienestar de la austeridad? La respuesta demanda una aclaración de los conceptos de gasto social, así como de la renovación efectiva del pacto social implícito en los sistemas de progresividad fiscal.

Con la maduración de los EB y el efecto expulsión (*crowding-out*) provocado por la cobertura de los «viejos riesgos sociales», el gasto social se ha hecho peregrino. Sin embargo, en la actual coyuntura del proceso de europeización, una mayor implicación de las instituciones europeas supraestatales y de los ámbitos de gobernanza subestatales produciría un ajuste y una racionalización de los encajes del bienestar. Cuando se trata de gestionar servicios sociales de atención personal, como la promoción de la autonomía, la subsidiariedad hacia los niveles de gobernanza local gana en legitimidad y eficiencia operativa. En no poca medida, la pervivencia o extinción del MSE dependerá de la adecuación de sus fronteras exteriores e interiores de solidaridad a formas inéditas de redistribución de recursos y rentas (Ferrera, 2005).

El capítulo IV centra su interés en la inestabilidad del conflicto de legitimidades entre el capitalismo y el bienestar en el contexto de la mundialización. Tal disyuntiva queda enmarcada en la interdependencia global impuesta por los mercados financieros mundiales. ¿Ha sobrepasado la Europa del bienestar su propio umbral de competencia, según el conocido «principio de Peter» (*Peter Principle*)? Bien podría ser que los postulados neoliberales hayan obtenido una victoria completa en la batalla de las ideas. De ser así, la estrategia del arramble y los resultados de la política del «ganador todo se lleva» (*winner-takes-all politics*) se plasmarían en una Europa asocial fundamentada moralmente en un individualismo (re)mercantilizador, propiciador de una mayor disparidad de rentas y un reparto desigual de las cargas fiscales, tal y como ha venido sucediendo en Estados Unidos (Hacker y Pierson, 2010). Como medidas de desarrollo alternativo, ¿cuáles podrían ser las inversiones sociales de futuro sostenedoras de la Europa social? En el contexto de la mundialización, la generación de valor añadido mediante tales inversiones constituiría la principal ventaja comparativa de un proyecto europeo de crecimiento sostenible y bienestar ciudadano.

La sección final concluye que el MSE y el EB, como su expresión institucional, se enfrentan a un futuro incierto, y con él la propia idea social de Europa. La articulación de la política por partidos y formaciones paneuropeas se identifica como senda de revitalización del bienestar. El freno de los nacionalismos estatalistas —y sus formaciones políticas nacionales— a la hora de procurar soluciones europeas a problemas comunes de dimensión continental solo podría ser contrapuesto por una sintonía y una acción conjugadas en torno a las grandes corrientes europeas cristianodemócrata y socialdemócrata, principales soportes ideológicos del EB. La alternativa neoliberal ha demostrado su capacidad de coacción efectiva para sortear la crisis, al condicionar la vida pública al mantenimiento de los grandes intereses corporativos y entramados financieros, los cuales se presentan como «demasiado grandes para desmoronarse» (*too big to fall*). La consolidación de los mercados como guía política y económica en los diversos ámbitos de gobernanza multinivel de la UE empujaría a la forja de una Europa asocial en una edad ya pos-*welfare*.

I

ESTADO DEL BIENESTAR, ¿EPIFENÓMENO DE LA MODERNIDAD?

INTRODUCCIÓN

En las páginas que siguen una serie de consideraciones teóricas y áreas de observación pretende inducir en el lector su propia respuesta al título de este capítulo. En nuestro arranque discursivo se priorizan premisas conceptuales y disquisiciones historiográficas en el estudio del estado del bienestar (EB). En las primeras secciones se revisan nociones relativas a la ciudadanía, la asociabilidad y los individuos posesivos. Contextualmente, el periodo de tránsito del tercer milenio se correspondería con un contexto económico en el que la mundialización empujaría a los individuos a procurarse una autosuficiencia personal extemporánea del bienestar colectivo. Es este un aspecto crucial en la argumentación de la creciente asociabilidad europea, importada cultural y estéticamente de la otra orilla del Atlántico norte.

El examen de las capacidades y los límites del capitalismo del bienestar es un ejercicio insoslayable a fin de ponderar, aun en escorzo, el carácter en principio episódico del EB en el decurso de la (pos)modernidad. Sus éxitos en el mantenimiento de la paz y la cohesión sociales en el Viejo Continente reclaman el interés analítico sobre su origen y desarrollo durante el siglo xx, lo que ocupa a los subsiguientes apartados, incluido el caso de la trayectoria del EB en España. De acuerdo con el enfoque de los regímenes del bienestar, son discernibles cuatro (anglosajón, continental, mediterráneo y nórdico), caracterizados por su sedimentación institucional y sus peculiares lógicas de funcionamiento.

En las últimas secciones de este capítulo se revisa tanto a la convergencia de los regímenes del bienestar, corolario en buena medida del proceso de europeización, como el acercamiento de sus esfuerzos de gasto social. Se reflexiona sobre las dificultades de auspiciar políticas comunitarias respetuosas con la unidad y la diversidad de las políticas sociales en la Unión Europea, y los intentos inciertos de conseguirlo mediante la aplicación del denominado método abierto de coordinación. Finalmente, y de acuerdo con la evidencia empírica analizada de la Encuesta Social Europea (2008), en los valores compartidos por los europeos se colige un mínimo común denominador axiológico legitimador de la redistribución solidaria, y una atención por el bienestar de las personas mayores, ambas funciones características de los EB en el Viejo Continente.

CIUDADANOS ASOCIALES

La comunidad moral en condiciones de modernidad estableció el principio de pertenencia a la politeya (estado nacional) como responsabilidad tanto individual como colectiva de sus ciudadanos. No obstante, existen visiones teóricas enfrentadas respecto a cuáles deberían ser las instituciones garantes de las responsabilidades individual y colectiva en derechos y deberes ciudadanos. Dos perspectivas divergentes del propio pensamiento democrático liberal sirven para ilustrar tales disparidades a la hora de hacer efectivo dicho principio civilizador.

Para el pensamiento liberal clásico, reciclado a conveniencia por los neoliberales de fines del siglo xx, no existen medios ni criterios que puedan fijar una jerarquía colectiva de deberes ciudadanos más allá de la instauración de un marco mínimo institucional que garantice el intercambio irrestricto de ideas y mercancías.[1] Para el liberalismo social,[2] sí existe un deber u obligación moral de la comunidad en la provisión de los medios que puedan cubrir las necesidades básicas de todas las personas, ya que su inexistencia imposibilitaría el cumplimiento de sus respectivos deberes individuales como ciudadanos.[3]

En contraste con la institucionalización de los derechos civiles y políticos implantados tras las revoluciones liberales de los siglos XVII y XVIII (Marshall, 1950), los últimos lustros han sido testigo de reiterados intentos por desformalizar derechos de ciudadanía social, así como de un cuestionamiento de las que parecían conquistas sociales irreversibles. Si bien el proceso de democratización de masas en la modernidad apuntaba a la consecución de la ciudadanía social como estadio superior civilizatorio, ello implicaba una superación de las llamadas libertades negativas, basadas en el principio constitucional de igualdad e imparcialidad. En los EB europeos, con el acceso a libertades positivas como la procura de protección social contra los riesgos sociales durante los ciclos vitales de los ciudadanos, se superó en buena medida la concordancia entre ambos tipos de libertades negativas y positivas (Berlin, 1958). El liberalismo de corte clásico, así como el neoliberalismo de nuevo cuño, han insistido muchísimo en que la única aspiración razonable en nuestras democracias avanzadas es que los poderes públicos garanticen la práctica y el disfrute de libertades negativas, al tiempo que se deja a los individuos la decisión de construirse sus libertades positivas y, en suma, su propia ciudadanía social basada en un pluralismo no relativista (Giner, 1992). Los riesgos inherentes a la vida social deben ser cubiertos, en primera instancia, por los propios individuos. Según palabras de Margaret Thatcher, «existen individuos, hombres y mujeres, y existen familias. Y ningún gobierno puede hacer nada si no es a través de las personas, y las personas han de ocuparse, ante todo, de ellas mismas. Nuestro deber consiste en ocuparnos de nosotros mismos, y después de ocuparnos de nuestro prójimo» (1993: 528).[4]

Además, se ha insistido en la imposibilidad de establecer un orden transitivo de preferencias como agregación de las meramente individuales (Arrow, 1950). De todo ello se traduce en un entendimiento asocial de la existencia humana que enfatiza el individualismo, a menudo posesivo, como norma comportamental inescapable: el individuo es el único propietario de sus destrezas y capacidades, y de ello no debe gran cosa a la sociedad. Además, tales destrezas y competencias son mercancías que se pueden comprar y vender en un mercado libre de interferencias reguladoras. En tal marco asocial cuenta sobremanera la insaciable pulsión por el consumismo egoísta y la avaricia acaparadora, identificados como inapelables motores de la existencia humana y principios guía de toda actividad económica (Macpherson, 1962). En la seminal idea del consumismo conspicuo (*conspicuous consumerism*), conceptualizada por Thorstein Veblen (1899),[5] Daniel Bell (1974) señalaba de manera premonitoria que el capitalismo consumista hacía a los ciudadanos unos cautivos de la industria de la satisfacción individual inmediata.

Para la concepción asocial del individualista posesivo, la sociedad es un constructo humano cuya única finalidad última es proteger a los individuos y a sus propiedades, manteniendo el orden en las relaciones de intercambio entre las personas como propietarios. La sociedad queda reducida a la sociedad de mercado, donde la independencia personal prevalece sobre cualquier otra consideración. En vez de una militancia de hostilidad hacia el colectivo social, se prefiere una posición de autosuficiencia en clave personal con una evitación de obligaciones sociales, las cuales sí predominan —por paradójico que pueda parecer— en sociedades altamente individualistas, como las escandinavas, pero con un alta interiorización personal de los deberes para con los otros.[6]

Con los comportamientos de responsabilización social se evitan procesos de desvinculación social y desafiliación que han caracterizado desarrollos en algunas sociedades continentales durante la edad de plata del *welfare* (1976-2007) [Castel, 1992]. Debe observarse que el individualismo social nórdico emplaza vicariamente a las instituciones estatales del bienestar a ocuparse de quienes necesitan ayuda, eludiendo quizás una implicación personal directa. Pero el alto grado de confianza mutua y el capital social de las sociedades escandinavas hace posible una gran solidaridad institucional en una «sociedad de individuos» (Elias, 1990). Todo ello se hace patente en el pago de impuestos considerablemente mayores que el resto de las democracias industriales avanzadas. [7]

A nivel instrumental, el cuerpo social o colectivo es asumido por los individuos asociales como un referente circunstancial en provecho propio. La sociedad de mercado «posesiva» postula la retribución del trabajo efectivo, el cumplimiento de los contratos, la maximización de la racionalidad individual, la propiedad individual y la organización colectiva fundamentada en las posesiones, capacidades y energías de los individuos. Todo ello está en la base de una funcionalidad en la que lo individual prevalece a toda consideración colectiva. En el límite de la asociabilidad, los ciudadanos pueden llegar a aceptar unos mínimos de convivencia que impliquen instituciones comunes, así como estándares colectivos básicos en el ejercicio del valor supremo de su albedrío personal.

Debe dejarse constancia de la diferenciación conceptual entre asocial y antisocial. La última es una noción utilizada con frecuencia en el campo de la psiquiatría para hacer referencia a personalidades y conductas psicópatas que rechazan la vida en común con los «otros» y que pueden llegar a ser, potencialmente, patológicas. La expresión «personalidad psicopática» pasó a convertirse para la escuela de pensamiento comportamentalista norteamericana (*behaviourist school of thought*) en una amplia categoría aplicable a los individuos con rasgos de carácter indeseable a nivel social. La categoría de lo asocial, por su parte, admite la normalidad psicológica y se manifiesta de formas variadas; en este sentido, las que afectan a las carencias de empatía social y solidaridad ciudadana son las que interesan a los análisis y reflexiones efectuados en este ensayo.

Los individuos asociales son alérgicos al EB, y solo aceptan una versión residual del mismo con un mínimo coste y un máximo beneficio para ellos. Tal visión suele correr paralela a la convicción de que la (pos)modernidad (neo)liberal ha alcanzado una fase de complaciente «liquidez» y «reflexividad» en la que las personas se labran personalidades flexibles y adaptables a las situaciones contingentes y de riesgo que se les presentan en sus cursos vitales (Bauman, 1999; Beck *et al.*, 2008). Así, el valor heterorreferencial permitiría construir una autonomía individualizada que, a diferencia de los postulados simmelianos, no necesita imperativamente al prójimo. Se intensifican de tal manera procesos de individualización, donde los individuos son unidades básicas de reproducción social. Los individuos pugnan entre ellos y aspiran a asegurarse su propia activación laboral e independencia económica en una espiral que socava los fundamentos de la coexistencia social (Beck y Beck-Gernsheim, 2002). La mundialización económica y la difusión del modelo neoliberal de globalización anglo-norteamericana reduciría a una cuestión puramente de gustos la forja de identidades individuales autosuficientes, huérfanas del esfuerzo común ciudadano y del condicionamiento de las instituciones públicas (Béjar, 2007).

El individualismo posesivo no solo proclama la liberación de los individuos de sus ligámenes colectivos, sino que también los emplaza a la construcción autónoma de sus propias biografías vitales. Eventualmente, los individuos pierden su sentido de la lealtad institucional, circunstancia que se agudiza con la volatilidad e incertidumbres laborales (Sennet, 2006). El valor del trabajo se corroe favoreciendo el egoísmo del «ande-yo-caliente-y-ríase-la-gente». Los ciudadanos rehúyen la solidaridad con sus prójimos más allá de las mecánicas rutinarias y los hábitos colectivos, lo que aumenta su asociabilidad. Para un proyecto vital asocial no se necesitan mayores compromisos ciudadanos, y los individuos gestionan los recursos relacionales atendiendo a su único provecho y utilizándolos *à la carte* de manera discrecional. Paradójicamente, productos y bienes culturales puestos a la venta y al alcance de su libre decisión individual devienen objetos homogéneos y estandarizados de manera colectiva (Ritzer, 1993).

Recuérdese que la financialización generalizada en el Reino Unido y Estados Unidos desde la década de 1980 fue uno de los procesos determinantes de la eclosión de la ingeniería financiera causante del crack de 2007. Ya en 1986, las políticas de Thatcher impulsaron los mercados de valores e hicieron de la City londinense el Shangri-la de la desregulación con la eclosión de productos financieros opacos, luego adoptada con mayor ahínco, si cabe, por Wall Street durante el largo periodo de Alan Greenspan al frente de la Reserva Federal estadounidense (1987-2006). La aspiración a una sociedad de propietarios y el «espejismo de la riqueza» inflaron la burbuja inmobiliaria. En los años siguientes, los consumidores en Estados Unidos y Reino Unido intensificaron el uso especulativo del dinero de sus pensiones, o de sus casas, así como de otros mecanismos de inversión y endeudamiento. La conversión de los ciudadanos en inversores ha sido uno de los procesos más paradójicos —y no suficientemente analizados— en la eclosión de productos financieros en los mercados bursátiles (derivados y titulaciones). La falta de regulación de estos últimos,[8] la opacidad de las operaciones y la actuación criminal de los responsables de las corporaciones financieras que los gestionaban fueron determinantes en el enorme fiasco hipotecario y rehipotecario que originó el crack de 2007.[9]

En la nueva situación creada durante la edad de plata del *welfare* (1976-2007), el sostenimiento de los valores emblemáticos de libertad, igualdad y fraternidad, ideario fundacional de la modernidad política en Europa, quedó sometido a una reinterpretación en la que la libertad (de los más fuertes) prevalecía sobre todo lo demás (véase la discusión en el capítulo IV sobre la política del «ganador todo se lleva»).[10] En el tránsito hacia la edad de bronce del *welfare* (2008-¿?), la mundialización del modelo anglo-norteamericano empujó con fuerza hacia un entendimiento del autointerés como filosofía y un *hybris* individual en permanente negación de límites.[11] Como consecuencia, la compatibilización entre las pulsiones del capitalismo y del bienestar social se ha mantenido como ecuación irresoluta con nuevas incógnitas por despejar.

CAPITALISMO DEL BIENESTAR

Las sociedades modernas otorgaron carta de naturaleza al mercado y al estado como instituciones reguladoras del bienestar y de la satisfacción vital de los ciudadanos. La primera institución articula los valores del autointerés individualista y del cálculo económico en las relaciones materiales entre los ciudadanos. La segunda es depositaria de la autoridad de carácter coercitivo, asumiendo funciones de procura pública. Tanto una como otra han contribuido a disipar las responsabilidades morales de los ciudadanos respecto al cuerpo político, o politeya, del que forman parte. El sentido de obligación moral de los individuos respecto a sus conciudadanos ha tendido a debilitarse, bien se pusiese el acento en la mercantilización o en la solidaridad vicaria estatalista. Tales desarrollos han socavado en diferentes grados e intensidades el propio concepto de bienestar social y han contribuido a difundir la idea de que el EB europeo es un mero epifenómeno de la modernidad.

Existe la creencia generalizada de que el capitalismo, como expresión del liberalismo económico, es un sistema de la edad contemporánea. Más concretamente, se asume que su desarrollo en Europa y la posterior extensión mundial se llevó a cabo durante el siglo XIX coincidiendo con el industrialismo y la gran expansión imperial victoriana. Pero el capitalismo, en sus variopintas manifestaciones y formas, ha existido desde que el dinero o capital ha estructurado las relaciones económicas de las gentes y ha dinamizado el discurrir de las sociedades humanas.

La antigua civilización romana, referente civilizatorio del devenir posterior del mundo occidental, ya confrontó ciclos y crisis capitalistas como la del crash de 1929 o el inacabado crack de 2007. Baste recordar tan solo la situación de crisis capitalista suscitada en tiempos de los emperadores Augusto (63 a. C-14 d. C.) y Tiberio (14 d. C-37 d. C.), y descrita por Indro Montanelli en su celebrada *Storia di Roma* (1957):

> La depresión de Wall Street en 1929 tuvo su precedente en Roma cuando Augusto, vuelto de Egipto con el inmenso tesoro de este país en el bolsillo, lo puso en circulación para reanimar el languideciente comercio. Esta política inflacionista lo estimuló, pero también estimuló los precios, que subieron a las estrellas, hasta que Tiberio interrumpió bruscamente esa espiral reabsorbiendo la moneda circulante. El que se había endeudado contando con la continuación de la inflación se encontró falto de líquido y corrió a retirarlo a las cajas de ahorros. [...] Cundió el pánico. Todos corrieron a retirar sus depósitos de los Bancos. [...] La interdependencia de las varias economías provinciales y nacionales en el seno del vasto Imperio quedó demostrada por el simultáneo asalto a los Bancos de Lyon, Alejandría, Cartago y Bizancio. Era claro que una oleada de desconfianza en Roma repercutía inmediatamente en la periferia. Muchas pequeñas propiedades, cargadas de deudas, no pudieron aguardar la nueva cosecha para pagarlas y tuvieron que ser vendidas, en provecho de los latifundios que estaban en condiciones de resistir. Volvieron a florecer los usureros, que con la difusión de los Bancos habían mermado. Los precios se derrumbaron espantosamente. Y Tiberio tuvo al fin que rendirse a la idea de que la deflación no es más sana que la inflación. Con muchos suspiros, distribuyó cien mil millones a los Bancos para que volviesen a ponerlos en circulación. Con orden de prestarlos por tres años, sin intereses. El hecho de que bastó esta medida para revigorizar la economía, descongelar el crédito y devolver la confianza nos demuestra la importancia de los Bancos, es decir, cuán sustancialmente capitalista era el régimen romano.[12]

Recuérdese que, como organización social compleja, la antigua Roma ya se debatía entre la acción mercantilizadora y la estatalista. Es aventurado discernir hasta qué punto el desarrollo socioeconómico romano, debido a la acción del estado y de la iniciativa privada, es un antecedente histórico válido del moderno capitalismo del bienestar. No lo es menos preguntarse si la politeya romana era más individualizadora que colectivista. Sin embargo, sí cabe identificar la pulsión de —y entre— ambas ideas y prácticas como precursora de la que siglos más tarde serían los modernos estados del bienestar.

Los primigenios teóricos del liberalismo económico contemporáneo interpretaron el capitalismo como la autorización divina para entrar en liza por el mercado de bienes o de trabajo, sin más limitaciones que las fluctuantes condiciones que el propio mercado, institución de intercambio por excelencia, impusiera. En su acepción contemporánea, el capitalismo puede definirse también como un proceso mediante el cual un empresario —o un colectivo de ellos— invierte cierto dinero, o capital, en un negocio, del cual obtiene unos beneficios que —y este es su rasgo más característico— vuelve a reinvertir para conseguir más beneficios en el marco de un mercado, casi siempre en concurrencia con otros empresarios (Giner, 2010).

El «capitalismo del bienestar», en su primera formulación realizada por el economista alemán Gustav von Schmoller (1838-1917), enfatizaba la necesidad de que los poderes públicos proveyesen de bienestar social a los trabajadores y los ciudadanos sin confiar en que las empresas y los patronos pudieran realizar dicha tarea por sí mismos. Durante la primera mitad del siglo XX, y de diversos modos y trayectorias, los sistemas de provisión social de los países europeos siguieron las prescripciones de Schmoller, las cuales fueron la génesis de los EB contemporáneos. Podría calificarse dicho periodo histórico como una edad de piedra inicial del *welfare*, y a la cual ahora podrían retrotraerse los sistemas de protección continentales tras el crack de 2007.

Se ha argüido que el capitalismo del bienestar que floreció en Europa en la edad de oro del *welfare* tras la Segunda Guerra Mundial no cambió en nada la estructura básica del capitalismo, el cual, según la narración marxiana, cabe reducir a la máxima de «el capitalista controla y el trabajador produce». Un tanto paradójicamente, y desde posiciones ideológicas y prescriptivas de carácter contrapuesto, tanto pensadores neomarxistas como neoliberales e inspiradores de la Nueva Derecha coincidieron en las décadas de 1970 y 1980 en algunos de sus diagnósticos respecto a la dificultad de conciliar las lógicas del estado del bienestar y del crecimiento capitalista. Si bien la primera afectaba a una institución garante de estabilidad en el reparto desigual de la riqueza, la segunda encontraba dificultades en los mecanismos de generación de beneficios exigibles a la eficiencia capitalista. De ese modo, el conocido «cuento O'Goffe» incorporaba una narración causal parecida a la del «cuento Hayman».[13] Ya en 1973, James O'Connor avanzó sus conocidas tesis sobre de la crisis fiscal del estado y la sobrecarga presupuestaria de las democracias occidentales. Otros autores como Jürgen Habermas (1973), Ian Gough (1979) o Claus Offe (1984) señalaron, asimismo, que el EB provocaba una contradicción entre la legitimación del sistema capitalista y la erosión de los dispositivos de acumulación capitalista. Por su parte, para Milton Friedman, la estatalización de la actividad económica y el alto nivel de recursos «cautivos» por el insaciable sector público de la economía suponían un obstáculo para el progreso. A tales disfuncionalidades contribuían un uso excesivo estatal del endeudamiento público y un crecimiento descontrolado de la inflación, perjudicial ambos para la optimización de los sistemas productivos (Friedman y Friedman, 1980).

Sin embargo, y tras ser testigo de la crisis de la década de 1970, el EB europeo mostraba en el tránsito al tercer milenio una encomiable fortaleza institucional evidenciada en sus altas cotas de legitimidad ciudadana que habían permitido su supervivencia (Kuhnle, 2000). Sus éxitos en el mantenimiento de la paz y cohesión sociales en el Viejo Continente reclaman nuestra atención analítica acerca de su origen y devenir contemporáneo.

Génesis y consolidación del estado del bienestar

La dimensión histórica es esencial para la comprensión de la gestación, el desarrollo y la transformación del EB en Europa. Sistemas culturales, legados históricos, arenas políticas y marcos institucionales son algunos de sus elementos constitutivos cuyo análisis es necesario para enmarcar nuestro objeto de estudio, cuyo sintético repaso iniciamos a finales de la Ilustración europea.

En las postrimerías del siglo XVIII, la revolución tecnológica desencadenó procesos de industrialización/urbanización/explosión demográfica que agudizaron las tensiones sociales preexistentes. El modo de acumulación capitalista de la época, en muchos casos de carácter violento, la índole fluctuante e irregular del propio desarrollo económico, así como su desigual distribución territorial, provocaron la acción compensatoria por parte de algunos gobiernos de los coloniales estados-nación europeos y la puesta en vigor de políticas de protección social. Desde finales del siglo XIX hasta la Segunda Guerra Mundial se desarrolló en la mayoría de los países industriales europeos un vigoroso debate sobre la denominada «cuestión social». Las salidas institucionales a los recurrentes conflictos sociales internos en las potencias coloniales europeas propiciaron, a menudo de manera reactiva, la gradual implantación en los países europeos del estado social, estado providencia, o en su más extendida denominación, estado del bienestar (EB).

La génesis del EB se forjó con la asunción de capacidades de procura social por parte de los estados nacionales. A nivel histórico, los poderes públicos fueron asumiendo funciones tradicionalmente desempeñadas por los concejos municipales o las iglesias y, en el orden privado, por las familias (Flora y Heidenheimer, 1981). Tal era la situación previa a la promulgación de la New Poor Law en 1834, año que cabe señalar como hito en la construcción de los sistemas contemporáneos de protección social. La legislación británica institucionalizó un programa de ayuda a los pobres que, a la sazón, estaban a merced de la caridad, la beneficencia y el paternalismo preindustrial. Con su puesta en vigor, la legislación pretendía facilitar un marco jurídico estable y funcional de ayudas a los trabajadores depauperados.

En el momento de la implementación de las Nuevas Leyes de Pobres,[14] el Imperio británico asistía a una fuerte expansión económica en los albores del reinado de Victoria (1837-1901). La legislación trataba de limitar al mínimo los conflictos de carácter social en la metrópoli, especialmente aquellos relacionados con las más descarnadas condiciones de vida y trabajo de las clases subordinadas. En esencia, la legislación de la pobreza fue un instrumento de regimentación laboral, cuyos efectos mejoraron también la existencia de aquellos asalariados sometidos a una deshumanizante explotación productiva.[15]

En 1883 se implantaron los primeros programas estatales de previsión social en la Alemania de Bismarck, a los cuales seguirían otros similares en Escandinavia. Dicha legislación estableció las bases de la moderna seguridad social bajo el principio contributivo, mediante el cual se financiaba obligatoriamente un sistema básico de previsión social. Los trabajadores pasaron a ser considerados sujetos de derechos y obligaciones, y no pobres potenciales, acreedores eventuales de ayudas estatales puntuales en caso de pérdida del empleo, tal y como había establecido la legislación de pobres en el Reino Unido (Kuhnle y Sander, 2010).

La Alemania prusiana implantó de «arriba abajo» sus iniciativas de previsión social. A instancias del canciller Otto von Bismark (1815-1998), la intervención estatal se instrumentalizó mediante la promoción de élites de burócratas y de políticas de racionalización administrativa con el fin de conseguir la disciplina laboral, la estabilidad social y legitimar, en dicho modo, el orden constitucional. A pesar de la proclama de que el estado debía solventar, por razones históricas, la denominada «cuestión social» y, por razones morales, respetar la dignidad de las personas, la motivación fundamental de la política bismarckiana fue la neutralización política de las organizaciones emergentes de trabajadores (socialistas, comunistas, anarquistas), muy reivindicativas y nominalmente revolucionarias.

Ciertamente, el desarrollo del estado social germano (*Sozialstaat*)[16] en la segunda mitad del siglo XIX no estuvo ligado a la idea de la democracia,[17] y el régimen conservador del canciller Bismarck fue, a todas luces, de corte autoritario. Pero sus rendimientos institucionales y políticos fueron emancipadores para las capas medias y bajas de la sociedad. Recuérdese que el concepto de «procura existencial» del estado social germano apuntaba a la necesidad de intervenciones públicas para asegurar a los ciudadanos las posibilidades de existencia que ellos mismos no podían procurarse. La producción colectiva del bienestar fue progresivamente asumida por el estado social alemán, que sirvió de referente para la puesta en vigor de los sistemas de la seguridad social también en otros países europeos. Como mecanismos obligatorios de solidaridad entre los ciudadanos, los sistemas de seguros contributivos de finales del siglo pasado marcaron el inicio de una intervención estatal destinada a cubrir riesgos vitales tales como la baja laboral, la enfermedad o la jubilación. Sus primeros beneficiarios fueron, por tanto, obreros carentes de protección frente a la explotación y las necesidades existenciales más apremiantes. A finales de la década de 1920 se habían introducido programas de seguros de enfermedad en veintidós países europeos (Kuhnle, 1997).

La universalización de las políticas sociales y su gran desarrollo merced a sólidas alianzas de clases entre campesinos y trabajadores industriales en Suecia ya habían favorecido a inicios de la década de 1930 la progresiva instauración de un modelo que, con posterioridad, se ha identificado como de genuino *welfare state*. Tal pacto interclasista fue renovado tras la Segunda Guerra Mundial entre amplios grupos de las clases medias y bajas, lo que facilitó sólidas mayorías electorales al partido socialdemócrata, el cual hizo un uso extensivo y sostenido de sus recursos de poder para la construcción del estado del bienestar sueco a lo largo de sus 44 años ininterrumpidos en el gobierno (1932-1976) [Korpi, 1983; Esping-Andersen, 1985].

El Primer Informe Beveridge, publicado en el Reino Unido en 1942, proclamó el principio de cobertura universal de bienestar social para todos los ciudadanos «desde la cuna hasta la tumba» (*from cradle to grave*), mediante políticas sociales que se implementaban con cargo a los presupuestos generales estatales financiados por todos los contribuyentes. En 1948 se estableció el Servicio Nacional de la Salud (National Health Service) con carácter universal y gratuito para todos los residentes británicos. Otras reformas subrayaron la responsabilidad de los poderes públicos en la atención y cobertura de riesgos sociales de los ciudadanos del Reino Unido.

La edad de oro del desarrollo del capitalismo del bienestar (*Golden Age* o *trentes glorieuses*, 1945-1975) posibilitó que los sistemas de protección social de Europa occidental fundamentaran su expansión en las altas tasas de actividad laboral masculina y en la acción complementaria de la familia y, en particular, en el trabajo no remunerado de las mujeres en los hogares (Lewis, 2001). El acceso igualitario al consumo de masas había contribuido a fortalecer la demanda agregada y, en suma, el crecimiento económico sostenido. Pasó a teorizarse que las desigualdades poseían un carácter circunstancial y que los diferentes niveles socioeconómicos serían una mera función relativa a los procesos de movilidad social —generalmente ascendente— de los ciudadanos. Rico o pobre, por consiguiente, serían etapas de un perpetuo móvil en función de las capacidades y deseos por mejorar o empeorar de los propios ciudadanos Una combinación de políticas sociales, keynesianismo, taylorismo y segregación de género facilitó un crecimiento económico sostenido y la generalización del «trabajador próspero» (*affluent worker*), un tipo de empleado representativo de la práctica totalidad de la fuerza laboral asalariada de profesionales y técnicos varones (Lipset, 1960; Goldthorpe *et al.*, 1969). Los gobiernos gestionaron las economías nacionales con un alto grado de autonomía relativa y fueron capaces de proveer políticas sociales para atender a las necesidades y riesgos que el mercado y la familia no podían cubrir. Las consecuencias fiscales de tal provisión de bienestar social estaban legitimadas por el respaldo político de sólidas y amplias coaliciones interclasistas (Flora, 1986/1987).

Las crisis del petróleo de los años 1973-1974 y 1978-1979 pusieron en evidencia la cada vez mayor apertura e interdependencia de las economías europeas, y alteraron un escenario de prosperidad y abundante empleo masculino. La edad de oro del *welfare* evolucionó hacia una edad de plata (*Silver Age*, 1976-2007), en la que el EB mostró limitaciones, pero también un alto grado de resiliencia y adaptación (Taylor-Gooby, 2002). Durante las décadas de 1980 y 1990, el empuje ideológico neoliberal cuestionó los fundamentos y la legitimidad sobre los cuales se había desarrollado el EB europeo tras la Segunda Guerra Mundial, asedio que persiste y que se ha agudizado tras el crack de 2007.

En el estado del bienestar, los poderes públicos intervienen intencionadamente, a través de la política y la administración, a fin de «modificar el juego de las fuerzas del mercado» (Briggs, 2000: 18). Tal modo de operar se obtiene sobre todo de tres maneras: (1) el EB garantiza a sus ciudadanos unas rentas mínimas sin distinción del valor de mercado de su trabajo o propiedad; (2) el EB minimiza la inseguridad mediante el apoyo a individuos y familias abocados a riesgos vitales asociados a la enfermedad, desempleo o vejez; y (3) el EB hace provisión de un conjunto de servicios sociales a los cuales todos los ciudadanos tienen acceso sin distinción de su estatus o clase. En contraste con el periodo previo a la instauración de los sistemas de protección social, cuando la supervivencia material de los ciudadanos dependía de su capacidad para vender su trabajo como mercancía en el mercado laboral de bienes y servicios, a mayor grado de «desmercantilización» en el EB se produce una mayor protección contra los riesgos vitales de las personas (Esping-Andersen, 1990).[18] (Consúltese en el capítulo siguiente la discusión sobre viejos y nuevos riesgos sociales). Por consiguiente, el EB garantiza, con un mayor grado de desmercantilización, la cobertura de necesidades humanas que, de otra manera, los ciudadanos solo podrían procurarse en el mercado de bienes y servicios si tuviesen rentas suficientes.

En un ámbito conceptual amplio, las propuestas de John Maynard Keynes (1883-1946) se focalizaron en el problema de la incertidumbre y la naturaleza impredecible de los asuntos humanos.[19] Pero su visión pragmática del EB se articuló como garante de estabilidad macroeconómica. La finalidad del EB era, por tanto, coadyuvar al mantenimiento de la demanda interna y al crecimiento productivo de las economías nacionales. Es este un aspecto crucial y que, en ocasiones, ha sido infravalorado en los estudios del EB. La consecución de los objetivos keynesianos fue decisiva en la estructuración del amplio consenso entre actores sociales e intereses organizados durante el desarrollo del capitalismo del bienestar. Ello facilitó el crecimiento económico sostenido de las democracias industriales occidentales durante el largo periodo de la posguerra. Desde 1960 hasta mediados de la década de 1970, el gasto público se incrementó en los países de la OCDE en un promedio del 30 %. Dicho aumento se debió en su práctica totalidad a la ampliación del gasto social. La consolidación de los EB con la puesta en vigor de políticas económicas de estímulo a la demanda por parte del sector público ha sido una relación causa-efecto bien establecida (Rodríguez Cabrero, 1992).

EL BIENESTAR SOCIAL Y SUS IDEOLOGÍAS

La orientación ideológica del bienestar social permanece como tema de considerable discusión académica y debate partidista. Merced al protagonismo de ciertos gobiernos y partidos socialdemócratas en la institucionalización del *welfare state* universalista, no pocos científicos sociales han establecido como canónico el modelo nórdico, atribuyendo a la ideología socialdemócrata la paternidad en exclusiva del EB. No obstante, son diversas las modernas ideologías que se han hecho acreedoras, aun parcialmente, del desarrollo del EB en Europa, y han sido formaciones gubernamentales de diversa ideología política las que han participado en diversos grados y formas en la construcción, diseño y sostenimiento de sus entramados institucionales.

El pensamiento conservador ha procurado conciliar sus tesis patrimonialistas con un énfasis en las políticas basadas en los postulados de paternalismo y ley-y-orden. Desde las instancias de poder gubernamental, los cristianodemócratas han consentido implantar restricciones legales a los bienes y propiedades privados al convenir en su implícita función social. Ya la doctrina social católica, auspiciada por la publicación en 1891 de la encíclica *Rerum Novarum* del pontífice León XIII, e inspiradora de la acción institucional de los partidos cristianodemócratas continentales, reclamó una mayor justicia social respecto a la idea de que no todas las desigualdades poseen un origen natural. Tal interpretación avaló, por ejemplo, la legitimidad de la expropiación, por parte de los gobiernos, de propiedades privadas por motivos e interés público.

La socialdemocracia ha proseguido frecuentemente una estrategia reformista con el propósito final de elevar el bienestar ciudadano mediante la puesta en vigor de políticas igualitarias y de redistribución de la riqueza, vía transferencias fiscales. Ha promovido la igualdad de oportunidades vitales con políticas laborales que han moderado las disparidades salariales y han propiciado una ampliación de las clases medias. La acostumbrada preferencia por la estatalización de los sistemas de provisión del bienestar se ha combinado con políticas activas gubernamentales de estímulo a la participación de las mujeres en el mercado laboral. La organización estandarizada y centralizada de los servicios de bienestar ha alcanzado un alto grado de legitimidad funcional en sociedades etnoculturalmente homogéneas como las de los países escandinavos.

El credo (neo)liberal asume que el ciudadano debe desarrollar su propia capacidad individual de autoayuda para procurarse el bienestar personal necesario o deseado. Los riesgos inherentes a la vida social deben ser cubiertos, en primera instancia, por los propios individuos. La acción de protección del estado se configura de manera residual, con un tratamiento homogeneizador de derechos y tutelas ciudadanas. Tradicionalmente refractarios a la intervención estatal, algunos programas liberales han propugnado, no obstante, la provisión de un nivel mínimo público en sus versiones más utilitaristas.[20] Las políticas sociales de corte liberal suelen concentrarse selectivamente en programas de asistencia social para aliviar situaciones de pobreza (*poverty alleviation*), una vez comprobadas las carencias de medios de los beneficiarios (*means-testing*). Durante la edad de plata del *welfare*, y amplificada en la de bronce tras el crack de 2007, el enfoque del bienestar anglonorteamericano ha condicionado, en no poca medida, las propuestas cristianodemócratas y socialdemócratas. Dicho enfoque se concentra en la lógica de la acción individual, la cual establece que los propios individuos son los mejores jueces de sus necesidades e intereses y que, por tanto, los gobiernos deberían darles tanta libertad de elección (*freedom of choice*) como fuese posible.[21]

Con sus diversas aportaciones, cristianodemócrata, liberal y socialdemócrata han sido desde mediados del siglo XIX las tres grandes corrientes ideológicas reformistas del bienestar. Las tres respondieron a la denominada «cuestión social» con programas gubernamentales de protección social. Ninguna de ellas puede arrogarse el monopolio de la paternidad ideológica del estado del bienestar, cuyo tipo ideal admite una caracterización sincrética. Las aportaciones de las tres ideologías han sido a menudo complementarias y, en ocasiones, han institucionalizado en diversos grados y maneras consensos políticos coyunturales. Además, los rendimientos institucionales han sido fruto no solo de la contienda electoral e ideológica, sino también de tradiciones culturales y estilos que se han plasmado en la configuración de dos grandes sistemas del bienestar:

(A) *Ocupacional o bismarckiano*, basado en el principio contributivo de la seguridad social. Las prestaciones económicas, principalmente las pensiones y las prestaciones monetarias, se perciben de acuerdo con las contribuciones ocupacionales realizadas. Estas no siguen estrictos criterios actuariales de equivalencia entre aportaciones y percepciones, lo que produce algunas redistribuciones entre diversas categorías de trabajadores cotizantes y familiares dependientes.[22] El objetivo del modelo es mantener el nivel de renta adquirido a lo largo de la vida laboral de los cotizantes.

(B) *Universalista o beveridgeano*, basado en la consideración de unos derechos básicos del bienestar para los ciudadanos, los cuales se articulan con un acceso ciudadano sin restricciones a políticas y servicios sociales. Las prestaciones económicas son a tanto alzado y de igual cuantía para todos los beneficiarios (*flat-rate*). Su financiación se realiza por vía impositiva con cargo a los presupuestos generales del estado. Se producen, por tanto, transferencias redistributivas de rentas por vía fiscal entre los contribuyentes.

REGÍMENES DEL BIENESTAR Y LÓGICAS DE FUNCIONAMIENTO

Tras el esclarecimiento de los dos grandes sistemas ocupacional y universalista, el enfoque de los regímenes (*regime approach*) ha sido el más influyente en el análisis de la configuración de los estados del bienestar. Tal perspectiva propone el agrupamiento de países caracterizados por una peculiar constelación de encajes económicos, políticos y sociales. De acuerdo con ello, las familias de naciones o regímenes del bienestar se estructuran en torno a principios organizativos, anclajes ideológicos o rasgos culturales comunes que configuran lógicas de funcionamiento distintivas. Cabe identificar el aseguramiento contributivo (corporatista continental), el empoderamiento individual (liberal anglosajón) o el igualitarismo estatalista (socialdemócrata nórdico) como los principios operativos que han conformado los regímenes del bienestar teorizados por Gøsta Esping-Andersen (1990; 1999).

En el establecimiento de pautas de interacción según el enfoque de los regímenes, tiende a prevalecer una asunción de continuidad frente a la de cambio. Se deriva de ello, aun implícitamente, que cada estado del bienestar se adaptará a los encajes e intereses presentes en cada uno de los regímenes. Las inercias institucionales y los costes ocultos e irrecuperables (*sunk costs*) destinados a la cobertura de las prestaciones y servicios sociales ya establecidos se traducen generalmente en argumentos de dependencia de la senda (*path dependency*) de carácter histórico y en efectos autorreforzantes. De tal entendimiento se colige que los estados del bienestar se contemplen como objetivos inamovibles (Pierson, 1998). La escuela de pensamiento del neoinstitucionalismo histórico ha argüido de manera plausible la naturaleza y alcance de las reformas de las políticas sociales y ha sido muy influyente en los análisis del enfoque de los regímenes del bienestar. Sin embargo, ha sido también criticada por su dificultad a la hora de integrar analíticamente los cambios societarios en su marco epistemológico y referencial.

El enfoque de los regímenes del bienestar recibió inicialmente críticas feministas, ya que asumía una proclividad a dar por hecho el bienestar provisto gratuitamente por las mujeres en los hogares. Ciertamente, el rol de las mujeres como cuidadoras de pequeños y mayores ha sido crucial en los diversos regímenes del bienestar pero, especialmente, en aquellos como el continental y el mediterráneo, donde la familia desarrolla una función subsidiaria muy importante. En términos generales y en el contexto de Europa occidental,[23] cuatro son los que pueden ser identificados como los regímenes del bienestar, que se describen sucintamente a continuación:

- El régimen *continental corporatista* se organiza de acuerdo con las categorías ocupacionales del mercado laboral en un sistema de aseguramiento contributivo comprensivo. Su diseño apunta a garantizar el mantenimiento de rentas de las distintas ocupaciones laborales y los estatus socieconómicos de los cotizantes, y no a una reducción de la desigualdad entre grupos y clases sociales. Se caracteriza por la acción concertada entre organizaciones patronales y sindicatos, que asumen tareas de gestión y organización del sistema previsional financiado con las aportaciones financieras de ambos. Existe en sus sociedades una diferenciación estricta entre trabajadores formales con plenos derechos contributivos (*insiders*) y el resto (*outsiders*). La cobertura social depende, por tanto, de la condición laboral de los ciudadanos. Familiares y dependientes acceden a prestaciones y servicios contributivos como titulares de derechos derivados.
- El régimen *anglosajón liberal* se conformó inicialmente por su compromiso con la provisión de bienestar social de manera universal residual a todos los ciudadanos. Su principal foco de atención es el alivio de la pobreza. Suele accederse a sus servicios y subsidios, de carácter residual y financiados con recursos de la imposición ge-

neral, tras la demostración de insuficiencia de recursos económicos de los beneficiarios (*means testing*). En los últimos decenios, el régimen ha enfatizado sus principios mercantilistas, lo que ha comportado una desregulación laboral, una mayor flexibilidad salarial en pos de la activación y una individualización de los costes del bienestar. Consecuencia de todo ello ha sido la irrupción, junto al tradicional sector voluntario y altruista, de empresas financieras y de servicios con ánimo de lucro que han ocupado amplias áreas de responsabilidad previa estatal.

- El régimen *nórdico socialdemócrata* se asienta en la idea escandinava del «hogar popular» o «casa común» ciudadana (*Folkhemmet*).[24] La gobernanza consensual y las sólidas coaliciones interclasistas —en un principio entre trabajadores industriales y población agraria— fundamentan este régimen. El pleno empleo es objetivo prioritario y, por derivación, se minimiza la dependencia familiar. Existe una disparidad salarial sensiblemente menor que en otras democracias industriales avanzadas. Sus generosos estados del bienestar se financian mediante la imposición general, y su carácter universal posibilita servicios y prestaciones de acceso a todos los ciudadanos. Se prefiere la provisión pública de servicios en vez de las transferencias monetarias a individuos y familias. La igualdad de oportunidades y la homogeneidad de los grupos sociales, en una más amplia clase media, legitima la alta intervención pública. Meritocracia y esfuerzo personal como criterio de movilidad social aportan legitimidad extra al modelo nórdico.
- El régimen *mediterráneo familista* se caracteriza por el papel que ejerce la familia y su interpenetración en todas las áreas de producción y distribución del bienestar.[25] A resultas de ello existe una fuerte microsolidaridad en el seno de los hogares, así como en redes sociales familia-

TABLA 2.1. RASGOS DE LOS REGÍMENES DEL BIENESTAR EUROPEOS

	Anglosajón	*Continental*	*Nórdico*	*Mediterráneo*
Ideología	Ciudadanía	Corporatismo	Igualitarismo	Justicia social
Objetivos	Empoderamiento y elección individual	Mantenimiento de rentas	Servicios sociales públicos universales	Combinación de recursos
Financiación	Impuestos	Cotizaciones sociales contributivas	Impuestos	Mixta
Provisión y servicios	Pública residual/ cuasi mercados	Mixta/agentes sociales	Pública y centralizados desconcentrados	Apoyo familiar/ descentralizados
Subsidios	A tanto alzado (baja intensidad)	Contributivos (alta intensidad)	A tanto alzado (alta intensidad)	Contributivos (baja intensidad)
Género	Polarización laboral	Feminización trabajo parcial	Feminización ocupaciones públicas	Familismo ambivalente
Mercado laboral	Desregulación	Fijos formales/ discontinuos	Alto empleo público	Extensa economía informal
Pobreza	Cultura dependencia	Cultura integración	Cultura estatalista	Cultura asistencial
Responsabilidad social corporativa	Empresa en la comunidad	Sostenibilidad	Partenariado	Ágora

> res. La acción de la familia complementa sustancialmente la provisión estatal y de servicios ofertados por las organizaciones privadas con y sin ánimo de lucro. El bienestar del sur de Europa se ha desarrollado como una *vía media* que ha tratado de integrar, a menudo de manera descentralizada, programas generales de ciudadanía (asistencia social, educación comprensiva, sanidad universal o pensiones de vejez e invalidez), junto a servicios y prestaciones contributivos de los titulares afiliados a la seguridad social (derechos laborales o tutelas familiares derivadas). Se produce un alto grado de fragmentación e incrementalismo en la elaboración e implementación de políticas de bienestar.

Los cuatro tipos de regímenes del bienestar vinculan sus configuraciones institucionales específicas a una cultura, doctrina o sistema de valores: (1) la protección de las categorías ocupacionales de la seguridad social (*continental*); (2) las prestaciones residuales y la mercantilización del bienestar en la lucha contra la pobreza (*anglosajón*); (3) la extensión igualitarista de servicios universales y la provisión pública (*nórdico*); y (4) la complementariedad de la interacción entre familia, instituciones públicas y sociedad civil (*mediterráneo*). Tales guías de actuación han moldeado las distintas lógicas del capitalismo del bienestar y han procurado efectos diversos en los derechos sociales (y la calidad de los mismos), las estructuras sociales y los mercados productivos (Hall y Soskice, 2001). En la tabla 2.1 se compendian algunos de los rasgos más característicos de los regímenes europeos del bienestar.

LA TRAYECTORIA DEL ESTADO DE BIENESTAR EN ESPAÑA

La implantación irregular del estado del bienestar en España ha reflejado las profundas tensiones y fracturas políticas vividas durante el siglo xx. En 1903 se estableció el Instituto de Reformas Sociales, de donde surgió la propuesta de crear, cinco años más tarde, el Instituto Nacional de Previsión. Aunque en un primer momento se ideó un sistema de previsión social voluntario y privado, en 1917 se acometió el proyecto de construir un sistema de seguros obligatorio que cubriera jubilación, enfermedad, desempleo y maternidad. La dictadura del general Primo de Rivera (1923-1929) congeló el proyecto, y durante la Segunda República (1931-1939), los renovados intentos por implantar un sistema de seguros obligatorio unificado, que alcanzase tanto a los obreros industriales como a los campesinos, tuvieron un apoyo desigual. En 1932, el gobierno instó al Instituto Nacional de Previsión a que realizara un estudio para crear los seguros de invalidez, enfermedad y muerte, y unificarlos con los seguros de vejez, retiro obrero y maternidad ya existentes. El proyecto de ley estaba ya listo en 1936, cuando el golpe de estado del general Franco hizo inviable su aplicación. El EB español tuvo, pues, unos inicios y primeros desarrollos bien distintos a los de otros modelos europeos. La debilidad de las clases medias, la división del movimiento obrero y las luchas entre religiosos y anticlericales, por un lado, y entre nacionalismos periféricos y estado central por el otro, abortaron la frágil alianza entre clases medias urbanas, obreros y jornaleros del campo (Moreno y Sarasa, 1993).

Después de la devastadora guerra civil (1936-1939), surgió en España un sistema político y social basado en el poder de una coalición reaccionaria y conservadora vertebrada en torno a un déspota carismático (general Franco). El carácter híbrido católico-fascista de la primera política social del régimen se reflejaba también en la incipiente organización de los seguros sociales. En 1939 se creó el SOVI (Seguro Obligatorio para la Vejez y la Invalidez). El sistema se basaba en un reparto de cotizaciones que cubría solo a un sector de los trabajadores: los industriales con ingresos bajos. Los seguros públicos se combinaron con el mutualismo laboral voluntario de capitalización, el cual se colapsó al no poder asumir las responsabilidades contraídas. En 1942, se instituyó el SOE (Seguro Obligatorio de Enfermedad), cuyas prestaciones tenían una duración limitada independientemente del estado de salud del asegurado.

Tras la derrota en 1945 de los fascismos en Europa, el franquismo varió sus pretensiones de amparar un capitalismo de estado con un control absoluto sobre las relaciones capital-trabajo. Así, durante las décadas de 1940 y 1950 se retomaron algunas de las iniciativas que habían sido diseñadas por el Instituto Nacional de Previsión durante la Segunda República. Sin embargo, la inversión de recursos para la reconstrucción del país y el carácter represivo del régimen franquista propiciaron una política social condicionada por la magra previsión social y el profuso recurso a las acciones caritativas y de beneficencia.

Con la aplicación del Plan de Estabilización de 1959 se implementó el seguro obligatorio de desempleo en 1961.[26] En 1963, se estableció el salario mínimo interprofesional y se promulgó la Ley de Bases de la Seguridad Social, con pretensiones universalistas. Desde finales de la década de 1960 hasta 1977, año de las primeras elecciones democráticas posfranquistas, se promulgaron las leyes de educación y de seguridad social de 1970 y 1972 y se profundizó en la generalización del sistema sanitario español (Guillén, 2000).

Apoyados en un gran acuerdo económico, social y político (Pactos de la Moncloa), los primeros gobiernos democráticos tras la dictadura franquista se comprometieron a una reforma del sistema fiscal. El sistema de protección del bienestar posterior a 1977 pretendió un mayor grado de generalización de las políticas sociales preexistentes —subsidios de desempleo, pensiones de vejez, seguros de enfermedad— pero obvió una radical reestructuración de las mismas. A pesar de su incremento, el gasto social en España alcanzaba un magro 8,6 % del PIB, mientras que en países como Francia y Alemania superaba el 23 y 28 % de sus PIB, respectivamente (Rodríguez Cabrero, 2004).

En términos generales, cabe determinar cuatro grandes etapas en la construcción del estado del bienestar en España durante los últimos 50 años, y con carácter previo al crack de 2007: (1) modernización social y económica del tardofranquismo (1963-1978); (2) consolidación de la democracia política (1979-1985); (3) integración de España en la Unión Europea (1986-1995); y (4) plena institucionalización del estado del bienestar (EB) en España (1996-2007) [Moreno y Rodríguez Cabrero, 2007].

(1) (1963-1978) En los años finales de la dictadura franquista se implementaron programas de protección social que fueron preludio del desarrollo del posterior EB de la España democrática. La mencionada Ley de Bases de la Seguridad Social de 1963 supuso un hito en la configuración del sistema asegurativo español según el modelo contributivo bismarckiano de países centrales europeos como Francia y Alemania.

(2) (1979-1985) Bajo gobiernos centristas (UCD) y, posteriormente, socialdemócratas (PSOE) se produjo una notable ampliación de servicios y prestaciones sociales que marcaron un punto de inflexión en el desarrollo de las políticas sociales. De ello da cuenta el hecho de que el coste de las políticas estatales del bienestar alcanzase el 50 % del gasto público total en España.

(3) (1986-1995) Con la integración en la Comunidad Económica Europea en 1986, y posterior Unión Europea, las políticas sociales incrementaron su alcance (*catching up*) con las ya implementadas en otros países europeos. Se aceleró la construcción del estado del bienestar, que aspiraba a situarse en equidistancia entre aquellos más maduros y generosos, como los nórdicos o centroeuropeos, y los más tardíos y magros de la periferia mediterránea (a excepción de Italia). La descentralización permitió a las comunidades autónomas transformar los

programas tradicionales de beneficencia en modernos sistemas de servicios sociales (de Miguel y Escandell, 1999; Casado y Fantova, 2007). En paralelo a la intervención pública, comenzó a extenderse una gestión privada selectiva de servicios educativos, sanitarios y sociales personales.

(4) (1996-2007) El Pacto de Toledo de 1995 revalidó la política de pactos entre los agentes sociales desde la Transición democrática (Guillén y Gutiérrez, 2008), y su subsiguiente desarrollo legislativo estabilizó y legitimó la posterior consolidación del EB. Fue un hito institucional que inauguró una postrera etapa en la que, además de garantizarse el sistema público de pensiones, se impulsó la posterior consolidación del cuarto pilar de servicios sociales. De aquel acuerdo emergió con posterioridad el compromiso de desarrollar la protección social de las personas en situación de dependencia (Ley 39/2006). Con la irrupción del crack en 2007, algunas de las políticas sociales que fueron componentes importantes en la construcción del edificio del bienestar social en España han pasado a estar sujetas a procesos no solo de cambio, sino a presiones para su propia supervivencia. Ante tal situación, los hogares españoles trataban de mantener el rumbo en las procelosas aguas de la crisis (Laparra, 2010).

El EB español incorpora elementos de las lógicas del bienestar bismarckiano por el mantenimiento de rentas ocupacionales y la beveridgeana de cobertura universal, y está sustentado por cuatro grandes pilares. La tabla 2.2 reproduce información y una valoración del nivel de reformas efectuadas durante el periodo 1963-2007. En dicho cuadro se singularizan los efectos e incidencias de las instituciones comunitarias en el desarrollo de las políticas de bienestar españolas, dada la condición de Europa como «símbolo maestro» (*master symbol*) y referente político e institucional principal en la instauración del EB en España. Al igual que sucedió con la implantación del orden democrático parlamentario tras la muerte del general Franco, durante el periodo posdictatorial ha predominado un

TABLA 2.2. PILARES DEL ESTADO DEL BIENESTAR EN ESPAÑA (REFORMAS NACIONALES E INCIDENCIAS EUROPEAS) [1963-2007]

Ámbito	*Prestaciones*	*Hitos institucionales*	*Reformas nacionales*	*Incidencias europeas*
Educación	Derecho universal a una educación básica y obligatoria (6-16 años)	Ley Orgánica de Educación (1985) Ley de Ordenación General del Sistema Educativo (1990)	Gestión comprensiva del sistema educativo por las *comunidades autónomas* Apertura a la gestión privada Ley de Educación (2006)	Favorecer la formación continua y la educación vocacional Acomodo de *inputs* UE sin modificaciones esenciales Grado de cambio: medio
Sanidad	Acceso universal al Sistema Nacional de Salud	Ley General de Sanidad (Sistema Nacional de la Salud) [1986]	Gestión comprensiva del sistema sanitario por las *comunidades autónomas* Apertura a la gestión privada	Favorecer la sostenibilidad financiera Acomodo de *inputs* UE sin modificaciones esenciales Grado de cambio: medio

Transferencias de rentas	Ingresos por pensiones y desempleo Subsidios a personas sin medios y en situaciones de necesidad	Ley General de la Seguridad Social (1967) Ley de Pensiones No Contributivas (1990) [invalidez y jubilación] Leyes regionales de Rentas Mínimas de Inserción (RMI) [1989-1995] Ley 24/1997 de consolidación y racionalización de la seguridad social Renta Activa de inserción 2000	Programas autonómicos de garantía de mínimos (IMIs). Planes de Inclusión Social Asistencia extraordinaria a desempleados Legislación seguro privado (1995)- Pacto de Toledo 1995 (renovado 2003)	Auspicio de la contención de gastos de sistema público de pensiones Acomodo de *inputs* UE sin modificaciones esenciales
Servicios sociales	Acceso universal y descentralizado a la red básica de prestaciones Derechos a cuidados de los dependientes y de promoción de la autonomía	Plan Concertado de Servicios Sociales de las Corporaciones Locales (1987) Leyes regionales de Servicios Sociales (década de1980, primer periodo) Ley de Dependencia (2006)	Universalización dependencia (derecho subjetivo) Paridad género. Conciliación Programas preescolares autonómicos	Estímulos a políticas de dependencia y conciliación trabajo-familia Transformación con nuevas políticas, prácticas y organización Grado de cambio: alto

deseo compartido por clases sociales, grupos de interés, partidos políticos y agentes sociales por contar con la validación de Europa en la implementación de políticas sociales y el establecimiento del EB en España (Guillén y León, 2011).

En líneas generales, el EB español se caracteriza por una combinación de prestaciones y servicios sociales tanto generales como selectivos, y se configura como una *vía media* respecto a otros sistemas avanzados de protección social (Moreno, 2001). El sistema de protección social es relativamente extenso en cuanto a cobertura (sanidad, pensiones y protección al desempleo y, en una medida mucho menor, protección a la familia y servicios sociales personales), pero de baja protección, con una relativa tendencia a la privatización y al desplazamiento de los costes del bienestar hacia la familia y el ciudadano. Se han aplicado nuevas políticas de cohesión territorial en materia sanitaria y de consolidación y reforma permanente del sistema público de pensiones, así como un esfuerzo creciente respecto a los servicios sociales y la protección social a las personas en situación de dependencia. Desde 1990, el desarrollo del estado de bienestar se ha caracterizado por una contención del gasto y reformas de viabilidad, descentralización territorial y cesión de la provisión hacia la sociedad civil mercantil y no lucrativa. El tardío EB español es, por tanto, un sistema universal incompleto, relativamente fragmentado en distintos niveles de protección social, y con insuficiente inclusión de personas que acumulan déficits sociales (Moreno y Rodríguez Cabrero, 2007).

Divergencias nacionales, convergencia europea

El ligamen conceptual entre bienestar social y capacidades y necesidades humanas debe establecerse como fundamento moral de la satisfacción vital de los ciudadanos (Sen, 1992). El uso de bienestar (*welfare*) en una acepción distinta a la de procurar la satisfacción vital de los ciudadanos (*well-being*), o la consideración de ambas palabras como sinónimos ha generado no pocas disputas en la academia. *Welfare* y *well-being* no poseen el mismo significado en lengua inglesa. En diversas encuestas de carácter subjetivo realizadas para evidenciar el nivel de felicidad de los niños, la expresión *life satisfaction* (satisfacción con la vida) también se ha empleado asumiendo que significa prácticamente lo mismo que «felicidad» o «bienestar» (Bradshaw, 2011).

En dicha diatriba científica trasluce un dilema epistemológico y metodológico de mayor calado, que es cómo integrar la perspectiva subjetiva expresada por los propios ciudadanos y validar positivamente otros datos objetivos de carácter externo. Si nos atenemos al primer enfoque, elementos culturales y circunstanciales de difícil traducción en números y dígitos deberían incorporarse a la verificación de los niveles de bienestar manifestados a nivel individual. Para la medición de los «años felices de vida» (*happy life years*) se propone la combinación de ambas perspectivas, la subjetiva y la objetiva. De acuerdo con dicha estimación del tiempo que el ciudadano medio residirá feliz en su país durante la época que le ha tocado vivir, España es el país demográficamente grande de la UE donde se vive mejor. O donde, para adecuarse de manera más apropiada a lo que se pretende medir, la correlación entre satisfacción con la vida, expresada individualmente, y la de años de esperanza de vida, según inscripciones en los registros civiles, produce un mayor número de años felices en el curso de la vida: casi 59 años. Dicho indicador se comparaba, en el periodo 2000-2009, con los datos del Reino Unido (56,9 años); Alemania (55,2); Italia (54,4); Francia (52,8) y Polonia (44,6).[27]

De modo parecido a como sucede con el concepto de «esfuerzo del bienestar» (*welfare effort*), calculado como porcentaje del coste de los principales programas públicos sociales con relación al Producto Interior Bruto (PIB) [Wilensky, 1975], no pocas mediciones del bienestar social muestran carencias e inconsistencias en su capacidad explicativa, al pasar a menudo por alto aspectos fundamentales como son, entre otros: (a) las prácticas corporatistas o de negociación social en la mediación de los intereses de los agentes sociales y en su eventual consenso nacional (Giner y Pérez Yruela, 1979; Korpi, 1983),[28] o (b) la distribución interna entre los diversos grupos y clases sociales respecto a los servicios y prestaciones procurados por el estado del bienestar (O'Connor y Brym, 1988).

Con las anteriores salvedades, y como punto de partida en el análisis de la convergencia del bienestar entre los países de la Unión Europea, resulta ilustrativa la comparación objetiva —y contrastada positivamente con datos longitudinales— de los recursos económicos públicos destinados al bienestar social. Se trataría de corroborar si, a pesar de las peculiaridades institucionales de los estados miembros europeos, puede colegirse o no una tendencia a magnitudes de gasto cada vez más próximas entre ellas.

LA APROXIMACIÓN DEL GASTO SOCIAL ENTRE LOS ESTADOS MIEMBROS DE LA UNIÓN EUROPEA

Antes de la crisis desatada por el crack de 2007, los países europeos aproximaban sus niveles de gasto público social a un punto intermedio situado entre lo que destinaban al bienestar social los EB más generosos y los menos dadivosos. A la hora de realizar comparaciones, debe evitarse que los casos desviados (*outliers*) distorsionen la interpretación del marco general de análisis. Esto sería inevitable si se realiza un cotejo lineal del gasto de algunos países nórdicos con alguno de los mediterráneos. Así, por ejemplo, Suecia destinaba a gasto social en 2001 el doble que España, medido en paridad de poder de compra por habitante. Al mismo tiempo, otro país nórdico como Finlandia tenía el mismo nivel que Italia. Tales estadísticas instantáneas se compadecen mal con el análisis de la dinámica inherente a la lógica de la convergencia. Considérese, por ejemplo, el periodo 1995-2001: mientras el incremento del gasto social en Suecia había sido de un 7 %, en España aumentó el 25 %. En contraste, los porcentajes de incremento en gasto social se habían mantenido bastante similares en los casos de Finlandia e Italia. Por lo general puede aseverarse que los países que destinaban mayores cantidades a gasto en protección social eran los que más lo habían frenado durante el periodo de referencia, y en los que más había aumentado la desigualdad de ingresos y el riesgo de pobreza. Por el contrario, los países que menos recursos públicos destinaban al bienestar eran los que más habían aumentado el gasto y en los que más se había reducido la desigualdad de ingresos y el riesgo de pobreza. En paralelo, la desigualdad de ingresos y el riesgo de pobreza también habían tendido a converger, creciendo en los países más igualitarios y con menos tasa de pobreza, y se había reducido en los menos igualitarios y con más tasa de pobreza (Adelantado y Calderón, 2005).

Como examen complementario, parece útil llevar a cabo un contraste de países agrupados en los cuatro regímenes del bienestar (anglosajón, continental, mediterráneo y nórdico), cuyo grado de variación interna se asume como menor en razón a sus similares lógicas y organización del bienestar. En la tabla 2.3 se reproduce información elaborada según los datos proporcionados por la oficina estadística europea (Eurostat) respecto a un amplio periodo de tiempo (1980-2005), más adecuado para realizar generalizaciones comparativas y evitar posibles inferencias contaminadas por factores estocásticos no estacionarios. Una ojeada a los porcentajes reproducidos en la tabla reafirma el argumento de convergencia de gasto social público entre los EB de Europa occidental. Obsérvese, además, que dicho gasto social en porcentaje del PIB no dejó de aumentar al menos hasta la mitad de la década de 1990. A partir de entonces ya no se observa una única pauta de crecimiento. Más bien se entreven tensiones entre la ampliación y el recorte del gasto social.

TABLA 2.3. GASTO SOCIAL COMO PORCENTAJE DEL PIB (EU-15)

	1980	1990	1995	1998	2002	2005
Europa continental	28,1	29,6	30,1	28,8	29,3	29,5
Países nórdicos	25,6	28,1	32,1	30,1	28,8	28,2
Sur de Europa	15,0	18,0	22,2	23,7	24,6	24,1
Reino Unido	21,5	24,3	27,7	26,8	27,6	26,8
Media EU-15	N. D.	N. D.	27,7	27,1	27,4	27,8

Nota: promedios sin ponderar.

Fuente: Eurostat (http://epp.eurostat.ec.europa.eu/). Europa continental: Austria, Bélgica Francia, Alemania, Holanda; países nórdicos: Dinamarca, Finlandia, Noruega, Suecia; sur de Europa: Grecia, Italia, Portugal, España.

Durante la edad de plata del *welfare* (1976-2007), las políticas de retroceso del bienestar (*welfare retrenchment*) se tradujeron, en realidad, en programas de contención de costes (*cost containment*), lo que conllevó: (a) un endurecimiento de los criterios de acceso y elegilibilidad en los programas del bienestar en Europa continental; (b) una reducción en torno al 10 % de las generosas prestaciones en los EB nórdicos; (c) una transferencia de responsabilidades desde la provisión publica al sector lucrativo privado en el caso británico; y (d) un aumento notable de gasto social en los países mediterráneos, especialmente en los casos de Grecia y Portugal. En cuanto a España, los incrementos habían sido menores a pesar del fuerte aumento del PIB.[29] Sin embargo, en todos los regímenes persistían patrones de reformas que, tras la eclosión del crack de 2007, confrontaban el desafío de adaptar sus legados institucionales y sus «dependencias de la senda» (*path dependencies*) a las ideas, instituciones e intereses a partir de los cuales habían sido construidos sus EB y posteriormente desarrollados (Moreno y Palier, 2005).

En el caso de España, por ejemplo, el gasto social se incrementó considerablemente, desde un 20 % del PIB en el año 2000 al 25 % en 2009.[30] Debe observarse que este aumento del gasto se produjo fundamentalmente en la segunda mitad del decenio, y más concretamente, tras el crack de 2007 con el gran incremento de los gastos de protección al desempleo.[31]

Desde el final de la edad de oro del bienestar (1945-1975), los países europeos se han enfrentado a un periodo intenso de reformas en sus fronteras funcionales y territoriales, no solo respecto a la protección social (Ferrera, 2005; Calzada y del Pino, 2008). A pesar de la nominal soberanía estatal para llevar a cabo sus propias políticas diferenciadas, debe subrayarse la sintonía de todas ellas, con una generalizada puesta en común de programas de actuación similares y una ausencia de variaciones de macroeconomía política en los contextos de la europeización y de la globalización. Recuérdese a este respecto el caso de las políticas francesas de planificación indicativa en un país que tradicionalmente ha hecho de su soberanía su *raison d'etre* nacional. Tal planificación indicativa fue implantada por los gobiernos franceses tras la Segunda Guerra Mundial a fin superar los momentos bajos en cuanto a actividad económica con carácter contracíclico. Pero las políticas económicas indicativas fracasaron estrepitosamente en los inicios del primer mandato presidencial de Mitterrand a principios de la década de 1980. Con marcada vocación keynesiana, el gobierno de Pierre Mauroy había auspiciado programas reactivadores que iban a contracorriente de una generalizada situación de contracción en el Viejo Continente. Al poco tiempo, dichas políticas sufrieron un giro copernicano y se alinearon con las de ajuste, austeridad y rigor presupuestario implantadas en la mayoría de los países europeos. No solo se evidenciaron entonces las preferencias monetaristas en el despliegue de las economías políticas nacionales, sino que ninguno de los países de la entonces Comunidad Económica Europea volvió a desviarse de dichas pautas.

Durante la década de 1990, se implementaron diversas políticas socioeconómicas a fin de lograr una mayor integración económica en el seno de la Unión Europea, que culminaron con el establecimiento del mercado único y la introducción de la moneda única. En paralelo, las instituciones de la UE salvaguardaron y promovieron la competición en el mercado interno. Más allá de alegar la necesidad de establecer cambios en las economías europeas, el discurso de la globalización se fue instrumentalizando también a fin de intentar modificar los pactos de solidaridad del bienestar en los ámbitos internos de los estados miembros (Sykes *et al.*, 2001). En este periodo, los gobiernos de los estados miembros de la UE indujeron el alejamiento de las tradicionales políticas económicas de corte keynesiano con el objetivo de favorecer el consumo y el crecimiento. Se pasó a compartir una misma preocupación y objetivos estratégicos por la optimización del capital humano en el seno de los mercados nacionales a fin de conseguir posiciones de ventaja comparativa en el mercado global.

Las capacidades de decisión económica y política se desligaron *de facto* de la soberanía de los estados miembros, y se europeizaron en no poca medida con el establecimiento de la Unión Económica y Monetaria con el Tratado de Maastricht de 1992 y la subsiguiente entrada en vigor del euro en 2002. No obstante, y en paralelo al proceso de europeización económica y monetaria, buena parte de las competencias en política social y desarrollo del bienestar han permanecido como competencia exclusiva nacional de los estados miembros. En un nuevo intento por conciliar los intereses nacionales y el marchamo común comunitario, se puso en marcha un nuevo método tras la Cumbre de Lisboa (2000). Se trataba de responder a la aparente contradicción que suponía europeizar ámbitos, como buena parte de las políticas del bienestar, ancladas en la responsabilidad competencial de los estados miembros. Su análisis en la siguiente sección sirve para ilustrar las dificultades que conlleva articular unidad institucional y diversidad en el seno de la UE, tal y como sigue organizada políticamente. Recuérdense las críticas de los enfoques verticales que no sean de «ordeno-y-mando» (*command-and-control*), característicos de las actuaciones gubernamentales estatalistas. Se crítica, en paralelo, las actuaciones de «arriba abajo» que no sean respetuosas con las formas y niveles de bienestar legitimados horizontalmente en cada país europeo. Una aporía europea de no fácil resolución.

LAS POLÍTICAS SOCIALES Y EL MÉTODO ABIERTO DE COORDINACIÓN

El método abierto de coordinación (MAC) propone una regulación dirigida a la convergencia en términos de resultados, una vez acordados conjuntamente principios generales e indicadores comunes en el ámbito de la Unión Europea. Pero corresponde a los propios estados miembros la opción abierta de elegir los instrumentos adecuados para llevar a cabo estos objetivos, y de ajustarlos a la diversidad de elecciones institucionales y coyunturas legítimas nacionales. Solo se produce a nivel central la definición de objetivos, mientras que la implementación se realiza de forma descentralizada. Por tanto, las propuestas generales comunitarias son traducidas en políticas nacionales por parte de los estados miembros, y en algunos casos en políticas subestatales o regionales. Este nuevo modo de gobernanza se articula en torno a tres ejes: (a) frente a la formalización sustantiva de la norma, la desformalización y la desustancialización de los recursos normativos (regulación procedimental); (b) frente a la centralización normativa, la descentralización deliberativa (gobernanza a múltiples niveles); y (c) frente a la regulación exógena, la movilización de recursos alternativos con los que promover la autorregulación (Moreno y Serrano Pascual, 2009).

No se trata solo de la mezcla de «voces plurales», sino también de la coexistencia de puntos de vista que se enfrentan entre sí. Por ejemplo, el hecho de mezclar, como lo hace el concepto de «flexiguridad», las nociones de flexibilidad y de seguridad, las cuales evocan dos marcos dicotómicos de regulación del trabajo, muestra en un mismo concepto la pervivencia del punto y el contrapunto. Semejante hibridación semántica apunta a una unicidad conceptual y una síntesis operativa.

En este nuevo modo de regulación, es crucial la apelación al mundo científico y a los llamados «expertos» para la conformación deliberativa (y justificación) de las propuestas sociales de las instituciones europeas. Se persigue, en suma, que las propuestas de acción aparezcan como políticamente neutras. Dada la complejidad de las filosofías políticas en el seno de la UE y la diversidad de intereses que predominan entre los actores que participan en este proyecto, las instituciones europeas están sometidas a una constante apelación a la neutralidad, como si de un «rapto normativo» se tratase.[32] Buena parte de la legitimidad europea se basa en el establecimiento de espacios deliberativos que hacen del espacio europeo un foro donde se expresa la pugna de ideas entre diversos actores sociales. Se colige, por tanto, que las instituciones europeas deban aparecer como receptoras neutrales de las ideas resultantes del diálogo y la deliberación entre tales actores y los niveles múltiples de interacción. Así, la complejidad y la diversidad de centros de poder en el interior de las instituciones europeas han favorecido que diversos *lobbies* y *think-tanks* se hayan incorporado como parte de la burocracia europea. Términos como «expertocracia» o «femocracia», usados en el análisis de estos procesos de regulación supranacional, denotan la contribución de esta pluralidad de grupos de profesionales en la producción de discursos y narraciones causales en la UE.

En el nivel nacional de los estados miembros, el MAC ha impulsado en no poca medida los trabajos y propuestas de los actores que inciden en el desarrollo del bienestar. Su aportación no puede considerarse banal, aunque las expectativas tras el Consejo Europeo de Lisboa (2000) adoleciesen de voluntarismo y cierto optimismo panglossiano ante la falta de concreción en el intercambio «buenas prácticas» (*best practices*) y la utilización de referentes comparativos con otros países (*benchmarking*).

En el caso de España, las actividades y directrices de la Unión Europea basadas en el MAC han estimulado los avances de la asistencia social. En consonancia con la Agenda de Lisboa de 2000 y los objetivos de la UE aprobados en el Consejo Europeo de Niza (diciembre 2000), el Gobierno español preparó un I Plan Nacional para la Inclusión Social para el periodo 2001-2003. A partir de los planes nacionales de los países miembros de la Unión Europea, la Comisión Europea y el Consejo se han encargado de elaborar periódicamente informes sobre la inclusión (Arriba y Moreno, 2005; Ferrera, Matsaganis y Sacchi, 2002). De acuerdo con el MAC, la estrategia europea se ha basado en recomendaciones y no implica ni obligatoriedad para los estados miembros ni distribución de fondos de financiación. Este enfoque se reformuló con la revisión de la estrategia de Lisboa 2005, en la cual la política social quedó subordinada al mantenimiento de las condiciones adecuadas para el empleo.

En términos generales, los contenidos de los planes nacionales de acción para la inclusión social del Reino de España han ofrecido una visión conjunta de los programas e intervenciones llevadas a cabo por los diferentes actores sociales en el área de inclusión social, pero no han evaluado ni cuestionado las estructuras existentes de protección social. A pesar de ello, pueden considerarse un logro importante en tanto que han elaborado un mapa sintético de la lucha contra la exclusión en España y han realzado, como consecuencia, el nivel regional de la gobernanza multinivel española en la lucha contra la exclusión social. (Los planes recogían las principales responsabilidades en el compromiso de elaboración de planes territoriales para la inclusión social que debían desarrollar las 17 comunidades autónomas). La iniciativa comunitaria y la adopción del MAC han servido para movilizar recursos institucionales de la gobernanza múltiple española.

A pesar de su índole no imperativa y «blanda» (*soft*), el *input* europeo ha sido esencial para la puesta en común, si bien ha expuesto las limitaciones propias del caso español en la lucha contra la exclusión social (Arriba, 2008). En realidad, la coordinación de recursos y la sistematización de los datos entre los gobiernos central, regional y local persisten como retos fundamentales en un país federalizado como España. Especialmente a partir de 2005, los planes españoles de inclusión social han sido instrumentos de coherencia y coordinación en el ámbito de intervención social y pública de lucha contra la pobreza y la exclusión social.[33]

La utilización del MAC en la lucha contra la exclusión y la pobreza responde a una preocupación compartida en la UE por favorecer la integración social y evitar la marginación. Los instrumentos de intervención han sido respetuosos con las tradiciones institucionales de cada país y sus lógicas de protección social. Aunque la puesta en práctica del MAC y la gobernanza múltiple de los planes de acción nacional para la inclusión social han evidenciado las dificultades de gestionar la diversidad interna europea y la de sus propios estados miembros, todo ello habría sido inviable sin el acuerdo implícito de los valores sociales compartidos por los europeos. En el apartado siguiente se repasan puntualmente los fundamentos axiológicos del bienestar y sus implicaciones para la continuidad de las instituciones del EB y las eventuales reformas de las políticas sociales.

VALORES COMUNES Y AXIOLOGÍA COMPARTIDA DE LOS EUROPEOS

La mayoría de las investigaciones sobre las actitudes sociales hacia las reformas de políticas de bienestar han concentrado sus esfuerzos analíticos en el impacto de las instituciones sobre las creencias y valores de los ciudadanos hacia el EB. Se ha prestado una menor atención al efecto inverso, es decir, a la manera en que las convicciones de los ciudadanos dan forma al desarrollo de las instituciones sociales del EB. En tiempos de crisis y mudanza, tales fundamentos culturales y normativos adquieren una importancia determinante, ya que de ellos depende en gran medida la legitimidad del mantenimiento, cambio o desaparición del EB en Europa. El hecho de hablar de unidad axiológica de los europeos respecto al EB no debe considerarse un ejercicio de ocultación de las diversas orientaciones al nivel de apoyo y los deseos de transformación de las políticas sociales en cada país. Además, debe tenerse muy presente que los gobiernos, basados en sus recursos de poder democráticos, también pueden decidir de manera autónoma la implementación de intervenciones aunque estas no coincidan enteramente con las orientaciones de sus electores. En realidad, con cierta recurrencia se efectúan cambios inesperados en las políticas públicas a manos de líderes o gobiernos que ideológicamente deberían ser menos proclives a ellos.[34]

Al considerar el contexto inaugurado tras el crack de 2007 y su énfasis en la sostenibilidad de los sistemas de protección social en Europa, la dimensión de los valores sociales compartidos cobra una importancia crucial como guía para interpretar la (des)institucionalización de las políticas sociales y el EB. El valor compartido de la progresividad fiscal, por ejemplo, ha explicitado el apoyo de los contribuyentes europeos al reparto de recursos públicos para el mantenimiento de los EB continentales, lo que contrasta con la disparidad implícita en la conocida como economía neoliberal del empoderamiento individual (*personal empowerment*) ajeno a la redistribución colectiva.

La mayoría de los valores de apoyo al estado se manifiestan de acuerdo con los principios y lógicas de los diversos regímenes del bienestar (anglosajón, continental, mediterráneo y nórdico). Pero según los datos disponibles en la Encuesta Social Europea (European Social Survey), y las investigaciones y resultados obtenidos por el proyecto «Actitudes hacia el bienestar en una Europa en transformación»,[35] existe, en cualquier caso, un conjunto de valores comunes constitutivos del fundamento axiológico del modelo social europeo. Conozcamos con mayor detalle algunos de los resultados del mencionado proyecto.

Entre las cuestiones de la Encuesta Social Europea de 2008, realizada en 27 países europeos, incluidos Rusia e Israel, se preguntaba a los entrevistados si el gobierno debía ser responsable de la atención sanitaria, las pensiones de jubilación, las prestaciones de desempleo, el cuidado de niños en el caso de padres que trabajan, las bajas laborales para cuidar a familiares enfermos y la garantía de un empleo para todos los ciudadanos. Tras verificar la asociación de estas variables entre sí a través de un análisis factorial, los resultados indican que las seis cuestiones mencionadas anteriormente están estrechamente relacionadas.

Dos valores presentan un efecto positivo en el apoyo al EB en toda Europa: el *igualitarismo* y la empatía con los *mayores*.[36] Ello sugiere que, independientemente del país europeo de que se trate, los ciudadanos esperan que el EB proteja a los individuos de las fuerzas ciegas del mercado (redistribución), así como de las aún más ciegas fuerzas naturales del paso del tiempo (protección en la vejez). En cuanto a la relación entre valores y actitudes probienestar, el *igualitarismo* aparece como el valor social más directamente relacionado con las actitudes favorables al estado del bienestar en Europa. Este valor tiene el mismo efecto en todos los países europeos, lo cual lo convierte en un indicador muy útil para análisis comparativos. Otros valores como el *tradicionalismo*, el *autoritarismo*, o la *confianza* también tienen un efecto sobre el apoyo ciudadano al EB, pero este varía considerablemente según las zonas geográficas y los regímenes del bienestar.

En general, los europeos comparten una idea básica común sobre lo que debe hacer el EB. Es percibido como una institución que debería proteger a las personas contra los riesgos sociales provocados por las ineficiencias del mercado, impidiendo que las sociedades se conviertan en demasiado desiguales internamente en términos de obtención y aprovechamiento de los recursos. Debe también proteger a las personas en la vejez, evitando así los riesgos derivados de la incapacidad de obtener rentas y ser autosuficiente en esta etapa del ciclo vital.

Sin embargo, los europeos difieren de manera sustancial en sus expectativas concretas respecto al EB. De los valores expresados por los ciudadanos que lo apoyan se puede inferir la axiología que estos ciudadanos perciben como propia de sus sistemas públicos de protección social. Sobre la base de las correlaciones entre los valores sociales y las actitudes pro bienestar, cabe identificar los siguientes perfiles axiológicos del bienestar europeo:

El estado benevolente. El estado del bienestar escandinavo y el de los Países Bajos responden a una aspiración de protección de los ciudadanos a título individual, no solo respecto a los riesgos derivados del mercado, sino también de la tradición y de los prejuicios. Esta percepción resulta también observable, en menor medida, en los países de Europa continental. Sin embargo, en los países nórdicos, el estado benevolente también se relaciona en gran medida con los altos niveles de confianza interpersonal.

El estado asegurador. El estado del bienestar en Europa continental presenta una axiología muy similar a la de los países nórdicos, con excepción de la asociación particular de este último con la confianza interpersonal. Los europeos continentales son más propensos a dar apoyo a un sistema clásico de aseguramiento social, que proteja a los ciudadanos de los riesgos sociales mediante mecanismos de previsión social y ahorro como los sistemas contributivos bismarckianos.

El estado Robin Hood progresista. La axiología del EB en el sur de Europa puede ser etiquetada como la aspiración de un Robin Hood progresista, el cual trata de redistribuir recursos transfiriéndolos desde los ricos a los pobres, y cuya finalidad simultánea es la modernización de unas sociedades que mantienen una relación compleja y negativa con la tradición y el autoritarismo (como consecuencia de su pasado autoritario y/o católico).

El estado Robin Hood tradicional. La axiología del bienestar en los países del centro y este de Europa es similar a la de los países del sur, con la salvedad de que aquí parece haber una asociación relativamente positiva con el tradicionalismo. La asociación positiva con el autoritarismo representa también una disposición favorable al estatalismo de las políticas sociales derivada de su pasado comunista y dirigista.

Un área complementaria de análisis es la relativa a la convergencia de los valores sociales y de los equilibrios instituciones del bienestar. La teoría de la democracia liberal se basa en el axioma de la congruencia entre el marco institucional —así como de las políticas públicas— con las preferencias de la ciudadanía. Ciertamente, no se espera que la traducción de esa voluntad ciudadana se produzca de manera lineal, ya que está mediada por los marcos de las ideas, las instituciones y los intereses (actores sociales, burocracias, intereses organizados, partidos políticos o sistemas electorales, por nombrar algunos de los más relevantes). La existencia de un importante grado de disonancia entre valores sociales generalizados entre la población de una sociedad y las políticas aplicadas por un estado democrático liberal se considera un buen indicador de ilegitimidad e insostenibilidad a largo plazo. Cierto grado de congruencia entre los valores sociales y los equilibrios institucionales del bienestar constituye una condición para la preservación de la cohesión social y la legitimidad democrática.

¿Se puede aseverar, de acuerdo con lo expuesto anteriormente, la existencia de un modelo social europeo desde el punto de vista axiológico? ¿Existen fundamentos para reclamar el establecimiento de políticas de protección social comunes que se ajusten a los valores sociales expresados por los ciudadanos de los países europeos incluidos en nuestra comparación? Del estudio efectuado con los datos de la Encuesta Social Europea se colige un mínimo común denominador constatado en el amplio apoyo de los europeos a las iniciativas redistributivas, y una preocupación general por el bienestar de las personas mayores. Este apoyo social contrasta dramáticamente con las opciones sociales y políticas de otros países desarrollados como Estados Unidos (y su mercantilización de la vida social). En su versión minimalista, las políticas promovidas a nivel europeo deberían tener muy presentes los fundamentos axiológicos compartidos para avanzar en la armonización fiscal, así como para garantizar la supervivencia de los sistemas de pensiones.

Sin perjuicio de una revisión más detallada del modelo social europeo y la Unión Económica y Monetaria europea en el tercer capítulo del presente volumen, sí cabe adelantar, a resultas del estudio empírico de la Encuesta Social Europea, que existe una actitud mayoritaria por un estado (del bienestar) que proteja a los ciudadanos y a las sociedades de las consecuencias negativas de las fuerzas del mercado. Se espera de ese EB una redistribución de recursos, atendiendo a aquellos ciudadanos que quedan fuera del mercado laboral o que viven en la pobreza.

El siguiente capítulo se concentra en el desafío que supone para los EB asegurar los límites que el desarrollo de la protección social ya daba por descontado: ¿es posible, y cómo, conservar las políticas de educación, sanidad, pensiones y servicios sociales, tal y como se desarrollaron durante la edad de oro del bienestar?; ¿hay margen, y cuál, para la cobertura de los nuevos riesgos sociales?; ¿se puede reorganizar institucionalmente, y de qué manera, el *welfare mix* para hacer más eficiente la provisión de la cobertura para los «viejos» y «nuevos» riesgos sociales? Estas son algunas de las cuestiones que se tratarán en el capítulo siguiente.

II

EL CRECIMIENTO HASTA LÍMITES DEL BIENESTAR SOCIAL

INTRODUCCIÓN

Al final de los «gloriosos treinta años» de la edad de oro del bienestar social (*treinte glorieuses*, 1945-1975) coincidieron varios factores que impulsaron a la readaptación del estado del bienestar. Por una parte, se produjeron fuertes desajustes fiscales, agravados por la disparidad entre una demanda de más y mejores servicios públicos, junto con una renuencia de ciertos sectores de electores a asumir mayores impuestos para su financiación, y una agudización de las convulsiones en la economía mundial provocadas por las crisis del petróleo (1973 y 1979). Hasta mediados de la década de 1970, el desarrollo del EB había facilitado empleo abundante en Europa occidental —prácticamente pleno en el caso de los hombres—, estable y asegurado, con la expansión de programas de servicios sociales, educativos y sanitarios. La progresiva movilidad social había posibilitado la ampliación de las clases medias, y su poder adquisitivo se había incrementado significativamente, democratizando la compra masiva de bienes de consumo y cerrando el círculo virtuoso del crecimiento económico durante un largo ciclo de prosperidad. Se generalizó la promoción de grupos sociales marginados o relegados con la implementación de programas de lucha contra la pobreza, de discriminación positiva, o de prestaciones asistenciales y servicios sociales. Pero la situación general del EB se vio abocada a una recalibración en las décadas de 1980 y 1990 a causa de factores exógenos (principalmente globalización financiera) y endógenos (ineficiencias o efectos perversos propios, entre otros).

A su vez, el fordismo entró en crisis como modelo troncal de producción en los países industrializados avanzados.[1] Desde entonces se ha teorizado, en ocasiones con cierto grado de mistificación, sobre la transición a una sociedad (pos)industrial, a la cual cabría describir más rigurosamente como sociedad (pos)fordista, con la adopción de nuevos patrones de producción industrial, tales como el toyotismo.[2] Recordemos que el fordismo posibilitó la proliferación de un tipo de «trabajador próspero» (*affluent worker*), el cual propició con su trabajo y su capacidad adquisitiva un consumismo masivo, favorecido psicológicamente por un deseo generalizado de dejar atrás la etapa de penalidades y carencias provocada por el crash de 1929 y la Segunda Guerra Mundial. El fordismo como patrón productivo legitimó, en suma, un modelo civilizatorio basado en la democratización consumista, la eficiencia racionalizadora y una nueva estética modernizante.

No se acabó el EB con el final de la edad de oro del *welfare*. Se ha teorizado sobre si el EB durante la subsiguiente edad de plata del EB, hasta el crack de 2007, se transformó en un estado social minorado, controlado por el gran capital y las corporaciones multinacionales. Estas, apoyadas en un modelo de globalización anglo-norteamericano y mediante campañas principalmente mediáticas, habrían erosionado las propias nociones de democracia y soberanía estatal prevalentes hasta entonces (Mann, 2005; Conversi, 2011). Durante ese periodo, y de acuerdo con tal visión, el EB solo habría podido preservar políticas sociales minimalistas en sintonía con un languideciente estado nacional de conformación decimonónica (Sotelo, 2010).[3] Al valorar longitudinalmente el devenir del EB tras su sociogénesis con las Leyes de Pobres británicas y con los programas de aseguramiento bismarckianos de finales del siglo XIX, deben certificarse sus señas de identidad como institución garante de la cobertura de riesgos sociales de sus ciudadanos y de la mejora de sus condiciones de vida, así como facilitadora de la igualdad de oportunidades. Indudablemente, el estado nacional contemporáneo no ha desaparecido en la tradición europea. Pero sí ha visto considerablemente transformadas sus capacidades de intervención y autonomía a causa, sobre todo, de la mundialización económica y de la propia continentalización económica, política y social europea. Al visionar así el decurso del EB, aparecen tamizados los claroscuros de su evolución. Desde luego no puede aseverarse que hayamos sido testigos de su muerte y entierro como evidencian empíricamente datos, magnitudes y análisis comparativos diacrónicos y sincrónicos. Tampoco ha menguado su legitimidad sostenida por gobiernos de diversa filiación política (cristianodemócratas y socialdemócratas, principalmente).

En realidad, el final de la edad de oro del *welfare* patentizó una dinámica del EB de crecimiento hasta límites (Flora, 1986/1987).[4] Tras la cobertura de un amplio catálogo de «viejos» riesgos sociales (analfabetismo, ancianidad, enfermedad, indigencia, invalidez o desempleo, por citar algunos de los más acuciantes), así como la incorporación de la práctica totalidad de las poblaciones de las sociedades industriales avanzadas (fordistas), el EB pasó a confrontar una nueva etapa de maduración de sus comprensivas políticas sociales. A mediados de la década de 1970, el capitalismo del bienestar había llegado a un punto de saturación en el que las lógicas de acumulación capitalista y de legitimación social colisionaron directamente.

Dadas las dificultades políticas y financieras del EB al final de su edad de oro, incidió un creciente interés por la acción de la sociedad civil en su carácter complementario a la procura estatal de satisfacción vital (*well-being*) a los ciudadanos. La evidencia empírica nos recuerda que ello no se correspondió con un retroceso del EB en Europa occidental, sino más bien como un reajuste de las políticas sociales ya existentes, y con la progresiva configuración de un *welfare mix* —incorporando al sector privado voluntario y al lucrativo— en el que los poderes públicos continuaron aportando los principales recursos estructurantes. Ciertamente, la sostenibilidad del EB pasó a convertirse en un tema electoral en aquellos países de Europa occidental con sistemas avanzados y donde comenzaba a sentirse cierto desasosiego fiscal. Se pasó a tomar conciencia de que a una explosión de demandas por más y mejores servicios se correspondían unos costes mayores, lo que condujo a una implosión de decisiones, como se analiza líneas más abajo. Asimismo, los efectos perversos del desarrollo del *welfare* (principio de san Mateo, apropiaciones indebidas o riesgos morales) y el surgimiento de «nuevos riesgos sociales» (NRS) hacían imperativa una reforma del armazón del *welfare*. En expresión evangélica retrospectiva, la situación requería mantener los vinos viejos en odres nuevos.[5]

Como se ha apuntado en el capítulo I, los programas del bienestar durante la edad de plata del *welfare* (1976-2007), en las postrimerías del siglo XX, reflejaron una preocupación primordial por la contención de los costes del bienestar público (*cost containment*), que no siempre se tradujo en recortes o retrocesos del bienestar (*welfare retrenchment*). Con la maduración de los EB europeos, los poderes públicos pasaron a procurar a los ciudadanos un número sustancialmente mayor de servicios y prestaciones en comparación con los decenios de la *Golden Age*. Además, la maduración, en términos presupuestarios, en algunas situaciones producía un efecto de acaparación y expulsión (*crowding out*) respecto a la implementación de nuevas políticas sociales. Con el incremento del número de beneficiarios y el mantenimiento de la intensidad de servicios y prestaciones, se hacía difícil garantizar financieramente el mantenimiento de derechos y tutelas de los ciudadanos. Desde posiciones liberales se aducía que ello cuestionaba las propias bases del modelo de capitalismo del bienestar. En suma, el ritmo de crecimiento de la provisión pública había seguido una pauta más geométrica que aritmética, lo que provocaba un constreñimiento programático y una pérdida de maniobrabilidad en la elaboración de una «nueva política del bienestar» (*new politics of welfare*) [Pierson, 2001]. La situación aparecía esclerotizada.

Como consecuencia de tales desarrollos, los EB europeos debieron afrontar una fase a la vez de consolidación y reestructuración. Solo aquellos países nórdicos más maduros fueron testigos de un ligerísimo retroceso (*retrenchment*), que afectó más a la generosidad de sus prestaciones y a la capacidad de elegir en algunos programas del bienestar que a la desaparición de derechos sociales. En Suecia, por ejemplo, durante los últimos ochenta años, los denominados gobiernos burgueses (1991-1994 y 2006-) han implementado mayores reducciones fiscales y deducciones impositivas, pero la arquitectura del *welfare state* ha permanecido ampliamente inalterada.

En este capítulo se pasa revista a las causas y efectos que se produjeron al final de la edad de oro del *welfare* del desarrollo del bienestar en Europa occidental. Tras repasar factores exógenos, como el impacto de las crisis del petróleo y la mundialización económica en forma, específicamente, de globalización financiera, se analizan factores endógenos en el desarrollo del *welfare*, buena parte de los cuales atestiguaron efectos indeseados, y aun perversos, en la evolución de los EB. Tales elementos condicionaron en no poca medida la evolución posterior del EB durante su edad de plata, hasta 2007. De su asimilación depende, en buena medida, el diagnóstico de salud del EB en su nueva etapa, o edad de bronce del *welfare* tras el crack de 2007, cuando han surgido incógnitas respecto a la preservación de sus características y perfiles anteriores.

EXPLOSIÓN DE DEMANDAS, IMPLOSIÓN DE DECISIONES

Al analizar las crisis económicas de mediados de la década de 1970, las explicaciones teóricas pusieron distintos acentos en las contradicciones del bienestar (Offe, 1984) y en aspectos tales como los desajustes fiscales (O'Connor, 1973), la sobrecarga gubernamental (Rose y Peters, 1978), las limitaciones de la democracia liberal (Crozier *et al.*, 1975), o incluso la falta de legitimidad (Habermas, 1973). Los diagnósticos respecto a las dificultades de conciliar las lógicas del bienestar y del crecimiento capitalista llegaron a coincidir desde retóricas y narraciones causales dispares, como exponen los cuentos «O'Goffe» y «Hyman».[6] A una explosión de demandas se correspondía, en suma, una implosión de decisiones y la dificultad de sufragar nuevos programas públicos y atender a una deuda ya elevada. Con la llegada de la Nueva Derecha al poder en el Reino Unido (Thatcher, 1979) y Estados Unidos (Reagan, 1981), se reforzaron la posiciones neoconservadoras, que reclamaban no solo una moderación salarial y una flexibilización productiva como mejor método para hacer frente a la competencia desleal de países emergentes (*social dumping*), sino también la reducción del sector público a fin de dejar paso a los emprendedores privados y a los capitanes de industria creadores de nueva riqueza para todos.

El enfoque característico de la denominada *Reaganomics* y las propuestas neoconservadoras (*neocon*) postulaba que las ayudas públicas a los más ricos y a la alta clase empresarial (facilitándoles una reducción en sus impuestos) estimularían su implicación en la actividad productiva y promocionarían el crecimiento económico. Todo ello revertiría en nuevas inversiones y en prosperidad para el conjunto social. Sin embargo, la conocida «economía del goteo» (*trickle down economics*) en realidad magnificó la desigualdad y el déficit fiscal, provocando, a su vez, inflación, estancamiento y una menor prosperidad para todos (Stockman, 1986). Recuérdese que, durante los últimos lustros del siglo xx, los ciudadanos menos gravados fiscalmente en EE.UU. prefirieron invertir en el sector especulativo financiero,[7] —en ocasiones muy rentable—, rehuyendo otros dominios de la economía productiva generadores, por ejemplo, de empleo.[8] La economía financiera sin regulación pasó, de tal manera, a estar dominada por los intereses de inversores y rentistas.

La congestión política que afloró a mediados de la década de 1970 en las democracias del bienestar atrofió igualmente las relaciones entre estado y sociedad civil, antaño complementarias. Además, la discusión sobre los niveles impositivos pasó a convertirse en el tema principal de debate político y electoral. La identificación ideologizada entre estado del bienestar y descontrol de las cuentas públicas, propiciada por influyentes conglomerados mediáticos y gabinetes de expertos (*think tanks*) creadores de opinión, logró reforzar las aprensiones culturales hacia las actuaciones estatales, en particular en aquellas sociedades anglosajonas donde predominan valores de autointerés, logro personal y desconfianza hacia el *Big Government*. Fruto de ello fue un apoyo electoral a las propuestas de la *New Right*.[9]

Como ha sucedido en otros ámbitos políticos de la soterrada pugna ideológica durante la edad de plata, la combinación de los discursos neoliberal y neoconservador se erigió en una suerte de «pensamiento único», eficaz en su estrategia y cuasi hegemónico como canon de economía política en las actuaciones gubernamentales. Neutralizó la articulación de visiones alternativas y sedujo a una parte importante de la socialdemocracia europea, la cual renegó de sus veleidades neokeynesianas, perdiendo en dicho tránsito buena parte de sus valores y principios constitutivos (Azagra y Romero, 2012). Todo ello se reflejó en la elección en Europa de gobiernos de ejecutivos de centro-derecha y centro-izquierda, partidarios de mantener los criterios de rigor monetario instaurados con la adopción del Tratado de Maastricht (1992). Se había producido una suerte de consenso operativo entre las estrategias tradicionales de la derecha, centro e izquierda, plasmado en: (1) una profundización del proceso de desregulación, flexibilización y liberalización, no solo respecto a las políticas públicas estatales, sino también en lo concerniente a aquellas funciones estatales clásicas como las relativas al planeamiento y provisión de servicios públicos y sociales; (2) un apoyo activo desde las propias instancias gubernamentales a los procesos de internacionalización de los mercados, a la promoción de un individualismo consumista y expresivo,[10] y a la creciente mercantilización de la vida pública.

Asumiendo el desenvolvimiento del mercado global, los estados debían competir permitiendo un marco liberalizado y comprometiéndose a nivel presupuestario a contener el gasto de las políticas sociales. Se aducía, por ejemplo, que los déficits persistentes por cuenta corriente hacían más vulnerables a los países en el mercado internacional del crédito, o se convertían en objetivos para adquisiciones corporativas por parte de compañías rivales radicadas en países con monedas más fuertes. En consonancia con tales convicciones, se propusieron intervenciones endógenas estatales favorecedoras de la restricción de la deuda pública y el libre endeudamiento privado. Por consiguiente, se forjaría un círculo virtuoso de mayores inversiones y crecimiento económico. Las tesis del «pensamiento único» podían aceptar que el estado llevara el timón, pero en modo alguno que remase. Entre algunas de las ideas postuladas por la tercera vía de centro-izquierda, y recogidas en la declaración conjunta suscrita por dos de sus adalides, Tony Blair y Gerhard Schroeder en verano de 1999, se insistía en que el compromiso social debía reflejarse no solo en el nivel del gasto público, sino también en su eficacia y en la de los servicios públicos.

En el tránsito al tercer milenio, las nuevas orientaciones en la economía política del bienestar pretendieron rehabilitar la convicción por la «ética del trabajo» (*work ethics*) y resucitar viejas fórmulas como la del precio natural del trabajo.[11] Su puesta en práctica supuso la proliferación de empleos de ínfima calidad, el aumento de la pobreza o el retorno a prácticas de mercantilización laboral en línea con el liberalismo manchesteriano de mediados del siglo XIX.[12] Estados competidores, tales como Alemania, Francia o el Reino Unido, con sectores económicos de renovada vocación exportadora de servicios y tecnologías, fueron capaces de rentabilizar —cada uno a su modo— dichas estrategias, y llevaron a efecto programas de reajuste en sus EB. En términos generales, el conjunto de las democracias del bienestar europeas creyó que el principal desafío al que debía enfrentarse en la reforma del *welfare* era de carácter exógeno, dado el cambiante marco de mundialización económica. Sin embargo, cabe identificar otros factores endógenos —a los que suele prestarse menor atención—, cuyos efectos han sido determinantes en el desarrollo problemático de las políticas del bienestar y su crecimiento hasta límites: (a) la mayor demanda y los costes relativos inherentes a la provisión de servicios sociales y humanos de atención personal («enfermedad de Baumol» o *Baumol's cost disease*[13]); (b) el envejecimiento de la población y la mayor esperanza de vida de las personas; (c) el persistente desempleo y las bajas tasas de actividad laboral; y (d) los efectos no deseados y los desincentivos provocados por el propio EB, incluidos los riesgos morales.[14] Estos últimos ocupan la atención de la próxima sección.

EFECTOS PERVERSOS, APROPIACIONES INDEBIDAS Y RIESGOS MORALES DE LAS POLÍTICAS SOCIALES

El análisis de los efectos no intencionados y hasta perversos de las políticas públicas es crucial en la labor del investigador social para proveer de conocimiento al decisor público (*policymaker*) y reorientar, en su caso, nuevos programas o actuaciones. Ello deriva de la misión omnipresente para el científico social de desentrañar la weberiana «paradoja de las consecuencias no intencionadas», es decir, aquella que produce resultados no previstos conscientemente (Lamo de Espinosa, 1989). En la sección que nos ocupa hacemos un repaso, aun en escorzo, de algunos efectos que emplazan al EB a constantes ajustes para evitar ineficacias y deslegitimaciones.

En situaciones de resultados no queridos y apropiaciones indebidas, lo particular prima sobre lo general. Sucede también, con relativa frecuencia, que lo general es la plasmación de una serie de encajes y ajustes particulares. Estos dependen, a su vez, de los grados de influencia ejercidos por los actores más directamente implicados en hacer emerger problemas (*issues*), imponer la agenda política y auspiciar la implantación de políticas públicas a su conveniencia. Todo se complica aún más cuando los partidos políticos, tradicionales canales de transmisión de ideas e intereses políticos, rehúyen iniciativas y propuestas innovadoras a fin de conservar sus tradicionales bases de poder y sus redes de apoyo clientelar.

Esta sección no pretende mostrar un amplio elenco de situaciones en las que «resultados no queridos» y «apropiaciones indebidas» se configuran como *trampas* del bienestar.[15] El número de ellas es amplio y su naturaleza fluctuante; es decir, sus efectos alimentan un disfrute del bienestar social que es reflejo de las posiciones de ventaja de ciertos grupos sobre otros, debido a su mayor capacidad de influencia o poder. Sirvan algunas de las reflexiones sobre el denominado «efecto Mateo» (o principio de san Mateo), las apropiaciones indebidas y el «riesgo moral» (*moral hazard*) como ilustraciones de las situaciones no equitativas que el EB puede producir en contra de sus propios principios constitutivos.

El efecto Mateo toma su denominación de la aserción evangélica de que «a cualquiera que tiene se le dará y tendrá más; pero al que no tiene, aun lo que tiene le será quitado» (13:12).[16] Con ello se quiere decir que los sectores sociales con mayores recursos y con mejores instrumentos para su apropiación se benefician desproporcionadamente de programas y políticas a menudo diseñados para los ciudadanos más desfavorecidos. Tales sectores maximizan su acción respecto a aquellos ciudadanos con derechos de acceso iguales o preferentes, pero a menudo carentes de la información precisa y/o de redes de apoyo. Los grupos en desventaja comparativa se ven impelidos a recurrir al patronazgo de grupos de influencia y poder, lo que apuntala las posiciones de ventaja de aquellos más influyentes. Como resultado de todo ello, los ciudadanos con un estatus socioeconómico más alto tienden a beneficiarse estructuralmente de los mejores recursos públicos.

El argumento de que el EB habría provisto de mayor grado de utilidad marginal en cuanto a prestaciones y servicios a las clases populares en perjuicio de los ciudadanos más acomodados, por efecto de la redistribución de rentas, ha sido falsado por algunas prácticas del efecto Mateo. Las estructuras de poder en las sociedades democráticas se cristalizan en procesos de distribución de tal modo que las clases acomodadas parten con ventajas comparativas en su pugna por conseguir mayores grados de autosatisfacción y de rentabilidad socioeconómica. Solo en aquellos EB de corte universalista, el mayor aprovechamiento de los servicios públicos por parte de las clases medias queda mediatizado por su mayor contribución fiscal a la financiación colectiva de los programas públicos.[17]

El elenco de situaciones que validan los efectos Mateo es extenso. Valga como botón de muestra las becas gratuitas para cursar estudios universitarios, inaccesibles *de facto* a aquellos ciudadanos que no puedan sufragarse su estancia fuera del hogar familiar, como ilustra el caso del régimen mediterráneo.[18] Pero quizá sea más crucial para el *welfare* el efecto Mateo, que beneficia a aquellos contribuyentes más acomodados. Buena parte de ellos pueden esquivar sus obligaciones hacendísticas mediante procedimientos formales que escapan al control de los inspectores fiscales y, a resultas de los cuales, se daña irremisiblemente el principio de equidad fiscal entre ciudadanos.

En el área de la procura de políticas sociales para los más desfavorecidos es donde el efecto Mateo y las apropiaciones indebidas suelen mostrar sus impactos más perversos. Examinemos con mayor grado de detalle el caso de las pensiones de vejez en el caso de Italia —país fundador de la CEE-UE, democracia (pos)industrial avanzada y miembro del club selecto del G-7—, donde el pacto intergeneracional característico que posibilitó un EB avanzado y maduro se ha desequilibrado durante el transcurso de la edad de plata del *welfare* transalpino (1976-2007).

No cabe duda de que las personas mayores han constituido siempre un sector de la población expuesto a imponderables materiales y a una mayor atención sociosanitaria. La cobertura de sus riesgos sociales se erigió como uno de los objetivos originarios de los incipientes sistemas de protección social en el tránsito del siglo XIX al XX. Cien años más tarde, el éxito de los sistemas de previsión social se ha traducido en el espectacular incremento de los índices de esperanza de vida en todos los países desarrollados (desde una media de 50 años a 80 años de vida durante el transcurso de una centuria).

En el caso de Italia, la mayor capacidad de presión política de sus intermediarios políticos gerontocráticos ha resultado en una mayor atención presupuestaria para el pago de las pensiones de jubilación y vejez. En la década de 1960 se introdujeron fórmulas pensionísticas no ajustadas a las cotizaciones proporcionales de las diversas categorías laborales, y con una ausencia de las previsiones demográficas de futuro. De acuerdo con dichas fórmulas, los trabajadores jubilados han venido financiando con sus propias cotizaciones a lo largo de su vida laboral apenas la mitad del montante desembolsado por sus pensiones. En ningún país europeo se crearon diferenciales tan acusados entre derechos asegurativos y deberes contributivos, y entre edad efectiva de jubilación y esperanza de vida. La responsabilidad política y social de dicha situación es transversal y recae tanto en agentes sociales, asociaciones ocupacionales, partidos de gobierno y oposición, como en sindicatos y organizaciones patronales. Todas ellas ocultaron a los trabajadores italianos la insostenibilidad financiera y cultural del sistema (Ferrera y Gualmini, 2004).

Según datos de la Comisión Europea de 1995, más del 15 %

del PIB italiano se destinaba al pago de pensiones de vejez y supervivientes (la media de la UE apenas alcanzaba el 12 %, y la de España era del 9,4 %). Dicho porcentaje era el más alto en la Unión Europea y constituía casi dos terceras partes del total del gasto social italiano. La intensidad de las pensiones, es decir, el porcentaje respecto a la renta media por habitante era también el más alto junto a las pensiones griegas (alrededor del 78 %).

En una perspectiva longitudinal y en lo que más atañe a la maduración de los sistemas pensionísticos, considérese que Italia destinaba en 1960 el equivalente a un 5,5 % de su PIB al pago de pensiones, cantidad que se triplicó en 2011 hasta el 16,7 % (en 1993 ya había alcanzado el 14,4 %). Si a los datos anteriores se añade que casi una tercera parte de los jubilados acumulaba dos o más prestaciones sociales —no incompatibles entre sí—, y que la edad media en el cese efectivo de la actividad laboral se había mantenido en una edad inferior a los 60 años, se completa un cuadro impresionista de las magnitudes de la protección de los italianos mayores. Recuérdese, además, que el pago de las pensiones suponía en porcentaje casi el doble de la media europea, y que la tasa de sustitución, entendida como el porcentaje de la pensión recibida respecto al último salario cobrado, es notablemente superior a la de otros países centrales europeos como Alemania (43 %) [Tanzi y Schuknecht, 2000].

Los déficits crónicos provocados por la financiación de las pensiones en Italia fueron los principales causantes de un endeudamiento público que se mantuvo en torno al 120 % del PIB durante 1990-2010. Merced a las presiones de rigor presupuestario establecidas por el Tratado de Maastricht, y con el objetivo de mantenerse en el grupo de los países centrales constitutivos de la Unión Económica y Monetaria, los sucesivos gobiernos italianos intentaron racionalizar el gasto de las pensiones, pero con escasos resultados tras las diversas reformas puestas en vigor.[19] En la discusión del efecto Mateo y las apropiaciones indebidas de las políticas sociales subyace la cuestión de si una determinada «categoría de riesgo» (*risk category*) [véase siguiente sección], como la correspondiente a la vejez, ha dejado de ser tal, o si ha alcanzado una situación de sobreprotección en lo que hace referencia a los *insiders* o empleados con trabajos estables, largas trayectorias laborales y generosos derechos asegurativos, en contraste con la situación de los jóvenes precarizados, como ilustra el caso italiano.

En los EB más maduros y generosos, como los nórdicos, la elección entre participar activamente en el mercado laboral o disponer de subsidios del bienestar es ilustrativa del denominado «riesgo moral» (*moral hazard*). En estos países, el riesgo moral se ilustra también en el consumo excesivo o mayor de lo necesario de servicios provistos por sus EB (Lindbeck, 2006). Así, por ejemplo, las altas tasas de bajas laborales por enfermedad se han relacionado con las generosas prestaciones de los subsidios sustitutorios facilitados por sus EB.[20] Además de las consecuencias económicas que tales riesgos comportan para la sostenibilidad de los sistemas de protección social, sus efectos afectan sobremanera a las bases morales de legitimación del EB. Al propiciar de manera no intencionada comportamientos de gorroneo (*free-riding*) e irresponsabilización, no solo se merma la confianza mutua entre los ciudadanos, sino que también se evidencian comportamientos asociales instrumentalizados ideológicamente por los partidarios de una remercantilización en clave individual del bienestar social (*re-commodification*).

Los efectos no deseados generados de manera endógena durante la edad de plata del *welfare* (1976-2007) se han combinado con los cambios societarios y el surgimiento de nuevas incertidumbres y riesgos sociales. Todo ello ha añadido complejidad a la racionalización de los sistemas de protección social europeos, ya sujetos a las presiones neoliberales de la globalización, y encaminadas a modificar los pactos de solidaridad internos (Moreno y Palier, 2005).

Nuevos riesgos sociales

La expresión «nuevos riesgos sociales» (NRS) pretende significar los efectos que, para el bienestar social, han provocado los cambios societarios en los últimos decenios y, especialmente, aquellos relativos a la transición a una sociedad (pos)industrial/fordista. Recuérdese que las «categorías de riesgo» (*risk categories*) son aquellas que se identifican y se atribuyen intereses comunes según las relaciones que comparten respecto a los medios de protección y de acuerdo con su posición a favor o en contra de la redistribución del riesgo que ofrece un sistema dado de seguridad social (Baldwin, 1992).

En la evolución del bienestar social de Europa occidental, se ha puesto un gran énfasis analítico en la identificación de los «recursos de poder» (*power resources*) como elementos determinantes en el conflicto social distributivo. A menudo se ha insistido en el enfoque obrerista de considerar a la clase trabajadora como el único actor, o quizás el principal protagonista, en el desarrollo del *welfare* y, por ende, de la acción de aquellos partidos políticos que reclaman ser más representativos de las capas subordinadas. Pero otros grupos sociales también han contribuido —y, con sus votos, de manera decisiva— a institucionalizar los encajes institucionales y las garantías del bienestar. Ciertamente, las amplias clases medias han sido determinantes a la hora de legitimar el EB mediante sus aportes fiscales, más allá de sus intereses materiales a corto plazo. En realidad, cabe hacer una distinción entre conflictos en la distribución del bienestar relativos a los medios de producción, por un lado, y a los medios de seguridad o protección, por otro. Como se ha hecho patente con la emergencia de los NRS, han compartido inseguridades grupos de ciudadanos transversales a las clases sociales. Los tradicionales actores sociales han encontrado crecientes dificultades para vehicular sus aspiraciones y para adecuar su discurso político a la nueva situación (por ejemplo, grupos de presión, partidos o sindicatos).

El perfil de tales grupos interclasistas se relaciona con la incidencia del riesgo y de la (in)capacidad de los ciudadanos afectados para procurarse su protección y seguridad (por ejemplo, madres trabajadoras, jóvenes/adultos desempleados, o dependientes de larga duración). Los conflictos que se han producido alrededor de la redistribución del riesgo, junto con los modos particulares de construir los sistemas de seguridad social, han condicionado siempre los intereses redistributivos. Las clases sociales son ciertamente protagonistas en los conflictos de redistribución de las incertidumbres e inseguridades de la vida colectiva, aunque en ocasiones se muestran incapaces de movilizar sus preferencias como colectivos involucrados en nuevas categorías de riesgo. Y es que los intereses de las clases, integradas en categorías de riesgo, no son algo preestablecido, sino que varían en los diferentes contextos históricos en que se plantean. Además, clases y categorías de riesgo se han cristalizando en coaliciones de intereses que han configurado estructuras de intereses complejas y variadas, frente a las cuales las formaciones políticas y los intereses organizados han mostrado una alta rigidez reactiva.

Con el paso del tiempo, lo que en un principio se materializó en un gasto social para atender a los riesgos vitales de los mayores, mediante prestaciones monetarias en forma de pensiones (o prepensiones) de jubilación, en ocasiones ha adquirido una dinámica incremental desenfrenada que ha lastrado el desarrollo de otras políticas sociales de apoyo a ciudadanos precarios pertenecientes a otros grupos de edad, como hemos examinado en el caso del efecto Mateo y las apropiaciones indebidas en Italia. Además de afectar a las posibilidades de mejora en las condiciones de vida y de trabajo de las generaciones más jóvenes, han prefigurado un modelo específico de servicios sociales de atención personal (el caso de los mayores dependientes en España se analiza más adelante).

Dada la sobrecarga gubernamental producida por la maduración presupuestaria de buena parte de los programas del bienestar durante la edad de oro de expansión del bienestar (1945-1975), así como de las cada vez más apremiantes necesidades generadas por los NRS, se ha producido durante la edad de plata del *welfare* una renovada búsqueda por optimizar recursos y rendimientos. De manera paralela a las dificultades de financiación y provisión pública de las políticas sociales, durante los decenios de 1980 y 1990 se produjo una mayor implicación del llamado tercer sector, es decir, del altruismo organizado o voluntariado social. A su vez, se desarrolló sobremanera el sector privado asistencial, en buena medida debido a las preferencias individuales de algunos ciudadanos con mayores capacidades de gasto —e ideológicamente opuestos al sector público—, o como resultado de una desregulación en la compra y oferta de servicios por parte del sector estatal. Tales desarrollos confluyeron en la conformación de un «agregado social del bienestar» (*welfare mix*), analizado en el IV capítulo de este volumen, el cual ha sido inducido mayormente por los cambios societarios de los últimos decenios.

CAMBIOS SOCIETARIOS Y REFORMAS DE LAS POLÍTICAS

Como ya se ha apuntado, las transiciones socioeconómicas en la Unión Europea han hecho emerger los NRS, de cuya cobertura futura dependen, en gran medida, los derroteros que pueda tomar el EB. En términos generales, los NRS se asocian a cuatro cambios societarios principales:

(1) Cambios en los roles de las mujeres, manifestados en la mayor participación femenina en el mercado laboral formal y en la intensificación de las demandas en favor de la igualdad de género en la educación, en las condiciones salariales, en el trabajo doméstico y en los cuidados familiares.

(2) Cambios en los hogares y las familias, que se reflejan en el incremento del número de personas mayores dependientes, así como en el aumento de las necesidades de atención y

cuidados de niños y jóvenes, y en el mayor número de hogares monoparentales y unipersonales.[21]

(3) Cambios en el mercado laboral, con una extensión de la exclusión social entre aquellos trabajadores con un menor nivel educativo y con empleos atípicos, con bajos salarios y menores derechos laborales. El desempleo tiende a concentrarse en grupos con baja cualificación profesional y en sectores sujetos a procesos de deslocalización, subcontratación o tercerización (*outsourcing*).

(4) Cambios producidos por la expansión de los servicios privados y la desregulación de prestaciones y servicios públicos. La sustitución de políticas y bienes públicos por actividades del sector mercantil ha acelerado la individualización de riesgos y, eventualmente, la pérdida del nivel de protección de los beneficiarios implicados (por ejemplo, inversiones privadas ligadas a la (des)afortunada marcha de las bolsas y a la renta variable).

Como resultado de dichos procesos, diversos grupos de ciudadanos se enfrentan a nuevas necesidades en situaciones de riesgo, tales como: (a) utilizar medios privados que ofrecen servicios sociales o prestaciones insatisfactorias o inseguras (b) carecer de habilidades y capacitación para obtener empleos dignos y adecuados, o disponer de un adiestramiento obsoleto sin poderlo mejorar mediante procesos de formación continua; y (c) equilibrar trabajo remunerado y responsabilidades familiares (especialmente el cuidado de los hijos, la atención a los mayores, o convertirse en dependientes sin apoyo familiar) [Esping-Andersen *et al.*, 2002; Taylor-Gooby, 2004; Bonoli, 2005].

Respecto al primer conjunto de efectos producidos por los cambios societarios, el caso de las reformas introducidas en el sistema de pensiones del Reino Unido es ilustrativo de cómo afloran los NRS cuando se opta por incentivar la individualización del riesgo a favor del irrestricto lucro privado. Recuérdese que la mayoría de los sistemas de pensiones en la Europa continental se conocen por el acrónimo en inglés de PAYG (*pay-as-you-go*). Se trata de un sistema de reparto basado en la mutualización (*pooling*) de los recursos y contribuciones efectuadas por los trabajadores durante su vida laboral como cotizantes de la seguridad social, así como por las aportaciones de sus empleadores, en porcentajes que varían según los estándares del bienestar de cada país. De acuerdo con tal organización, los trabajadores activos sufragan simultáneamente las pensiones de quienes están jubilados y que están cobrando en ese momento.[22]

En el caso del Reino Unido existen diferentes programas de pensiones de acuerdo con distintas fórmulas, una de las cuales (los planes de pensiones de capitalización privada) fue altamente incentivada por los poderes públicos durante las décadas de 1980 y 1990. Entonces se especulaba que los rendimientos financieros de las cantidades invertidas a largo plazo en los planes privados serían más sustanciosos que las rentabilidades de las pensiones de los programas públicos, implícitamente ligadas a los bonos del tesoro británico. Como consecuencia, fue mayor el volumen financiero del sector de las pensiones privadas en el Reino Unido que, por ejemplo, el de la sanidad privada. Antes del crack de 2007 se estimaba que alrededor del 40 % de las pensiones estaban relacionadas con programas privados, los cuales contaban con el apoyo del EB británico en forma de desgravaciones fiscales (*tax refunds*).

Los rendimientos de los fondos de pensiones han sido reiteradamente deficitarios, a pesar de los gigantescos subsidios públicos a la City de Londres y a los operadores en los mercados de renta variable, donde se quemaron grandes cantidades de inversiones de los fondos de pensiones en los sucesivos derrumbes bursátiles. Se calcula que en el periodo 1998-2008, los pagos y subsidios públicos al sector privado de pensiones británico alcanzaron los 300 millardos de libras esterlinas, equivalente a la mitad de la deuda pública producida en el Reino Unido en 2009 (Murphy, 2010). El caso del colapso de

Equitable Life, sociedad aseguradora señera fundada en 1762, ilustra los peligros que puede comportar la individualización de riesgos sociales. Ante un previsible desmoronamiento financiero de Equitable Life, se necesitó el auxilio de dinero público a fin de garantizar las pensiones de cerca de un millón de británicos que habían suscrito pensiones de vejez con la compañía de seguros. La garantía y los avales del estado quedaron materializados con la iniciativa legislativa *in extremis* de la coalición conservadora-liberal aprobada en 2010. Este caso de las pensiones privadas en el Reino Unido muestra cómo la pretendida solución a los problemas financieros de los sistemas pensionísticos públicos mediante la incentivación de los planes individuales puede generar un «nuevo riesgo social» cuya paradójica resolución se hace solo posible con el dinero de todos los contribuyentes.

Otra área de repercusiones cruciales para los estándares del bienestar social es la relativa al mercado laboral. En realidad, para no pocos economistas políticos, el mercado laboral es la auténtica variable independiente de la salud del EB. Sin empleo no hay *welfare*, se arguye; y, por ende, con altas tasas de desempleo, los sistemas de protección social se hacen inviables. La situación se agrava especialmente cuando los desempleados carecen de destrezas y formación para reintegrase en el mercado laboral con trabajos estables y dignos. El caso del mercado laboral en España muestra las carencias de políticas económicas y sociales propiciadoras de formación vocacional y continua, de incrementos del capital humano y coadyuvadoras del retorno laboral de los parados, en especial de aquellos con escasa cualificación profesional.

En el caso de España es bien conocida la fluctuación estructural de su mercado laboral, que puede crear un gran número de empleos —y destruirlos— en breves periodos de tiempo (Garrido Medina, 2010). Recuérdese que, durante el ciclo de acelerado crecimiento durante 1994-2007, se crearon 8 millones de empleos y la tasa de paro cayó al 8,3 % de la fuerza laboral activa. En 2011, el desempleo se situaba en torno al 22 %, porcentaje que aún era comparativamente menor que el alcanzado en la anterior crisis económica de 1992-1994 cuando el paro llegó al 24,2 % (1 de cada 4 trabajadores activos se encontraba desempleado por aquel entonces).

En 2009, a pesar de una fragmentada e irregular «malla de seguridad», el número de beneficiarios de ayudas básicas de garantías de mínimos era de aproximadamente 4,5 millones (alrededor de un 10 % de la población total) [Arriba, 2010]. Respecto a los residentes desempleados, y de acuerdo con los datos facilitados por el Instituto Nacional de Estadística (INE), alrededor del 80 % de ellos disponía de algún tipo de subsidio o prestación de renta (cifra que, sin embargo, no tenía en cuenta a las personas que buscaban su primer empleo, ni a aquellos no registrados como parados).[23]

De la conveniencia de mantener unas sólidas y flexibles «últimas redes» de protección social nos ocuparemos en una sección posterior. Valga apuntar ahora la dificultad que supone en aquellos trabajadores más jóvenes y con menores destrezas y cualificación profesional su reinserción laboral cuando no disponen de recursos formativos que les faciliten una adaptación a los cambios productivos en curso. Tales situaciones de «nuevos riesgos» se convierten en trayectorias vitales con reducidas salidas laborales y de difícil reversión hacia la normalidad. En el caso del *welfare* mediterráneo, y en concreto en España, la existencia de prácticas familiares de generosa microsolidaridad han contribuido a mantener una cohesión siempre en difícil equilibro. La conciliación trabajo-hogar asociada al contexto laboral se ha erigido en el área de cambio societario donde ha emergido el mayor número de NRS en la época final de la edad de plata del *welfare* (Salido, 2011).

Históricamente, los EB se han configurado en torno a la cobertura de contingencias del ciclo vital masculino (falta de ingresos debida al desempleo, accidentes de trabajo o jubilación), lo que ha hecho que otras contingencias (como las consecuencias laborales del embarazo y la maternidad, o los cuidados a personas dependientes dentro del hogar) hayan resultado desatendidas o, en todo caso, se hayan considerado como un «problema de mujeres». Por otra parte, cuestiones relativas a qué riesgos se cubren o cómo se tiene acceso a los derechos y tutelas (individuales o colectivos) son cruciales a la hora de entender el comportamiento estratégico de mujeres y hombres respecto a la dedicación laboral y a las tareas de cuidado doméstico, así como a la articulación de las demandas de prestaciones y servicios (Bustelo y Peterson, 2005).

Prosiguiendo con el caso de España, recuérdese que la forma tradicional de conciliar la vida familiar y laboral ha recaído en los últimos decenios en la sobrecarga femenina. El aumento de la participación femenina en el mundo laboral ha sido consecuencia, asimismo, de una tendencia general hacia una atribución de mayor valor al trabajo por parte de las mujeres, lo que ha llevado implícito un retraso, temporal o permanente, de las aspiraciones relacionadas con la maternidad en aras de los objetivos laborales.[24] Por consiguiente, y entre las mujeres más jóvenes, la caída de la fecundidad ha sido resultado de un continuo retraso de la edad de la primera maternidad, desplazando así el calendario reproductivo más allá de las edades de máxima fertilidad. Aun tratándose de un fenómeno generalizado en el contexto de los países desarrollados, la peculiaridad española se ha traducido en la pérdida de oportunidades reproductivas.[25] El encaje durante la edad de oro del *welfare* entre empleo masculino a tiempo completo y trabajo doméstico y de cuidados propios de las mujeres —reforzado en los países del sur de Europa por sus bases culturales familistas— se ha mostrado disfuncional en la nueva situación generada por los NSR, además de ser ampliamente rechazado por las propias mujeres.[26] Resta por valorar la evolución futura de las supermujeres, objeto de nuestra próxima sección.

LAS SUPERMUJERES Y EL CASO DEL FAMILISMO MEDITERRÁNEO

Los efectos de los NRS se acusan en mayor medida en el ámbito de actuación tradicional de las familias, y ponen a prueba a estas últimas como eficaces amortiguadores sociales, principalmente en el régimen familista del sur de Europa. En la Unión Europea meridional, las estrategias informales de compaginación de trabajos remunerados en el mercado laboral formal y no remunerados en los hogares suelen ser determinantes en la articulación de los encajes del bienestar entre poderes públicos, familias y mercados.

Con el término «supermujer» se hace referencia a un tipo de mujer que ha sido capaz de conciliar su trabajo no remunerado en el hogar con sus cada vez mayores y más exigentes actividades profesionales en el mercado laboral formal. Cohortes de los grupos de edad entre 45 y 66 años, son representativas *grosso modo* de las supermujeres. Los sacrificios y actividades de este tipo de *mater familias* han sido cruciales para la cohesión social de las sociedades mediterráneas, para su crecimiento económico y para una mayor igualdad de género. Sin embargo, y a medida que la hiperactividad de las supermujeres ha disminuido gradualmente y el familismo ambivalente se ha transformado, en los últimos decenios ha aflorado un creciente vacío en la provisión familiar de servicios sociales personales con amplias repercusiones para los estados del bienestar del sur de Europa (Saraceno, 1995; Moreno, 2007).

Durante las edades de oro y de plata, el *welfare* mediterráneo se había sustentado en un familismo en el que hogares y supermujeres garantizaban altos niveles de satisfacción vital. No solo los niños y los jóvenes recibieron ayudas materiales y emocionales durante sus ciclos vitales, sino que también contaron en el momento de la emancipación con generosas contribuciones financieras para emprender costosos empeños (por ejemplo, adquisición de vivienda o inicio de una actividad económica). Además, los efectos nocivos de los altos índices de desempleo entre los jóvenes han sido absorbidos de manera habitual por la amortiguación familiar, lo que explica en buena medida la ausencia de fracturas sociales visibles durante dicho periodo de tiempo (Jurado Guerrero, 2001; Marí-Klose y Marí-Klose, 2006).

A su vez, las personas mayores tradicionalmente han contado con un apoyo fuerte y generoso en sus familias frente a las dificultades económicas y sociales, todo ello fundamentado en un valor compartido y prevalente de fuerte microsolidaridad en el seno de los hogares. Las mujeres se han mostrado siempre solícitas a proveer de cuidados *gratis et amore* a los miembros de sus familias. La solidaridad intergeneracional, en suma, ha funcionado como una norma social casi siempre inquebrantable (Reher, 1998). Las expectativas de solidaridad familiar y la disponibilidad de recursos comunes han incidido en la segmentación de los mercados laborales, en los que mujeres y jóvenes han sido tradicionalmente *outsiders* al asumir empleos menos deseables que los *insiders* «varones sustentadores» (*male breadwinners*), tanto en la economía informal como en contratos a tiempo parcial o determinado (Andreotti *et al.*, 2001; Moreno, 2004; Karamessini, 2008).

Con la agudización de los NSR, algunas de las características del familismo mediterráneo han sido sometidas a procesos de adaptación que podrían desdibujar sus rasgos diferenciales en el futuro. Como alternativa, puede vislumbrarse que los efectos del crack de 2007 favorezcan un reforzamiento de la capacidad protectora de la familia y, por tanto, se mantengan sus rasgos constitutivos. Es ilustrativo un breve repaso analítico de los cambios observados en la familia mediterránea en los últimos lustros para indagar los posibles efectos de los NSR en las futuras políticas sociales a desarrollar en el régimen mediterráneo del bienestar.

Según datos de la OCDE, la institución del matrimonio ha declinado en todos sus países miembros, pero el número de uniones matrimoniales ha descendido notablemente en los países del sur de Europa, sobre todo respecto a aquellas celebradas mediante ceremonias religiosas.[27] La cohabitación se ha incrementado igualmente entre las cohortes más jóvenes, a pesar de que los porcentajes no alcanzan las proporciones de otros países europeos.[28] Durante el periodo 1990-2008 se produjo un aumento significativo de los nacimientos fuera de las uniones matrimoniales. Los datos de Portugal y España convergen con los países del centro y el norte de Europa (31,7 y 36,1 %, respectivamente, en comparación con un 32,1 % en Alemania o un 38,8 % en Austria, por ejemplo).[29] Respecto al incremento de divorcios, debe resaltarse el aumento en el periodo 1985-2008 (los incrementos más altos correspondían a España y Portugal, mientras que en Grecia e Italia se superaba la media de aumento en Europa).

Según la Encuesta Europea de Valores, el matrimonio no es mejor valorado por los sudeuropeos que entre los centroeuropeos y noreuropeos. En realidad, lo consideran una institución desfasada en porcentajes similares a los de Europa central y superiores a la septentrional, particularmente en los casos de España y Portugal.[30] Respecto a la valoración de la cohabitación se observa, de nuevo, una disparidad intragrupal entre Italia (54 % que la aceptan) y Grecia (70 %), por un lado, y España (83 %) y Portugal (82 %), por otro. Respecto a estos dos últimos países, las magnitudes de aceptación son bastante similares al promedio europeo.

Recuérdese que las estrategias y prácticas de microsolidaridad familiar mediterránea conllevan un efecto perverso, que ha sido una limitada intervención pública, generalmente pasiva y exigua para con las familias y hogares (Garrido Medina y Gil Calvo, 1993; Petmesidou, 1996; Flaquer, 2000). Ciertamente, las supermujeres disponibles para llevar a cabo funciones de cuidados y atención a los hijos han disminuido, aunque siguen conformando la estrategia preferida por las madres trabajadoras mediterráneas.[31] En lo que respecta a los mayores dependientes, permanece invariable; sin embargo, un elevado porcentaje del 90 % considera un deber de los hijos asistir a los padres enfermos. Se produce aquí una clara fractura (*cleavage*) con los países del norte de Europa y, en general, entre países católicos y protestantes. En los primeros países se reiteran las actitudes que favorecen la involucración familiar en las actividades de cuidados a los mayores, especialmente en España.

Los datos anteriores ilustran una realidad societaria cambiante de considerables implicaciones para las políticas sociales en el sur de Europa. Además, de «puertas adentro», la igualdad de género y las políticas a favor de las mujeres (*women-friendly*) atañen a la redefinición cultural de los hogares y al reparto de las tareas domésticas (Lombardo y Forest, 2012). Estas últimas siguen siendo en su mayoría «cosa de mujeres»,[32] un aspecto que no suele tenerse en cuenta en las propuestas de activación laboral y provisión de servicios sociales, pero que es de la máxima importancia, ya que condiciona cualquier escenario de futuro en el desarrollo del régimen mediterráneo del bienestar (Salido y Moreno, 2007). Ante tal estado de cosas, los hogares mediterráneos han externalizado cuidados y servicios de atención personal a los miembros de las familias mediante la compra de tales servicios en el mercado laboral —a menudo informal— a trabajadores inmigrantes (mujeres, preferentemente) [Moreno Fuentes y Bruquetas Callejo, 2011].

Resta por comprobar si el familismo mediterráneo cambiará tras el crack de 2007, en especial en lo que atañe al pago por externalizar sus servicios y cuidados familiares. Los nuevos encajes y prácticas no contradicen de manera necesaria anteriores orientaciones y expectativas, dado que el trabajo de cuidados realizado por los inmigrantes es por lo general supervisado por miembros de las familias donde se desarrollan las actividades de atención personal. En líneas generales, los cuidados continúan considerándose asuntos de la familia, donde el empleador —también, por lo general, una mujer— establece una relación personal con la empleada y fija los términos bajo los cuales se llevan a cabo (Lutz, 2007). Considérese, además, que el desarrollo de políticas para cuidados de larga duración y dependencia no contribuye necesariamente a la institucionalización de un nuevo sector profesional que desfamilice los cuidados, como sucede en otros países del norte de Europa (Pavolini y Ranci, 2008). Un buen ejemplo de ello es la nueva Ley de Dependencia en España, que se examina a continuación.

SERVICIOS SOCIALES Y LA LEY DE DEPENDENCIA EN ESPAÑA

Las demandas inducidas por los NSR han afectado principalmente al denominado «cuarto pilar» de la arquitectura institucional del EB. A dicho pilar le compete el mantenimiento de los servicios sociales y, en especial, de aquellos relativos a los cuidados personales de atención a los ciudadanos, todos ellos cruciales para preservar la cohesión social. Cabe entender dicha cohesión social como la capacidad de un sistema social, económico y político de lograr tres objetivos complementarios: (a) promover la autonomía y la participación social de los ciudadanos; (b) crear redes sociales e institucionales que generen capital social y favorezcan la inclusión social; y (c) contribuir a la materialización de los derechos sociales en su más amplio sentido (Rodríguez Cabrero, 2011).

En España, como en otros países europeos, los servicios sociales configuran el cuarto pilar del EB y constituyen un sistema de intervención social e institucional destinado a procurar bienestar individual y social a través de actuaciones preventivas, prestaciones técnicas y monetarias y de programas de rehabilitación. Su provisión se basa en la acción organizada pública y social, así como en la acción voluntaria (Aguilar Hendrickson, 2009; Casado, 2010). Es decir, aun asignando capacidades de regulación y ordenación a los poderes públicos, la rama de los servicios sociales es congruente con la idea del agregado social del bienestar (*welfare mix*), donde las organizaciones del tercer sector social y del sector mercantil en la provisión de servicios ya habían adquirido un considerable peso operativo antes del crack de 2007. Debe recordarse que en la estrategia de Lisboa sobre inclusión social activa auspiciada por la Unión Europea en 2000, los servicios sociales eran identificados como elementos esenciales de integración, junto a la garantía de rentas mínimas y el acceso al mercado laboral. A su vez, los cuidados de larga duración y la atención a la dependencia han sido la respuesta institucional de los países de la UE al «nuevo riesgo social» inducido por el envejecimiento de la población, los cambios en las familias y la mayor participación de las mujeres en el mercado laboral formal.

En España, y durante el periodo 1982-1993, las comunidades autónomas (CC.AA.) reclamaron servicios y competencias de política social en sus estatutos de autonomía, lo que posibilitó el establecimiento de sistemas regionales de servicios sociales de acceso universal a los ciudadanos. En 1987, un acuerdo entre los gobiernos central, autonómico y local posibilitó el Plan Concertado para el Desarrollo de Prestaciones Básicas de Servicios Sociales de las Corporaciones, el cual articuló la cooperación administrativa y las relaciones intergubernamentales en la provisión de la red de servicios primarios y de asistencia social. Desde entonces, los servicios sociales en España han superado en buena medida su marchamo de beneficencia en un proceso de cambio iniciado en la segunda mitad de la década de 1970, y que debería culminarse con la implementación efectiva de la Ley de Autonomía Personal y Atención a las Personas en Situación de Dependencia (LAPDA), aprobada en 2006 (Marbán, 2009; 2012).

En España, a finales del segundo milenio, más de 2 millones de personas de 6 o más años presentaban alguna discapacidad respecto a las actividades de la vida diaria, es decir, estaban en diferentes situaciones de dependencia. De ellas, ochocientas mil eran varones y casi un millón y medio mujeres (no incluidos los dependientes que vivían en residencias). De este grupo de personas, la población a partir de 65 años con problemas de dependencia alcanzaba un millón y medio de personas, lo que equivalía a dos tercios del total de la población dependiente (dos mujeres por cada hombre dependiente). Considérese, además, que la población dependiente española a partir de los 6 años constituía alrededor del 6 % del total, aunque los porcentajes se incrementaban sustancialmente a partir de los 65 años[33] (Rodríguez Cabrero, 2005).

En 2014, hacia el final del periodo de puesta en vigor de la Ley de Dependencia, debería alcanzarse un desembolso de nueva inversión social en torno a los 10.000 millones de euros anuales (alrededor del 1,1 % del PIB español). Una tercera parte sería financiada mediante el sistema de copago y el resto del coste se repartiría entre la administración central (25 %) y administración autonómica (42 %). Las comunidades autónomas, como responsables directas de la gestión de los servicios sociales en colaboración con los entres locales,[34] desarrollarían un destacado protagonismo institucional, por lo que cabe considerar la implementación de la Ley de Dependencia como una prueba de fuego de la federalización política de España (Moreno, 1997). El triple valor añadido de la nueva ley sería: (a) ofrecer una cobertura de una laguna protectora asumida hasta ahora por las mujeres en España; (b) reforzar el desarrollo del estado de bienestar y de los derechos sociales (se trata de un derecho subjetivo); y (c) posibilitar una mayor igualdad interregional (Casado, 2004).

La Ley de Dependencia estableció un Sistema Nacional de Dependencia (SAAD), configurado por una red de centros y servicios públicos y privados concertados y con prestaciones sociales que estaría exenta de copago en la parte asistencial para aquellas personas sin recursos suficientes (Rodríguez Cabrero, 2009). Cuatro años después de que la LAPAD comenzó su despliegue e implementación, 740.000 personas eran beneficiarias del SAAD. Los empleos vinculados a la atención a la dependencia durante 2009 y 2010 habían alcanzado el cuarto de millón. Además, 150.000 cuidadores familiares no profesionales se habían afiliado al sistema de la seguridad social. El SAAD había facilitado la transición desde un tipo mediterráneo de cuidados de larga duración a un modelo propio que, como en otras facetas del EB español, se muestra como una *via media* entre el régimen continental (modos de valoración y acceso), el anglosajón (implicación del sector mercantil), el nórdico (financiación con impuestos generales) y el propio del sur de Europa, con un rol crucial de las familias en el sistema (Rodríguez Cabrero y Marbán, 2012).

Aunque el desarrollo institucional había sido desigual de acuerdo con las prioridades políticas de cada comunidad autónoma, durante 2007-2011 se constató que las medidas previstas en la legislación española relativas a la compatibilidad de la vida laboral con la familiar y social, a pesar de las mejoras de los últimos lustros, resultaban insuficientes para atender a todas las necesidades de las personas en situación de dependencia y a sus familias. Como sucede con los efectos de otros cambios societarios y de políticas, la promoción de la autonomía de todos los miembros de la familia mediterránea no solo había detraído recursos destinados a otros servicios sociales,[35] sino que también parecía haber encontrado sus propios límites al no haberse consolidado el «cuarto pilar» del EB en paralelo con la promoción de la activación laboral, asunto que ocupa la atención de la última parte de este capítulo.

Las limitaciones de la activación laboral

En las sociedades posindustriales, la integración social por la vía laboral se mantiene como categoría normativamente prevalente para la facilitación de la ciudadanía social mediante recursos redistributivos. Ambas no son contradictorias entre sí, pero el trabajo formal remunerado se mantiene como principal estructurante social del posfordismo. En realidad, la perspectiva postindustrial comparte con el viejo ideario fordista su rasgo ideológico más característico: la conversión de los trabajadores en fuerzas de producción y consumo de la sociedad. A tal fin, el empleo dependiente sigue considerándose el cauce principal de inclusión social y realización personal para la mayor parte de los ciudadanos (Esping-Andersen, 1999).

No extraña que la mayor parte de los debates sociales durante los años de transición al tercer milenio haya girado en torno a la creación de empleo, a la incentivación laboral o al «retorno al trabajo remunerado desde el bienestar subsidiado» (*from welfare to workfare*).[36] Sucede, asimismo, que la maximización (pos)industrial de bienes y servicios requiere una menor mano de obra, circunstancia que ha sido consecuencia en gran parte de la existencia de un clima social propicio al cambio e innovación tecnológicos durante la segunda mitad del siglo XX. Empero, la aparición de nuevos nichos laborales relacionados con el desarrollo de las nuevas tecnologías se ha mostrado insuficiente para poder ofrecer alternativas laborales a los colectivos de asalariados de baja cualificación o en actividades tradicionales no reciclables. Para muchos trabajadores de «cuello azul», o menor cualificación (*blue-collar workers*), las oportunidades laborales disponibles, basadas en estrictos criterios de racionalidad económica, se presentan frecuentemente en forma de empleos precarios sin derechos sociales, ya sean del tipo «basura» (*junk jobs*) o aquellos de índole sumergida (*informal employment*).

Según criterios de optimización productiva, se ha aducido que el mantenimiento de la competitividad exigiría reducir los costes laborales. Se ha reclamado de acuerdo con tal argumentación una reducción de los costes contributivos y fiscales para los empleadores y, por consiguiente, se ha rechazado la posibilidad de repartir el trabajo manteniendo un poder adquisitivo salarial equivalente a los sueldos que se venían percibiendo. De producirse tales repartos, se argüía, los costes salariales se incrementarían de tal manera que las empresas perderían su competitividad, se verían abocadas al cese de sus actividades y el ciclo improductivo se cerraría de manera perversa con un aumento inevitable del paro. Desde el crack de 2007, tales concepciones de economía política han reforzado sus visiones, lo que ha dado lugar a una priorización de las actividades financieras sobre aquellas productivas, para las cuales los nuevos países emergentes, como los BRICS (Brasil, Rusia, India, China y Sudáfrica), se presentan más preparados para afrontar la competitividad productiva basada en costes laborales unitarios bajos. Poco importa que se produzcan enormes desigualdades internas y que, en algunos casos, se favorezca un tipo de esclavismo laboral de nuevo cuño. Las recetas neoliberales insisten en que para ganar competitividad es inevitable la reducción, y aun eliminación, del estado del bienestar a fin de conseguir competitividad. Sucede que ello conlleva no solo una extensión de la precariedad laboral y del fenómeno de los asalariados pobres (*working poor*), analizado más adelante, sino que al aumentar el desempleo en los ciclos económicos contractivos se generaliza una caída de la demanda interna de los países con el consiguiente empobrecimiento de las sociedades implicadas.

Al depender la protección social de los ciudadanos, en gran medida, de su estatus ocupacional, como es el caso de los países con sistemas bismarckianos —y de España—, la inestabilidad del mercado laboral se ha plasmado en situaciones de pobreza y exclusión social (SiiS, 2011). Como ya hemos reiterado en el caso español, el recurso privado tradicional para superar dichas situaciones ha sido contar con la generosa microsolidaridad familiar, factor que incide notablemente en la medición de los niveles de pobreza.[37] Al desaparecer hábitos y normas en los que se sustentaba la relación ocupacional de los asalariados y las relaciones familiares, la existencia de «mallas de seguridad» (véase a continuación) de protección social bien diseñadas y eficaces cobra una importancia estratégica crucial en pos de la inclusión social de los ciudadanos (Moreno, 2000).

Desde un punto de vista productivo, la importancia estratégica de la existencia de «últimas redes» de protección para los trabajadores que pierden sus empleos, en muchas ocasiones con carácter temporal o en periodos determinados de sus ciclos vitales, es crucial para el mantenimiento de altos niveles de cohesión social. Sucede, además, que el énfasis casi exclusivo en la activación laboral en las sociedades (pos)industriales/fordistas se compadece muy mal con la creación y la renovación de capital humano.

A LA BÚSQUEDA DE EMPLEOS ESTABLES Y DECENTES

Aunque las instituciones europeas no han inventado el término «activación laboral», sí cabe considerarlas como impulsoras del paradigma activador, reflejado inicialmente en la Agenda de Lisboa aprobada en 2000, y que aspiraba a hacer de Europa la economía más competitiva y dinámica del mundo, basada en el conocimiento y capaz de un crecimiento económico sostenible con más y mejores empleos y una mayor cohesión social. Ya en 2004 se avanzaba como imposible la consecución de los ambiciosos objetivos de la Agenda, y en marzo de 2010 se realizó una valoración final, al tiempo que se lanzaba, en consonancia con la estrategia Europa 2020, una nueva estrategia de empleo (Comisión Europea, 2010).

Las iniciativas mencionadas se auspiciaron a fin de luchar contra el desempleo en la UE y con el objetivo de crear empleos estables y decentes. Pero los efectos del crack de 2007 han echado por tierra buena parte de sus propósitos y han evidenciado dramáticamente en algunos países —tales como España— cómo la economía productiva prescindía de los trabajadores por cuenta ajena a un ritmo mayor a la creación de empleos inducidos por la economía financiera sin regulación. A la hora de redactar estas líneas, parecía harto difícil que en el año 2020: (a) se pudiera integrar en el mercado laboral al

75 % de las personas de edades comprendidas entre los 20 y los 64 años; (b) se alcanzase una tasa de abandono escolar por debajo del 10 %; (c) se lograse que al menos un 40 % de las personas de edades comprendidas entre los 30 y los 34 años completasen la educación superior; y (d) se redujese al menos en 20 millones el número de personas en situación o riesgo de pobreza y exclusión social.

Tales desarrollos cuestionan la propia conceptualización del paradigma activador que adolece de cierto voluntarismo propositivo y cuestiona implícitamente algunos fundamentos morales del EB. Por activación se entiende un tipo de intervención social de los poderes públicos dirigido a la movilización y a la mejora de la adaptabilidad de la mano de obra en general y de los desempleados en particular. El paradigma de intervención basado en la activación se caracteriza ante todo por tres rasgos: su perspectiva individualizadora, el énfasis en el empleo y la importancia del principio de la contractualización. Este paradigma de intervención plantea un proceso de creciente individualización en el tratamiento del problema de exclusión en el mercado laboral, en un doble sentido: (1) se convierte al sujeto individual en el eje nuclear de las intervenciones (y, por tanto, parte del problema), y (2) se fomenta la participación del individuo en su proceso de integración. El ciudadano pasa a ser conceptualizado bien como éticamente autónomo, pero dependiente a nivel psicológico, o bien como un sujeto políticamente autónomo, pero dependiente a nivel económico. Ambas consideraciones han confluido en un énfasis creciente en reclamar a los clientes o usuarios de las políticas activadoras que actúen como individuos responsables (Crespo-Suárez y Serrano-Pascual, 2006; Moreno y Serrano Pascual, 2007).

El paradigma activador induce una transformación en la atribución de responsabilidades frente a la cuestión social: frente a un estado garantizador de derechos sociales (*entitlement state*), se reclama un estado de corte schumpeteriano, dirigido a facilitar la adaptabilidad de los individuos (*enabling state*), y cuya función sería fundamentalmente responsabilizar a los ciudadanos y facilitarles instrumentos para incrementar su empleabilidad. La referencia a la solidaridad (responsabilidad colectiva) como legitimadora de la acción pública se desplaza paulatinamente a la responsabilidad del individuo. El lenguaje de los derechos, articulado en torno a la provisión de seguridad social como responsabilidad colectiva, pasa a sustituirse progresivamente por el discurso que apela a la ética de la responsabilidad individual. El individuo aparece de manera creciente como el único culpable de las decisiones equivocadas que pueda adoptar (Bauman, 2001).

Este tipo de prácticas contienen un doble componente complementario de presiones exógenas y endógenas. Por un lado, se trata de influir, a través de sanciones (por ejemplo, limitando el acceso a la protección social), en los comportamientos de los sujetos, pero, por otro, se trata de prácticas biopolíticas dirigidas a la producción de sujetos normalizados. Esta producción de sujetos se lleva a cabo a partir de tres prácticas consistentes en: (a) el disciplinamiento/normalización, (b) la vigilancia y (c) la intervención terapéutica.

El discurso de la activación se ha adaptado tanto a registros cristianodemócratas como socialdemócratas en sus versiones neoliberales. Así, se ha mantenido una posición híbrida entre, por un lado, la apelación a marcos de empoderamiento (*empowerment*) de los individuos frente a las instituciones y, por otro, la adaptación entreguista a las leyes del mercado. Activar sería, así, propiciar la adaptabilidad personal, la disponibilidad del sujeto (Serrano Pascual, 2009).

Ciertamente, las propuestas de la activación pueden ser capacitadoras y procurar el empoderamiento (*empowerment*) cuando la configuración institucional e ideológica de un país dado refuerza la posición del trabajador y, por tanto, una orientación semántica emancipadora. Pero cuando el equilibrio de fuerzas es desfavorable para el trabajador también puede contribuir a la fragilización de este. Así, la activación ha pasado a entenderse en gran medida como la supervisión de la conducta y como un instrumento de disciplina social. Además, aunque la metáfora de la activación apela a la emancipación ciudadana como el principal objetivo, se implementan estrategias dirigidas fundamentalmente a la motivación individual, tanto en actitudes como en conductas. La aspiración a la autosuficiencia, la intervención y la autonomía contrasta con la apelación al pragmatismo, a la necesidad de adaptarse a una nueva y paradójica pasividad (Moreno y Pascual Serrano, 2009).

Las implicaciones sociopolíticas del discurso de la activación encierran más paradojas y hasta contradicciones. Si, por un lado, se defiende la activación económica, por otro se propicia la pasividad política. El mercado se erige como ley suprema y se promociona la desaparición de las condiciones políticas para ejercer la autonomía, como son los espacios desmercantilizados, pudiendo facilitar la inseguridad y vulnerabilidad en el mercado (Alonso, 2007). Se hace uso del concepto de dependencia para descalificar formas previas de intervención. En realidad, las mal llamadas políticas pasivas se produjeron como espacios de desmercantilización y de emancipación de las condiciones de heteronomía y vulnerabilidad que caracterizaban las relaciones laborales regidas por las leyes del mercado libre. Por tanto, las así llamadas políticas activas habrían permitido combatir la dependencia económica (de las instituciones, de la familia), pero habrían promovido, del mismo modo, la dependencia política (del mercado). Las consecuencias laborales del crack de 2007 han confirmado tales desarrollos, al tiempo que han evidenciado paradojas como la de los trabajadores pobres (*working poor*), la vigencia del principio de ciudadanía y la importancia estratégica que, para esta, poseen las denominadas «últimas redes» o «mallas de seguridad» de protección social.

ASALARIADOS POBRES, CIUDADANOS PRECARIOS Y LA «MALLA DE SEGURIDAD»

La inclusión de los ciudadanos en los circuitos sociales no siempre es posible por la vía de la integración laboral. En el caso de ciudadanos precarios y en dificultades, esto tan solo es factible mediante la acción de instituciones y políticas de solidaridad colectiva como las del EB. En realidad, la integración laboral suele ser inviable no solo en lo que respecta a los pobres marginados o permanentes que carecen de las capacidades básicas para mejorar su situación, sino también en aquellos desempleados en tránsito entre crisis económicas o en situación de paro estructural.[38]

Los planteamientos neoliberales anglo-norteamericanos, inspiradores del modelo de globalización económica imperante, a menudo se han mostrado contrarios a la protección institucionalizada de los ciudadanos porque, en líneas generales, se la considera generadora de dependencia y parasitismo sociales.[39] Según dicha perspectiva, la única inserción posible para los ciudadanos precarios es la del trabajo remunerado para que ellos mismos puedan procurarse su propia integración social. Con esta finalidad se proponen diversas recetas de políticas económicas y sociales que apuntan siempre a la flexibilización de las relaciones laborales en el mercado laboral y al despliegue de una economía política de oferta (*supply-side economics*), favorecedoras de las rebajas fiscales y de la desregulación gubernamental de las actividades comerciales y mercantiles. Pero tales iniciativas —como se ha manifestado reiteradamente— suelen aumentar las desigualdades sociales entre ricos y pobres,[40] y aumentan la disparidad en las condiciones de trabajo y derechos laborales entre trabajadores con puestos normalizados (*insiders*) y aquellos *outsiders* o informales o con empleos basura (*junk jobs*).

En un contexto de mayor desregulación, como es característico del mercado laboral estadounidense, se produce no solo una mayor disparidad salarial,[41] sino también una nueva proletarización de los trabajadores, que se ven abocados a aceptar salarios que apenas les permiten mantener pautas de consumo de supervivencia y sin protección social (sanitaria, por ejemplo). Se genera, así, el fenómeno de los «asalariados pobres» (*working poor*), es decir, de aquellos trabajadores cuyo estipendio no supera el umbral de la pobreza. Se trabaja, por tanto, para obtener un estipendio que sirva para ir tirando en situaciones generalmente de inestabilidad laboral, cerrando, de tal manera, un círculo vicioso de difícil resolución para las personas implicadas.

En una acepción más amplia, cabe considerar a los *working poor* como aquellos trabajadores receptores del salario mínimo y que —a pesar de no suceder siempre así— ofrecen habilidades y destrezas básicas para su contratación laboral. Sucede, además, que tales asalariados no suelen estar sindicados, por lo cual su situación a largo plazo tiende a la subordinación social y al bloqueo de oportunidades de movilidad ascendente. En EE.UU., por ejemplo, se llega a redefinir a la propia clase trabajadora como clase media, en un ejercicio de manipulación ideológica característico de aquellas sociedades de oportunidades y donde el albedrío para conseguir el éxito se mide en la clave individual del «tanto ganas, tanto vales».

Por añadidura, concurren en el conjunto de la fuerza laboral intereses corporativos y ocupacionales enfrentados, consecuencia de la propia segmentación laboral y de las contradicciones intrínsecas de los propios sindicatos. Entre trabajadores pobres, inestables y estables se generan reticencias cuyos efectos más visibles son las displicencias, mostradas por sindicatos y asociaciones gremiales o profesionales, a promocionar las reivindicaciones de los asalariados pobres y los excluidos, a los que, en muchas ocasiones, se ve más como un estorbo en la actividad sindical que como a colectivos de ciudadanos merecedores de solidaridad.

En las situaciones anteriormente descritas, las «últimas redes» o «mallas de seguridad» de protección social se configuran como entramados institucionales que plasman el grado de civilización y desarrollo alcanzado por sus respectivas sociedades, y son exponentes del grado de solidaridad comprometida por sus ciudadanos. Cabe definirlas como aquellas constituidas por recursos y medios para la provisión de unos mínimos de subsistencia e inserción a los ciudadanos que no pueden generarlos por sí mismos (Moreno, 2000).

Las interpretaciones en clave economicista de las «últimas redes» suelen orillar el debate más profundo de la calidad democrática de nuestras sociedades, así como el de una cohesión social no reducible al cálculo racional de sus actores. Subyace en dicho debate el concepto de «merecimiento» (*deservingness*) en la provisión de políticas sociales. Es una noción de larga trayectoria en el centro y norte de Europa, y que volveremos a analizar en la próxima sección con relación a los inmigrantes. En realidad, la ética de trabajo pasó a constituirse en principio guía para los buenos cristianos en su existencia terrenal.[42] Según la celebrada interpretación weberiana, la ética del trabajo estimuló sobremanera los valores de interés propio que están en la base del éxito personal y el moderno desarrollo capitalista.

En las democracias (pos)industriales/fordistas del bienestar, el caso de los desempleados y excluidos en los procesos de dualización social ha cobrado mayor relieve en los últimos decenios. Como ya se ha apuntado, se trata de personas que en el pasado se encontraban en situación de pobreza o de carencia material, pero que estaban integradas socialmente mediante la acción protectora de los estados del bienestar. Ahora han pasado a confrontar situaciones de creciente vulnerabilidad económica y social. En este contexto, las «últimas redes» han adquirido gran relevancia social. En la Unión Europea, se ha generado cierto acuerdo sobre la necesidad de reorientar las políticas sociales para combatir la exclusión social. Ello se ha producido a nivel estatal (renovación y aparición de nuevas políticas de tipo asistencial) y europeo (programas comunitarios de lucha contra la pobreza). Ambos apuntan a conseguir el efecto trampolín de las redes que posibiliten la integración, principalmente laboral. Cuando esta no se puede obtener con carácter inmediato, las «mallas» son instituciones clave para el reciclaje formativo de los afectados, así como de su derecho a la vida.[43]

Hay que remarcar que la acción del sector público es crucial en la conformación de las «mallas de seguridad», pero no es la única en el conjunto variopinto de mecanismos de protección frente a la pobreza y la exclusión social. Ello está en consonancia con la progresiva conformación del *welfare mix* (agregado del bienestar) a lo largo de la edad de plata previa al crack de 2007. Las ayudas familiares, la solidaridad comunitaria, el altruismo organizado, la beneficencia tradicional o las actividades económicas no regladas son, entre otros, recursos empleados por los ciudadanos o las familias para solventar situaciones de subsistencia material y aislamiento social. Estos elementos suelen ocupar un espacio residual en la investigación sobre la protección frente a la pobreza.

En particular, las instituciones religiosas de asistencia a los pobres suelen activarse cuando desaparece el apoyo familiar y la acción estatal no llega. Normalmente, estas ayudas son concedidas de manera esporádica, en forma graciable, y no son uniformes para todos sus perceptores. Pero a menudo son distribuidas de manera más inmediata y flexible que las públicas, aspecto que en caso de necesidad perentoria constituye un gran alivio para sus solicitantes. Estos beneficiarios, además, no necesitan largos trámites ni formalizaciones como sucede a veces con los subsidios públicos, y pueden también servir de complemento de las prestaciones públicas, bien sea a través de la concesión de ayudas monetarias o en forma de alimentos o bienes de consumo personal.

Las «mallas» comparten como fundamento moral una filosofía de compasión ciudadana. Sin embargo, la traducción institucional de sus presupuestos normativos es diversa según los países donde existen.[44] En algunos se han tejido de manera incompleta, dejando huecos por los que se deslizan algunos ciudadanos con mayor grado de precariedad. En otros, los nudos y materiales de las redes permiten un apoyo más firme a los pobres necesitados, pero su falta de flexibilidad también puede frustrar el efecto de trampolín que facilite la reinserción, sobre todo laboral.

INMIGRACIÓN: ¿RECURSO PASIVO DEL BIENESTAR SOCIAL?

En los últimos lustros, en Europa se ha intensificado el debate popular y político sobre quiénes son merecedores (*deservingness*) de las prestaciones y servicios sociales y, en general, de los recursos asistenciales (Van Oorschot, 2008). El discurso se ha articulado aduciendo la capacidad limitada que tendría el EB para atender a todos los beneficiarios potenciales, incluidos aquellos residentes procedentes de otros lugares del mundo. De especial relevancia es la controversia en algunos países continentales, especialmente del centro y el norte europeo, respeto al «merecimiento» (*deservingness*), o no, del acceso de los inmigrantes —y sus descendientes naturalizados en los países de acogida— a las políticas y servicios del EB, para los cuales algunos ciudadanos autóctonos se consideran legitimados en exclusiva. Los partidos populistas y xenófobos han ido ganando predicamento en nuevos países (Suecia, Finlandia, Reino Unido, Hungría) y apuntalándose electoralmente en otros donde ya contaban con una presencia significativa (Italia, Francia, Dinamarca o Países Bajos[45]). Algunos representantes de formaciones políticas con vocación mayoritaria cuestionan dicho acceso a los inmigrantes alegando que se trata de un «gorroneo» (*free-loading*) por parte de estos, que toman más de lo que aportan a sus comunidades de acogida e integración. Según esta línea de pensamiento, los inmigrantes se beneficiarían, además, del capital asistencial acumulado por el esfuerzo de las anteriores generaciones de ciudadanos nativos, sin haber contribuido de igual manera.[46]

En este intenso debate subyacen dos importantes cuestiones: (a) cómo establecer los límites de la población beneficiaria de los sistemas de protección social en un contexto de fuerte presión migratoria, y (b) cómo legitimar los mecanismos de solidaridad colectiva sobre los que se asientan las políticas redistributivas en un contexto de creciente heterogeneidad etnocultural. Una vez más, el modelo ideológico neoconservador estadounidense sirve de referencia, en esta ocasión respecto al debate entre flujos inmigratorios internacionales y EB. Según dicho enfoque, los inmigrantes y las minorías de pobres asalariados —y pobres de solemnidad, afroamericanos o hispanos— poseen unas características étnicas no solo molestas para los sectores más influyentes de caucásicos acomodados, sino que también hacen inviable los mecanismos de distribución.

El argumento, en resumen, es que a mayor diversidad étnica, producida por lo general por la inmigración, menor apoyo se presta electoralmente por las clases medias y trabajadoras autóctonas a los políticos favorables a la provisión pública de bienestar social. Se produciría, por tanto, una contradicción insuperable entre diversidad y EB (Alesina y Glaeser, 2004). El argumento ha encontrado plausibilidad con la realización de algunas investigaciones en Estados Unidos, pero no cabe ser aplicado de manera mecánica a la realidad continental europea. En realidad, la acción de gobiernos tanto socialdemócratas como cristianodemócratas[47] ha preservado la institucionalización de mecanismos redistributivos, los cuales son santo y seña de los EB europeos. De todo ello resultan distintas «dependencias de la senda» (*path dependencies*) que han continuado estructurando los diversos desarrollos del *welfare* en ambos lados del Atlántico (Taylor-Gooby, 2006).

Los inmigrantes suelen servir de chivos expiatorios de las carencias de los sistemas de protección social, no solo en Estados Unidos. Es una relativa novedad que también provean de munición ideológica en el Viejo Continente. Se insiste desde el occidente atlántico que, dada la naturaleza del modelo social europeo, los inmigrantes acuden para aprovecharse de las prestaciones y servicios sociales de los costosos EB europeos, lo que añade una carga extra insoportable para los europeos autóctonos. Como consecuencia, se generaliza un uso espurio de la «malla de seguridad» de protección social, la cual se convierte en una «tumbona de seguridad» (*welfare hammock*) en la que pobres indignos (*undeserving poor*), generalmente inmigrantes, holgazanean a discreción aprovechándose de las contribuciones impositivas de los esforzados nativos (Ryan, 2011).[48]

La inmigración es un recurso crucial para el futuro de Europa. No parece que las tendencias sociodemográficas autóctonas vayan a experimentar cambios notables. Como consecuencia, y sin tener en cuenta otras consideraciones morales, los inmigrantes constituyen el principal recurso para mantener no solo ritmos de crecimiento y prosperidad económica análogos a los producidos durante las anteriores edades del *welfare* europeo. Este último necesitará la contribución de aquellos en forma de cotizaciones sociales e impuestos, para mantener los EB del Viejo Continente. La inmigración en España, por ejemplo, ha sido un activo muy positivo en lo que respecta a la financiación de los sistemas de protección social en las primeras fases del proceso de asentamiento de poblaciones de origen inmigrante (el periodo 1995-2010). En España se debió, en gran parte, a la mayor juventud y disponibilidad de los inmigrantes para acceder al mercado laboral. Según datos empíricos de estudios contrastados, es incierto que los inmigrantes hubiesen abusado o sobreutilizado las prestaciones y los servicios sociales españoles. Sin embargo, y en no poca medida fruto del discurso ideológico sobre el parasitismo social de corte neoconservador a la norteamericana, las percepciones sociales tendían a considerar que los inmigrantes recibían más de lo que aportaban al EB. Se reiteraba así la fuerza de las ideas conservadoras y su influencia mediante la propaganda efectuada por los sostenedores mediáticos y sus *think tank*, aunque sus diagnósticos no estuviesen en sintonía con la realidad de los hechos. En cualquier caso, la intensidad del rechazo popular al merecimiento de los inmigrantes se modulaba según el nivel educativo y el grado de información de los encuestados, aunque las creencias ideológicas y religiosas (ejemplificada en el rechazo hacia los inmigrantes musulmanes) mostraban cierta impermeabilidad a los juicios ponderados y razonados (Moreno Fuentes y Bruquetas Callejo, 2011).

De la importancia cuantitativa que adquirió la inmigración en España durante la década de 2000 da cuenta la proporción de extranjeros empadronados en 2010: alrededor de 5,7 millones de personas, o el 12 % del agregado poblacional. España pasó a convertirse en el segundo estado miembro de la UE-27, detrás de Alemania, en cuanto a número de residentes extranjeros. Considérese, asimismo, que en el periodo comprendido entre 1995 y 2005, la mitad de los nuevos empleos creados en España fueron ocupados por extranjeros, los cuales, a finales de 2010, superaban el 10 % de los afiliados al régimen de la seguridad social. Aspecto común a todos los grupos era su inserción relativamente inestable en el mercado laboral, a caballo entre la economía sumergida y los contratos precarios, con condiciones laborales por lo general difíciles. Ante tal situación, los inmigrantes desplegaban estrategias de supervivencia e inserción sociolaboral, las cuales estaban condicionadas tanto por sus propias capacidades (capital educativo, cultural y relacional), como por factores derivados de la actitud en ocasiones refractaria de la sociedad de acogida (Moreno Fuentes *et al.*, 2006).

Se arguye que la inmigración en Europa es funcional, entre otras consideraciones por las bajas tasas de fecundidad generales. El número de nacimientos desde mediados de la década de 1960 hasta 2010 con relación al número de mujeres en edad fértil ha descendido de manera constante en el Viejo Continente (la tasa de fertilidad por mujer era de 1,5 de media en 2010). Las proyecciones —a menudo profecías que se autocumplen— para 2050 apuntaban que los mayores de 65 años alcanzarían casi un tercio del total de la población, porcentaje que contrastaba con el 17 % de 2004, según cifras de Eurostat. Adaptar dicha tendencia demográfica a las posibilidades de sostenibilidad financiera de los EB era un reto de futuro cada vez más incierto.

La correlación de los tres procesos descritos —baja fecundidad, inmigración y mantenimiento del EB— se ha remarcado en diversos análisis. Ciertamente, la llegada de nuevos inmigrantes al Viejo Continente ha coadyuvado al mantenimiento de los sistemas de protección social menos maduros, como se ha comprobado en el caso de España, mediante la mayor contribución de sus cotizaciones laborales e impuestos al coste generado por su uso y disfrute. Cabe contraagumentar que en el caso de Europa, y análogamente a lo acaecido en Estados Unidos, el envejecimiento poblacional y el acaparamiento de las prestaciones y servicios del bienestar por pobres e inmigrantes restaría apoyo de las clases medias a su sostenimiento. Además, se advierte que se ha producido un cambio generacional con jóvenes autóctonos menos interesados en el devenir futuro de sus EB. Ello, en conjunción con la desidia y hasta hostilidad de inmigrantes no integrados con otras culturas y creencias religiosas, haría inevitable el epitafio por una Europa falta de autoconfianza y que asiste impasible a los últimos días de su inevitable declinar (Laqueur, 2009).

Tales alegaciones atañen a un debate más profundo, cual es el relativo al propio proceso de europeización y la salvaguarda de un modelo social en la Unión Europea en el contexto de la mundialización económica. Ambas dimensiones concitan el interés analítico de nuestro siguiente capítulo.

III

EL MODELO SOCIAL EUROPEO

INTRODUCCIÓN

El modelo social europeo es un proyecto político articulado en torno a los valores de equidad social (igualdad), solidaridad colectiva (redistribución) y eficiencia productiva (optimización), y resultante de los procesos contemporáneos de conflicto y cooperación en el Viejo Continente. El MSE promueve la ciudadanía social entendida como la aspiración a una vida digna y al bienestar social de los individuos, mediante el acceso al trabajo remunerado y a la provisión social en situaciones de riesgo, y con base a unos estándares vitales legitimados por el conjunto de la sociedad. Como objetivo estratégico general, el MSE auspicia el crecimiento económico sostenido y sostenible basado en la cohesión social (Moreno y Serrano Pascual, 2009).

Los perfiles que delimitan el MSE contrastan con los de otros sistemas socioeconómicos donde el individualismo mercantilizador es el rasgo característico de las políticas del bienestar (EE.UU.), o donde el *dumping social* se propone como recurso extra para el crecimiento económico (China y otros países emergentes asiáticos).[1] Para el pensamiento individualista neoconservador estadounidense: «Con la muerte del experimento marxista soviético, el socialismo al estilo europeo y su redistribución de recursos se ha hecho atractivo. Pero ningún enfoque colectivista ha podido, a la postre, igualar la capacidad de la democracia de libre mercado para producir y crear prosperidad para todos» (Ryan, 2011: 11).[2] El modelo de neoesclavismo asiático no se refiere *strictu senso* a la propiedad física de las personas, sino a la capacidad de controlarlas como artefactos para generar beneficios materiales, con la consiguiente exacerbación de la desigualdad.[3] La versión contemporánea del neoesclavismo, en suma, implica el control de las personas con el propósito de su explotación económica (Bales, 2004).

En realidad, el MSE promueve la ciudadanía social entendida como una limitación a la desigualdad social y económica, una protección a los más vulnerables y un partenariado social activo.[4] Al plasmar el ideal de cohesión social en la práctica de las políticas económicas y sociales, así como en la organización institucional del bienestar, surge una diversidad de matices en el entendimiento de lo que es el MSE. Para la Confederación Europea de Sindicatos, por ejemplo, el concepto de cohesión social implica una mejora de la condiciones de vida y trabajo de los ciudadanos, basada en el pleno empleo, trabajos de calidad, igualdad de oportunidades, protección social para todos, inserción social y participación ciudadana (ETUC, 2005). Para la visión patronal menos opuesta a la flexiguridad,[5] la cohesión se traduciría en una combinación de despidos más fáciles, aunque con altas prestaciones para los desempleados y una política social proactiva hacia el mercado laboral (EuroActiv, 2005). La Asamblea de las Regiones Europeas, por su parte, añade la igualdad de género y el acceso universal a prestaciones y servicios sociales, basado en la solidaridad (AER, 2005). Naturalmente, hay voces discordantes respecto a la plausibilidad de recomendar la adopción de un modelo comprensivo, que pudiera funcionar en algunos países, pero que en otros resultaría contraproducente (Munchau, 2005). Se aduce, asimismo, que el MSE está siendo socavado por la realidad del cambio económico global y la presión de los mercados financieros internacionales.[6]

La conocida estrategia Europa 2020 pone el acento en la creación de empleo, auténtico desafío europeo para contrarrestar los efectos del crack de 2007.[7] Pero esto, según la propia Comisión Europea (2010), debe acompañarse de la mejora de las condiciones de vida de los ciudadanos. Así, el crecimiento debe ser inclusivo, sostenible e inteligente, y debe encontrar el modo de crear nuevos puestos de trabajo y de ofrecer una orientación a nuestras sociedades. En una dimensión más general, el MSE es a la vez recurso y objetivo del proceso de europeización. Naturalmente, coexisten varias legitimidades sociales de los diversos EB nacionales sedimentadas en el pasado. Empero, el proceso de europeización ha potenciado la idea común de promover el bienestar social de los ciudadanos de los estados miembros de la UE, a pesar de las diferencias puntuales entre sus EB (Flora, 1993; Flora *et al.*, 1999; Ferrera, 2005).

El proceso de europeización implica una confluencia de recursos, representaciones sociales y acciones entre los países de la Unión Europea. Ello es resultado, principalmente, de la difusión de ideas y valores compartidos, de los procesos de armonización estructural económica, de la construcción de un sistema político transnacional y de un sistema de valores compartidos respecto a lo social. La europeización involucra a países que comparten una herencia común y asumen valores democráticos de igualdad, solidaridad y derechos humanos. Si bien el concepto de europeización adolece de precisión normativa, es polisémico y está sujeto a diversas interpretaciones, su naturaleza dinámica ha posibilitado una progresiva —aunque incierta— erosión de la soberanía de los estados miembros de la Unión Europea y un gradual desarrollo de instituciones comunes supra-estatales (Acuerdo de Schengen, Unión Económica y Monetaria, euros o Tribunal de Justicia, pongamos por caso).

El establecimiento de los Estados Unidos de Europa no cabe ser asumido como el resultado inevitable de una europeización a la norteamericana. Indudablemente es notoria la emergencia de un nivel europeo de estructuras de gobernanza y la creación de normas europeas de regulación en el ámbito de la UE (Cowles *et al.*, 2001). Sin embargo, la integración institucional en Europa no depende necesariamente de una asimilación cultural y de una formación identitaria del tipo *melting-pot* estadounidense, cuyos teóricos la prescriben como obligatoria para consolidar la confianza política entre los ciudadanos. A menudo, esta visión funcionalista se ha asociado de forma espuria a la organización estatalista vertical y jerarquizada del «ordeno-y-mando» (*command-and-control*), en especial en la organización nacional-estatal del EB y en la provisión de políticas sociales (Moreno y McEwen, 2005).

Un enfoque más pluralista considera que las normas europeas solo pueden legitimarse teniendo en cuenta los diversos instrumentos de políticas públicas en una politeya de gobernanza compuesta como la UE (Kassim y Le Galès, 2010), así como la historia y la diversidad cultural característica del mosaico de pueblos que configuran el Viejo Continente (Moreno, 2009b). En realidad, la ciudadanía multinivel europea es fruto de «identidades imbricadas» (*nested identities*) de variadas procedencias contextuales (supraestatal, estatal y subestatal) [Faist, 2001; Díez Medrano y Gutiérrez, 2003]. Las identidades múltiples, así manifestadas por los ciudadanos europeos, están sujetas a un continuo variable de pertenencias y apegos de carácter comunitario y territorial, pero que están cimentados en los mencionados valores de igualitarismo, solidaridad y derechos humanos. Buena parte de las élites nacionales en la UE son proclives a favorecer la europeización y la integración económica, política y social. Sin embargo, se contiende que la complejidad de la edificación sistémica (*system building*) depende en menor medida del establecimiento de instituciones y, en mayor medida, de las actitudes, valores y apegos identitarios de los ciudadanos (Berg, 2007). Solo una acción de despotismo ilustrado, apoyada por alrededor del 15 % de la población europea más europeísta (profesionales con altos niveles de instrucción, principalmente), podría implementar una construcción *top down* de una estructura supraestatal, que sería vista con recelo por los ciudadanos de a pie (Fligstein, 2008).

En este capítulo se analizan diversos aspectos relativos a la importancia que posee el MSE para la pervivencia —o no— del EB en los confines nacionales de los estados miembros de la UE, respetando las propias trayectorias estatales. Se trata de ponderar en qué medida la asunción de una puesta en común general hace posible la particular supervivencia estatal del EB europeo, tal y como este se desarrolló desde 1945 en las edades de oro (1945-1975) y de plata (1976-2007) del *welfare* (Taylor-Gooby, 2009). A continuación se pasa revista a las consecuencias que implica para la cohesión social de las sociedades europeas la preservación de sus EB, y el peligro populista de categorizar a los europeos entre aplicados y vagos, o industriosos y gorrones, lo que podría lastrar irremisiblemente el proyecto europeísta. Tales epítetos denotan las dificultades de consolidar niveles compartidos de confianza mutua entre los países europeos, circunstancia que afecta en gran medida a ulteriores pasos hacia una mayor unión, como la fiscal, analizada en la segunda sección del capítulo. Por último, se examinan aspectos relativos a la subsidiariedad, la responsabilidad democrática (*democratic accountability*) y las patologías de los nacionalismos estatalistas, todos ellos de crucial incidencia en la unidad y diversidad del MSE.

LA COHESIÓN EUROPEA Y LA CONVERGENCIA ESPAÑOLA

El recurso al término «justicia social» pretende resaltar una de las propiedades esenciales de la cohesión en Europa, la cual se ha reflejado en la situación de paz y prosperidad sociales en el dilatado periodo de tiempo que arrancó en 1945. Otros elementos constitutivos de la cohesión social hacen referencia al imperio de la ley y el orden legal que rigen en la UE, así como a la solidaridad interna que posibilita la redistribución de recursos internos entre sus estados miembros. La idea de la cohesión social concierne, en suma, a la ausencia de fracturas y de desestructuración, habituales antesalas de enfrentamientos funcionales y territoriales. La legitimación de las relaciones políticas en Europa ha sido facilitada por la protección social y la igualdad de oportunidades canalizada a través de los EB europeos y por la optimización del modelo de capitalismo del bienestar en el Viejo Continente tras la Segunda Guerra Mundial.

En términos sociológicos, la cohesión social indica el grado de consenso[8] de los miembros de cualquier colectividad respecto a un proyecto común, tal y como ejemplifican el MSE y el propio proceso de europeización. La pérdida de consenso entre los integrantes de dicha colectividad puede desembocar en la fractura de la convivencia. Algunos observadores han señalado el peligro que para Europa podría suponer la erupción eventual de desencuentros sociales como los que han jalonado su convulso devenir histórico contemporáneo hasta la consolidación del EB tras 1945. Como resultado del brutal conflicto de los Balcanes, ya se constató la factibilidad de algunos escenarios pesimistas, consecuencia de las rivalidades patológicas entre nacionalismos europeos (Chomsky, 1994).

En concordancia con los objetivos de favorecer la cohesión social, ha sido la propia UE la que ha desplegado, con carácter específico, políticas para procurar un desarrollo armónico con la intención de: (a) propiciar crecimiento económico en las regiones y la promoción de grupos sociales vulnerables, y (b) apuntalar la sostenibilidad medioambiental y el respeto por las culturas de los diferentes territorios que la componen. En realidad, las políticas de cohesión en el seno de la UE han perseguido, precisamente, reducir las diferencias entre los países comunitarios por necesidad asimétricos en su grado de desarrollo y sus capacidades materiales. Fruto de tal enfoque han sido las políticas de cohesión, de las que han salido beneficiadas, en gran medida, las regiones de los estados miembros meridionales. El objetivo no era otro que promocionar los diversos territorios comunitarios evitando el peligro de su marginación social y su retraso. Recuérdese que, desde 2007, la UE dispone de tres fondos específicos para su política de cohesión: FEDER (Fondo Europeo de Desarrollo Regional), FSE (Fondo Social Europeo) y FC (Fondo de Cohesión),[9] aunque otros como el FEOGA (Fondo de Orientación y Garantía Agrícola) y hasta la propia PAC (Política Agrícola Común)[10] cumplen funciones de cohesión en lo que respecta a las zonas rurales y agrícolas.

Además de evitar disparidades económicas disfuncionales en el seno de la UE, otro objetivo crucial en las transferencias y ayudas entre los países europeos ha sido estimular procesos de alcance (*catching up*) a fin de evitar la perpetuación de disparidades disfuncionales. Precisamente el caso de España ilustra estas prácticas virtuosas para evitar tales disparidades. A lo largo de la segunda mitad del siglo xx, y en especial desde la transición democrática de finales de la década de 1970, España ha llevado a cabo una transición socioeconómica rápida e intensa que le ha permitido abandonar su estatus como país periférico en el concierto internacional (Espina, 2007; Guillén, 2007). Considérese que desde el final de la Segunda Guerra Mundial hasta el año 2009, la renta per cápita de los españoles —medida en unidades paritarias de compra— se duplicó prácticamente desde un 49,5 a un 95,2 %, con relación al promedio de los países de la UE-15 (o del 103 % con relación a la UE-27) [González-Temprano, 2003; Moreno, 2004; Eurostat].

Los rendimientos de la economía española desde la transición democrática a finales de la década de 1970 validan el argumento de que la europeización actuó como un estímulo efectivo de superación de carácter general (*benchmarker*) en la ambición por converger con el resto de los países europeos más desarrollados, lo que fue posible mediante un ritmo de crecimiento económico mayor y más diligente. Ciertamente, la generosa contribución de los fondos estructurales y de cohesión europeos ayudó en semejante tarea de alcance (*catching up*). También cabe argüir que la convergencia social del *welfa-*

re español no mantuvo los parámetros de acercamiento a las cifras de gasto social de otros EB europeos avanzados (Navarro, 2007), proceso que lastró que la institucionalización de su sistema de protección no alcanzase el nivel de funcionalidad y generosidad de otros países comunitarios y, en especial, de los nórdicos (Rodríguez Cabrero, 2008). Empero, el desarrollo del *welfare* en España desde 1977 hasta 2007 fue posible, en no poca medida, merced a la disponibilidad de dinero público liberado de otras partidas financiadas por los subsidios y ayudas comunitarias.

En el conjunto de la UE, las intervenciones comunitarias han sido cruciales para desarrollar una visión y una identidad europeas, así como para patentizar la solidaridad mediante subsidios comunitarios —y, en suma, transferencias de rentas entre los ciudadanos europeos— y para generar capital relacional (*relational capital*)[11] basado en la reciprocidad. El desarrollo y mantenimiento de la confianza mutua, pilar fundamental de la cohesión social, la idea de Europa y el papel que desarrollan los nacionalismos estatalistas —y sin estado— es objeto de nuestro siguiente análisis.

LA IDEA DE EUROPA Y LOS NACIONALISMOS

Europa ha sobrevivido a pesar de sus dos grandes y devastadoras guerras civiles —las dos mundiales del siglo XX—, y de los apremiantes problemas que han convulsionado su historia contemporánea. Como idea, su vida es paralela en cierto modo a la del capitalismo moderno, al cual en no pocas ocasiones se le ha prescrito anticipadamente un acta de defunción. Tras la crisis financiera desencadenada en 2007, Europa y su proyecto político común, representado por la Unión Europea, asisten a renovados diagnósticos de enfermedad terminal. Son varias las causas que amenazan su supervivencia, entre las cuales el pensador parisino de origen judío-austriaco George Steiner destaca la uniformización cultural por lo bajo y «el despotismo del mercado de masas y las recompensas del estrellato comercializado» (2005: 78).

Entre los factores exógenos que amenazan a Europa se apunta a la americanización (es decir, estadounidización) de Europa y a la creciente marea detergente de lo angloamericano. Para Steiner, Europa perecerá si no lucha por su diversidad: de lenguas, de tradiciones locales y por sus autonomías sociales. Pero, ¿cómo se combina tal mosaico de detalles con la acción común de su proyecto político? Más adelante examinaremos los retos prácticos que implica la gobernanza multinivel en la elaboración e implementación de políticas sociales. Como reflexión previa cabe analizar el rol que los nacionalismos juegan en el proceso de europeización y en el mantenimiento del ESM que sostienen y apuntalan los EB estatales.

Robert Schumann (1886-1963) y Jean Monnet (1888-1979), los dos grandes impulsores de la Comunidad Europea tras la Segunda Guerra Mundial, concebían un futuro en común de las naciones europeas en el que las grandes decisiones fuesen tomadas a nivel continental. Visualizaban un entramado institucional que no fuese la formalización de una negociación intergubernamental permanente en la que los actores políticos nacionales se perpetuasen como protagonistas exclusivos de la Europa unida. Su perspectiva era consciente de los peligros que entrañaba a largo plazo el secuestro político de la europeización por parte de los nacionalismos. En realidad, los nacionalismos europeos, tanto estatalistas como sin estado, se han hecho acreedores de chovinismos que a menudo chocan con la institucionalización de una cosmovisión europeísta.

En tiempos recientes, y a causa de los odios etnoterritoriales desatados en la Península Balcánica durante la década de 1990, se ha enfatizado el carácter disipador de los denominados nacionalismos minoritarios, acusados de bárbaros y antidemocráticos. Se ha insistido en una descripción de dicho tipo de nacionalismo como excrecencia de la historia y una perversión del liberador nacionalismo decimonónico responsable de la extensión de los derechos políticos democráticos. Ciertamente, la historia de Europa ilustra que tanto el nacionalismo como la democracia cuestionaron en su origen las formas de organización política que no estaban legitimadas por el pueblo. Desde una perspectiva histórica, la aparentemente cercana y simbiótica relación entre nacionalismo y democracia se manifestó en el desarrollo del nacionalismo estatalista (de vocación mayoritaria), asociado a las revoluciones inglesa, norteamericana y francesa de los siglos XVII y XVIII. Pero en Europa, aunque el nacionalismo estatalista proclamó su congruencia inicial con la democracia, no siempre se desarrolló así con posterioridad.[12] Los efectos patológicos y antidemocráticos de ambos tipos de nacionalismos —mayoritario/estatalista y minoritario/sin estado— son comparativamente similares, más allá del impacto cuantitativo de sus aberraciones destructoras.[13]

Tras la Segunda Guerra Mundial, la construcción europea canceló no solo los enfrentamientos bélicos anteriores, sino que también posibilitó una paz y una prosperidad ancladas en la legitimidad de los EB. No debe ocultarse que estos últimos son frutos, en buena medida, de construcciones y trayectorias institucionales nacionales, pero comparten análogos fundamentos históricos, morales, sociales y económicos en el Viejo Continente. En realidad, el EB es una invención europea cuya impronta ha quedado íntimamente ligada al desarrollo ulterior del ESM.

Se ha apuntado que si perece la idea de Europa —o lo hace su versión institucionalizada encarnada en la UE—, la única alternativa de longevidad para los EB es su reclusión en las fronteras nacionales, y muy especialmente, en aquellas donde su desarrollo ha sido más cabal y generoso (por ejemplo, los países nórdicos). Tal visión adolece no solo de voluntarismo platónico, sino que a menudo se instrumentaliza con fines antieuropeístas y como un deseo anacrónico de salvaguardar un Valhalla incontaminado. En realidad, y en términos prosaicos, la convergencia en las prestaciones sociales de los diversos EB europeos es un proceso inevitable de la propia sintonía de sus órdenes material, moral y político. Pero los nacionalismos de los estados miembros de la UE se aferran a sus bases de poder estatales y, en su caso, subestatales o sin estado, y se muestran reacios a la pérdida de sus cuotas de influencia y *modus vivendi*. En su manifestación más radical, los partidos populistas son la expresión electoral más combativa contra la idea de Europa.[14]

La forja de una identidad europea debe gestionar, de tal manera, el desafío permanente al que le emplazan los nacionalismos, siempre vigilantes ante cualquier dificultad europeísta para reivindicar la prevalencia de los intereses soberanos nacionales. Constituye esta última expresión un oxímoron largamente reiterado en los últimos tiempos, especialmente tras las dificultades en el pago de las deudas generadas por los gobiernos europeos (estatales y subestatales). La inconmensurabilidad de contraponer respuestas particulares (nacionales) a problemas articulados —y solo solventables— a nivel continental es, tal vez, la muestra más patética de la incapacidad de la vieja política nacional por amparar la preservación del ESM, de los EB europeos y de la propia UE. Con el salto cuántico en el fortalecimiento de la idea de Europa que implicó el establecimiento de la UEM y el euro, los ataques de los mercados financieros globales a las deudas soberanas de los países de la UE han estimulado el debate acerca de acelerar el proceso de europeización. En él se centra la próxima sección.

Unión económica, monetaria, ¿comercial y fiscal?

Las dos normas fundamentales europeas son el Tratado de la Unión Europea (TUE) y el Tratado de Funcionamiento de la Unión Europea (TFUE). Ambos poseen un valor jurídico equivalente, componen un conjunto legal interrelacionado y son conocidos comúnmente como el Tratado de Lisboa (TL). Fueron adoptados en enero de 2007 y entraron en vigor en diciembre de 2009. Recuérdese que el TL fue aprobado tras fracasar la aprobación de la Constitución europea, al no ser refrendada en Francia y Holanda en 2004. Básicamente, el TL es un texto que compendia todas las provisiones legales importantes realizadas —y eventualmente modificadas— en el periodo iniciado en 1957 con la aprobación del Tratado de Roma.

A su vez, la Unión Económica y Monetaria (UEM) está formada por el conjunto de países dentro de la Unión Europea que comparten un mismo mercado y una misma moneda, el euro. La UEM desarrolla una política monetaria única que debe respetar las cuatro libertades fundamentales aplicables al conjunto de la Unión Europea: (1) de circulación de mercancías; (2) de servicios; (3) de personas; y (4) de capitales. Como primera potencia comercial mundial cabe descontar *a priori* un interés prioritario de la UE por el establecimiento de una política comercial común (PCC), reguladora de las relaciones comerciales de la Unión y sus estados miembros con el resto del mundo. Sobre el papel, es objetivo de la PCC la promoción y protección de los intereses europeos y de sus empresas en el comercio mundial, y la facilitación y el desarrollo armónico del libre intercambio comercial en el mundo, a través de la Organización Mundial del Comercio. La realidad es que los nacionalismos de los estados miembros de la EU, en modo conceptual, y los gobiernos de los estados miembros, de manera instrumental, fijan sus estrategias comerciales y llevan a cabo sus actuaciones sin considerar, prioritariamente, la prevalencia de los beneficios para el conjunto de la UE. Solo cuando tales beneficios derivan o resultan de la actuación en paralelo de ambos niveles, estatal y comunitario, cabe establecer una coincidencia de objetivos y una sinergia de resultados. Las políticas y los efectos de la Política Agraria Común

(PAC), dentro y fuera de los confines de la UE, son numerosos e ilustrativos al respecto (por ejemplo, denominaciones de origen de explotación comercial).

La UEM se resiente, en no pocas ocasiones, de las dificultades por la inexistencia de una política comercial común europea. Subsisten, como se ha apuntado, las acciones por el mantenimiento de las ventajas comparativas nacionales y de sus estrategias competitivas de futuro. Solo en el caso de los éxitos comerciales de empresas europeas con capitales y recursos procedentes en origen de varios países comunitarios se produce una sintonía comercial, una unificación de criterios comerciales y una reafirmación identitaria entre los europeos. Excluidas sus implicaciones materiales, tales venturas empresariales y comerciales poseen un alto valor simbólico, como sucedió tras la introducción del euro en 2002. El caso de Airbus, empresa paneuropea aeronáutica y aeroespacial, ejemplifica tal reaserción identitaria mediante una optimización comercial europea integradora de compañías de matriz nacional.[15]

La puesta en común de intereses comerciales entre países ex colonizadores y feroces competidores durante la historia contemporánea es todo menos fácil. Pero es inevitable si Europa quiere que su idea de civilidad, su modelo socioeconómico y su propio proyecto político sobrevivan globalmente. De hecho, la política comercial está muy relacionada con la política exterior y de seguridad. En realidad, cabe considerarla como un recurso más —en ocasiones decisivo— de las relaciones internacionales, diplomáticas y de defensa de la UE. Déjese constancia de ello, aunque no pueda ahondarse en este ensayo sobre su importancia e implicaciones para el mantenimiento y transformación del EB europeo, objeto principal de nuestro estudio.

La crisis económica mundial ha puesto de relieve (y no podía ser de otra manera) que la relación entre las políticas comercial y fiscal es muy estrecha. En realidad, el excesivo endeudamiento privado y los diversos efectos producidos por el apalancamiento financiero[16] han sido los grandes generadores de un déficit que ha obligado a un mayor y más costoso endeudamiento exterior. En íntima relación con la política comercial, la resolución de un dilema clave para la europeización y el EB atañe a la política fiscal. La licuación financiera provocada por el crack de 2007 y sus efectos para la sostenibilidad financiera de los EB europeos se presentaba como un desafío crucial en la evolución institucional del Viejo Continente: ¿sería posible una unión económica y monetaria sin una política fiscal común? La obviedad de la respuesta certifica la impotencia de acciones efectivas en la UE. Recuérdese que el Tratado de Maastricht estableció unos criterios económicos básicos para todos los países de la eurozona, los cuales se consideraban necesarios para consolidar la moneda común europea: (a) tasa de inflación inferior a un 1,5 % respecto a la media de los tres países de la eurozona con menor inflación; (b) déficit presupuestario público no superior al 3 % del PIB del año precedente; y (c) deuda pública menor del 60 % del PIB. Sucede, sin embargo, que se dejaron intactos los sistemas fiscales nacionales, y al Banco Central Europeo se le encargó que se convirtiese en gendarme de la política monetaria, pero solo en lo tocante al control de la inflación. De manera inevitable, y desde una perspectiva nacional estatal, los países europeos cayeron en la tentación de optimizar estrategias de crecimiento en clave nacional. Se produjeron desajustes, y fueron precisamente Alemania y Francia en 2003, los dos países continentales de mayor peso económico, los primeros en no respetar los criterios de Maastricht, al superar sus déficits públicos el umbral del 3 % del PIB. Los avances en la europeización económica experimentaron una abrupta desaceleración.

Los efectos del crack de 2007 agudizaron una situación previa de desequilibrio fiscal, y merced a la cual algunos miembros de la eurozona se beneficiaron desproporcionadamente de una falta de sintonía en los impuestos a los capitales inversores foráneos (por ejemplo, Irlanda).[17] Las incongruencias fiscales provocadas por los distintos niveles de imposición —y también de prestaciones públicas y sociales[18]— resaltaron en la agenda política europea la espinosa cuestión de si algunos países podían estar subsidiando desproporcionadamente o generando riesgos morales respecto a ciertos países menos esforzados y aplicados a nivel fiscal, asunto examinado a continuación.

GORRONEO Y REDISTRIBUCIÓN

Uno de los elementos que en mayor medida contribuyen a disipar la convicción europeísta es, de manera indudable, la desconfianza que pueden generar los estereotipos negativos de los diversos países europeos que conviven en la UE, los cuales son avivados electoralmente por nacionalismos y populismos de variada índole. La idea de que no todos los países contribuyen en la misma medida al proyecto común europeizador y, sobre todo, de que algunos países se aprovechan como gorrones del esfuerzo de otros estados miembros ha condicionado buena parte del debate político europeísta desde que se desencadenó el crack de 2007.

El cómic publicado en septiembre de 2011 en el diario holandés *de Volkskrant*,[19] y reproducido en la página siguiente, ilustra gráficamente la creencia torticera de que los países meridionales de la UE son estados gandules que parasitan de otros países centrales europeos más industriosos y caritativos. El término alemán *Schmarotzer*, por ejemplo, más allá de adjetivar una supuesta actitud de aprovechados por parte de los europeos meridionales, trasluce la convicción reificada de que los despilfarradores ciudadanos de los países del sur de Europa no se merecen los frutos solidarios de sus sacrificadas economías.

«Mientras tanto en la soleada costa del Mediterráneo...»
«Günter, tráenos cuatro cervecitas heladas de tu nevera
y cógete una para ti»

En realidad, y detrás de la banalización distorsionada por los excesos retóricos eurófilos y eurófobos, se esconde otro debate de mayor calado político y a todas luces esencial para el futuro de la Europa social: la redistribución interna de rentas y recursos entre los países europeos o, formulado en términos propositivos, ¿cuál es el nivel permisible de disparidad entre riqueza y pobreza de los países europeos? La pregunta atañe al encaje político dentro de los confines políticos y territoriales de la Unión Europea —y de su gobernanza múltiple— respecto a la redistribución y la solidaridad. A diferencia de otros precedentes históricos en el seno de los estados-nación, la novedad de la solidaridad y la redistribución concierne ahora a unos límites institucionales funcionales y territoriales más amplios y que se construyen de manera funcional y territorial (*boundary-binding*) [Ferrera, 2005].

La redistribución europea hunde su legitimidad en una percepción positiva de que el reparto de la riqueza se corresponde con los esfuerzos de todos, si no en intensidad por las diferentes capacidades coyunturales de los países europeos, sí por su pertenencia común a la UE. Las acusaciones de *free-riding* (ventajismo y gorroneo) hacia los países meridionales europeos se han basado con frecuencia en unas prevenciones culturales e incluso religiosas (*cleavage* católico/protestante). Según esta visión, los países del centro y el norte de Europa serían más austeros con su dinero, mientras que sus manirrotos socios meridionales se comportarían de forma menos prudente económicamente. Su denominación como PIGS por parte de prestigiosos medios de comunicación anglo-norteamericanos (por ejemplo, *Financial Times*, *The Economist*, *BBC*, *Wall Street Journal*) es indicativa de un persistente sesgo cultural.[20]

El acrónimo PIGS incluía, en su primigenia formulación, a Portugal, Italia, Grecia y España. Con esta agrupación, se argumentaba que tales países eran simplemente incapaces de actuar a nivel económico con la misma eficiencia que los del septentrión europeo. Tal aseveración quedaría ejemplificada en los últimos tiempos por sus altos niveles de deuda pública soberana, contraída sin ningún problema por gobiernos tanto de derecha como de izquierda: los casos de Italia (120 % del PIB) y Grecia (116 %) avalarían tales aseveraciones a finales de 2010. Sin embargo, los porcentajes de Portugal (93 %) y España (61 %) eran equivalentes —si no menores— a los de Alemania (83 %), Francia (82 %) y el Reino Unido (80 %), según Eurostat.[21] Ello no habría evitado a los países ibéricos sufrir los ataques del capital especulativo cuyas decisiones seguían tomándose, en buena medida, en los grandes centros financieros anglo-norteamericanos (Wall Street estadounidense y la City londinense),[22] y donde, además de criterios de rentabilidad, la lógica situacional de sus operadores es afín a los ambientes culturales refractarios a la filosofía de vida de los festivos países PIGS.[23] No sorprendió, por ejemplo, que a finales de 2011 los cuatro principales bancos británicos decidieran reducir la cuarta parte de sus créditos interbancarios a entidades del sur de Europa.[24]

Subyace en el debate sobre el gorroneo meridional otro más profundo y relevante para el proceso europeizador y el MSE, como es el relativo a la convergencia y la capacidad de los países más pobres de alcanzar a aquellos más ricos. El caso de España ofrece un interesante contrapunto a las alegaciones de *free-riding*, así como a la propia idea de cohesión económica y social implícita en el propio concepto de modelo social europeo. Como ya se indicó en el capítulo I, el método abierto de coordinación (MAC) establecía la necesidad de las políticas de compaginar lo general con lo particular. Así, se trataba de: (1) aunar procedimientos de trabajos comunes y que los países miembros desplegasen ejecutivamente sus propias estrategias nacionales, y (2) que las intervenciones de los estados miembros estuviesen condicionadas por referentes de excelencia (*benchmarking*) y de buenas prácticas ensayadas con éxito en otros estados miembros. Todo ello apuntaba a obtener resultados comunes con rendimientos políticos menos dispares y, por consiguiente, a reforzar la cohesión social en la Unión Europea. En retrospectiva, y hasta la crisis desatada en 2007, el caso español puede considerarse una historia de éxito que validaría tales estrategias de autonomía y coordinación.

Desde el periodo de la transición democrática, España llevó a cabo un extraordinario esfuerzo de «alcance» (*catching up*) respecto a otros países europeos más desarrollados. En el éxito de semejante esfuerzo, los subsidios y el dinero aportado por las instituciones comunitarias, procedentes principalmente de los fondos estructurales y de cohesión,[25] contribuyeron como un incentivo adicional al deseo español por equipararse a los países centrales europeos, a cuyo fin su economía creció en mayor medida y a un ritmo más acelerado que los otros países europeos demográficamente mayores. Con una población en torno a los 45 millones, España había alcanzado en

2007 su objetivo de llegar al promedio del producto interior por habitante de la EU-27 (paridad de poder adquisitivo) con el 105 % (26.500 euros per cápita), y se comparaba con el Reino Unido (61 millones y 28.800 euros), Alemania (82 millones y 28.100 euros), Francia (64 millones y 27.600 euros) e Italia (60 millones y 26.200 euros) [Eurostat].

A la vista de tales desarrollos, se constata un programa oculto por parte de algunos nacionalismos y populismos en los países centrales europeos, los cuales abogan por mantener las disparidades y las distancias entre los estados miembros, de tal modo que el diferencial de riqueza no se reduzca y, si acaso, se mantenga. Para tales posiciones, el proceso europeizador es una ocasión de acrecentar los beneficios nacionales sin pagar los costes de la solidaridad con otros países, los cuales deben permanecer en una posición subordinada y, a lo sumo, subvencionada modestamente. El caso de la estabilidad presupuestaria y los eurobonos sirve de ilustración de tales disquisiciones.

ESTABILIDAD PRESUPUESTARIA Y MUTUALIZACIÓN DE LA DEUDA

Pocos dudan, como efecto insoslayable tras la convulsión financiera de 2007, de que la estabilidad presupuestaria se ha erigido en un requisito imprescindible para coadyuvar, a medio y a largo plazo, al crecimiento económico sostenido y sostenible que es el componente constitutivo, junto a la cohesión social, del MSE. Se espera que el freno al endeudamiento y el establecimiento constitucional estatal de un límite al déficit presupuestario[26] puedan ser capaces de devolver la confianza a los mercados. En dicha labor se asumía que los bancos privados nacionales se encargasen de aliviar las urgencias motivadas por el endeudamiento de los estados miembros, mediante la compra —con préstamos del Banco Central Europeo— de bonos públicos con una rentabilidad asegurada a corto y medio plazo.[27]

Se arguye que tales medidas son necesarias para dar confianza a los mercados financieros, cuyo concurso para proveer inversiones es ineludible en la sostenibilidad económica de los países europeos. Estos no podrían mantener desequilibrios permanentes en sus cuentas nacionales con la secuela de un inacabable bucle de déficits presupuestarios. Tales desequilibrios se retroalimentan y provocan efectos perversos para la supervivencia de los EB europeos, que deben garantizar derechos sociales y programas de considerable peso presupuestario, como pensiones, educación y sanidad públicas. Las exigencias presupuestarias, por lo demás, concitan la preocupación y el eventual acuerdo de las dos grandes formaciones ideológicas europeas responsables del desarrollo del EB en Europa: cristianodemócratas y socialdemócratas. La tercera opción ideológica acreedora del desarrollo de los sistemas de protección europeos —la liberal anglosajona— ha mostrado durante las edades de plata y bronce una deriva refractaria a la UE, como se manifiesta en los últimos posicionamientos del propio Partido Conservador británico, antaño adalid europeísta en las islas Británicas.[28]

Cabría esperar que a una mayor sintonía entre las dos grandes familias ideológicas continentales por la pervivencia del MSE se correspondiese una equivalente preocupación por dar respuestas consensuadas y europeas a los problemas de la estabilidad presupuestaria y de la deuda soberana de los estados miembros de la UE. Al redactar estas líneas, y con el propósito de mutualizar los riesgos financieros provocados por el servicio de deudas nacionales cada vez más dispares internamente,[29] se proponía la implementación de los eurobonos. Dicha opción no se llevaba a efecto por: (1) la estipulación del Tratado de Lisboa (Art. 125), que prohíbe a los estados miembros asumir las deudas de otros; y (2) la negativa política de países ricos, como Alemania, a asumir el riesgo moral de pagar los excesos presupuestarios de otros países indisciplinados.[30]

El consenso por la introducción de los eurobonos era transversal a las ideologías políticas continentales,[31] y explicitaba un enfoque de más Europa en la resolución de los problemas financieros y la consecución de una política fiscal sintonizada entre todos los países de la eurozona. A principios de 2012, la deuda pública acumulada de Estados Unidos era del 225 % de su PIB, y sus principales indicadores económicos eran peores que los del conjunto de la UE y Japón. Sin embargo, Estados Unidos podía emitir sus bonos públicos a 10 años pagando intereses inferiores al 2 %, mientras que países como Italia —miembro del G-7— debían pagarlos a más de 7 %.

La vieja receta para los países del primer mundo de «Keynes en casa y Smith en el exterior» (*Keynes at home, Smith abroad*)[32] se diluía en la imposibilidad de las economías nacionales de actuar de manera independiente y trasvasar parte de sus excedentes comerciales al sostenimiento de los EB. En Europa, la capacidad individual de competir en el nuevo orden global —salvo el convencimiento en sentido contrario de la Inglaterra poscolonial— haría inevitable actuar mancomunadamente para gestionar los retos europeos. La alternativa a tal visión es la vuelta a las monedas nacionales y la concurrencia múltiple *tout court* entre los intereses comerciales europeos.

Cabe individualizar en la confianza mutua el elemento más determinante para avanzar y consolidar la unión fiscal europea.[33] Se aduce que el Mecanismo Europeo de Estabilidad debe ser un fondo adecuado de estabilidad, pero también es inevitable que hasta cierto punto lo sea de redistribución.[34] El argumento de evitar los riesgos morales de las malas prácticas de los países gorrones no debería ocultar la realidad de una verdadera unión en la que siempre habrá contribuidores y receptores netos. Estos últimos no siempre han sido los países más atrasados, sino a menudo los más ricos, como han evidenciado los casos de Alemania y Francia respecto a la PAC.[35]

Como norma general de actuación para preservar la estabilidad presupuestaria y el mantenimiento de los sistemas de protección social de los EB europeos, serán necesarios los ajustes fiscales, voluntaria o involuntariamente, merced, en gran medida, a la presión de los mercados financieros. La evidencia empírica corrobora que en situaciones similares del pasado las tasas de crecimiento económico se redujeron a corto plazo. Pero en una perspectiva a más largo término, la pesada losa de la deuda fiscal se aligeraría y podría facilitar la vuelta a una situación económica sostenible que preserve el mantenimiento de las instituciones del bienestar. En realidad, buena parte de estos vaticinios deben considerarse profecías que se autocumplen.[36]

En la percepción de los europeos, las diferencias en las prestaciones y subsidios sociales juegan un papel importante en la deslegitimación de las instituciones europeas: ¿cómo es posible que un jubilado alemán reciba una pensión de jubilación que, en términos relativos, es la mitad de la que percibe un coetáneo italiano, y se le pide que, por vía fiscal, contribuya a pagar la excesiva deuda pública transalpina? Semejante tipo de preguntas conforma de manera argumental un poderoso corrosivo del proceso europeizador en boca de políticos populistas e irresponsables. Idealmente, la introducción de una política social paneuropea, como la propuesta de un euroestipendio, podría contribuir a reforzar el MSE (Schmitter y Bauer, 2001). Tal prestación se otorgaría como ingreso mínimo para personas en situación de pobreza extrema (con ingresos menores a una tercera parte del promedio de la renta per cápita de los residentes en la UE-15).[37] Su aplicación generaría un mayor sentido de pertenencia e identidad política europea, y se fundamentaría en los valores compartidos de compasión y solidaridad reflejados en la existencia de «mallas de seguridad» o «últimas redes» de protección social existentes a nivel estatal en todos los países del Viejo Continente (analizadas en el capítulo II). Su coste sería equivalente al de la PAC y su implementación, como el de otras políticas comunitarias, podría llevarse a cabo respetando subsidiariamente los niveles de gobernanza multinivel y los principios operativos establecidos con el método abierto de coordinación.

No parece que los periodos de crisis sean momentos propicios para expandir a nivel institucional políticas y servicios sociales en el Viejo Continente. Todo parece apuntar a una situación de mudanza en la que la contención, y aun el inmovilismo, se proponen como máximas de (in)acción en un contexto impositivo que condiciona cualquier escenario de futuro para el EB, asunto que se analizará a continuación.

EQUIDAD FISCAL PROGRESIVA

La ciudadanía social en la Unión Europea se fundamenta en un sistema axiológico que considera la solidaridad y los derechos humanos como valores prevalentes respecto al arbitrio y al autointerés individualizadores. Estos últimos también se manifiestan en un alto valor al logro personal, principal recurso axiológico del capitalismo occidental contemporáneo. A pesar del reclamo común de la equidad fiscal, en forma de impuestos progresivos, las variantes de su puesta en práctica son esclarecedoras. Así, por ejemplo, se evidencia a ambos lados del Atlántico una neta fractura (*cleavage*) entre las actitudes, las convicciones y los valores de los ciudadanos respecto a la redistribución de las rentas como fundamento moral y económico en el mantenimiento de los EB.

En contraste con las creencias normativas de los europeos, la mayoría de los estadounidenses piensa que una persona rica no debería pagar más porcentaje de impuestos que una persona pobre (aunque, por ejemplo, uno obtenga réditos de 1 millón y otro de 100 dólares, pongamos por caso).[38] La noción del impuesto de tasa constante (*flat-tax*) ha ganado terreno en los últimos decenios entre los contribuyentes estadounidenses como forma de equidad fiscal, lo que contrasta nítidamente con la posición mayoritaria de los europeos, quienes convienen en que aquellos que disfrutan de una posición más acomodada en la sociedad deben contribuir en mayor medida —y no solo de manera proporcional— al bienestar social de la ciudadanía en su conjunto. A pesar de que el impuesto de la renta fue implantado como un programa nacional en Estados Unidos (provisión de la decimosexta enmienda de la constitución de 1913), su forma progresiva ha venido recibiendo un apoyo social cada vez menor en las encuestas públicas realizadas en este país (Lewis-Beck y Nadeau, 2009).

En la tradición política occidental, luego exportada por doquier como efecto del colonialismo europeo, el estado-nación contemporáneo ha concitado un alto nivel de legitimidad en la procura de protección y bienestar sociales como depositario institucional de la idea de ciudadanía. Tal entendimiento del estado se ha traducido en la actualidad en la instauración de sistemas fiscales progresivos, rasgo característico que se ha trasladado por elevación al nivel comunitario europeo. En realidad, todas las políticas auspiciadas por la UE conllevan, en sus asunciones conceptuales, un principio de la equidad fiscal progresiva que comporta que los estados miembros más ricos sean contribuidores netos, mientras que los más pobres resulten, a su vez, receptores beneficiados por los fondos comunes.

Otra importante implicación de la equidad fiscal progresiva, particularmente en los tiempos de crisis económica tras el crack de 2007, es la expectativa de que los costes extra para procurar la sostenibilidad fiscal de las economías del capitalismo del bienestar deberían recaer en mayor medida en quienes se han beneficiado del esfuerzo colectivo y más poseen. Sin embargo, los ganadores de la crisis (véase capítulo IV) no solo han incrementado la brecha de rentas entre los más ricos, y los más pobres han aumentado significativamente, sino que también apuntan a desmontar las costosas instituciones de solidaridad como el EB. Según datos de la OCDE, el 10 % más acomodado de la población de los 30 países analizados a finales de 2011 ganaba de promedio 10 veces más que el 10 % más desfavorecido. El organismo internacional consideraba que un aumento de impuestos para el 1 % de quienes ostentan rentas más altas facilitaría un margen para acometer políticas económicas anticrisis.[39]

Refractario a mantener los sistemas públicos de protección del EB, el pensamiento neoconservador ha argumentado de manera insistente que una gran detracción de rentas por vía impositiva a los que más poseen provocaría un efecto perverso, como el desincentivo a la inversión y, como consecuencia, la falta de crecimiento económico y el empobrecimiento general. Se ha argüido, asimismo, que la mejor manera de solventar el problema de los desincentivos fiscales a la inversión sería lograr un nivel óptimo de imposición (*optimal taxation*) [Sørensen, 2007].

Preferentemente en el mundo anglosajón, y en concreto en la sociedad estadounidense, se han hecho populares las posiciones antiimpuestos (*anti-tax movement*), que han contado en los últimos decenios con una creciente validación científica provista por académicos y gabinetes de expertos. El caldo de cultivo ya existía en Estados Unidos, donde el «sueño americano» (*American Dream*) siempre ha recelado del «gran hermano» gubernamental (*Big Government*). Según esta visión, el gobierno (estado) confisca, por mor de unos impuestos insaciables, buena parte del esfuerzo individual de los ciudadanos, auténtico generador de riqueza y prosperidad. No sorprende que importantes escuelas de pensamiento, como la elección pública (*Public Choice Theory*),[40] hayan florecido en los campus universitarios estadounidenses hasta ampliar su influencia a una realidad social poco conmensurable como la del continente europeo, donde aún existe, en líneas generales, una concepción más institucionalista del estado. Los ejemplos de prácticas particularistas y en su propio interés de colectivos de empleados (servidores) públicos han dado no poca importancia a las posiciones individualizadoras en Estados Unidos y que han sabido atizar ideológicamente a las comunidades epistémicas neoconservadoras y a las libertarias combativas del gobierno federal. Tales comunidades epistémicas han sido eficaces valedores de los intereses de los más acaudalados, personas físicas y jurídicas, que realizarían una mayor contribución impositiva si estuviesen sujetas a sistemas de equidad fiscal progresiva como los europeos.[41]

Sin embargo, y como consecuencia comunitarista de tal mentalidad individual, debe hacerse mención de las actividades filantrópicas, las cuales intentan devolver a la sociedad parte de lo que sus millonarios promotores recibieran de aquella y que posibilitó su enriquecimiento. El elenco de las grandes organizaciones filantrópicas y caritativas es extenso, pero destaca un rasgo común entre las más importantes, como su radicación en Estados Unidos y el Reino Unido (por ejemplo, Gates, Howard Hughes Medical Institute, Ford, Wellcome Trust o J. Paul Getty Trust, por citar algunas de ellas). Desde la perspectiva liberal anglo-norteamericana, el individuo es, una vez más, un actor principal en la procura del bienestar social mediante la magnificencia no exenta del reconocimiento personal.

No todos los partidos con posiciones neoliberales o neoconservadoras militan en contra de la equidad fiscal progresiva.[42] Paradójicamente, algunos partidos socialdemócratas, como el PSOE español, han incorporado las convicciones de aquellos en algunas de sus actuaciones de gobierno. Las declaraciones en España, por ejemplo, de Rodríguez Zapatero de que «bajar los impuestos es de izquierdas», la propuesta del tipo fiscal único, la eliminación del impuesto de sucesiones en las comunidades autónomas gobernadas por socialistas o la eliminación temporal del impuesto del patrimonio reflejaron, en su momento, no solo una incoherencia con sus electores, sino que también añadieron confusión al debate general de las ideas mediante imposturas ideológicas. En el apartado de las acciones concretas, la petición de amnistía para un gran banquero, activo militante contra el estado del bienestar,[43] no hizo sino incrementar el escepticismo de sus simpatizantes (véase el apartado «La pugna por la ciudadanía social: inconsistencias, imposturas e impunidades» en el capítulo IV).

De entre todas las variables que intervienen en las transformaciones del *welfare* en curso, cabe identificar el mantenimiento —en mayor o menor medida— de los sistemas fiscales progresivos como el requisito necesario —aunque no suficiente— para la continuidad de los EB europeos y, como resultado, para la pervivencia del propio MSE. En la preservación y extensión de la ciudadanía social, tarea inacabada de la cuarta fase del modelo de Europa teorizado por Stein Rokkan (Flora, 1999), la filosofía común de la progresividad fiscal condiciona, junto a la solidaridad de las transferencias entre territorios ricos y pobres, los desarrollos futuros de la UE y su gobernanza multinivel.

Ámbitos de ciudadanía y gobernanza

Los ciudadanos comparten identidades colectivas y lealtades entre los diversos niveles de gobierno. La gobernanza multinivel basa su legitimidad en tal partición. Cada eslabón de gobierno de la cosa pública sintoniza con el sentido de pertinencia e identidad colectiva de sus ciudadanos. Se parte de la premisa de que los europeos integran identidades desde lo local a lo supranacional, en diversos grados e intensidades, y sin necesidad de hacerlas exclusivas y/o excluyentes. En consonancia con esa idea, los ciudadanos europeos participan en la distribución e implementación de responsabilidades políticas en diversos contextos económicos, políticos y sociales desde lo comunitario europeo a lo local municipal.

En el ámbito del bienestar, los ciudadanos multinivel ejercen sus derechos y deberes de ciudadanía en el entendimiento de que los diferentes eslabones de la gobernanza adquieren mayor o menor protagonismo en la provisión de políticas públicas de acuerdo con sus preferencias y movilización políticas. El caso de España ilustra de manera cabal las diferentes legitimidades en la elaboración y provisión de políticas sociales. Ciertamente, las comunidades autónomas españolas han sido protagonistas de la expansión del bienestar social desde el inicio del proceso de descentralización a principios de la década de 1980. Buena parte de las políticas innovadoras del bienestar se han puesto en práctica gracias a la acción de los mesogobiernos que han tenido muy en cuenta las preferencias de los ciudadanos. Recordemos que una tercera parte de los ciudadanos españoles piensa que las comunidades autónomas deben ser responsables de la provisión no solo de servicios sociales, sino también de servicios sanitarios y educativos. Solo en el caso de las pensiones hay una mayoría (58 %) a favor de que sea la administración central la responsable de su gestión. Téngase igualmente en cuenta que un 15 % de los encuestados es favorable a que los municipios sean los responsables principales de la provisión de servicios sociales, porcentaje que, agregado al 34 % que piensa que deberían ser una competencia de las CC.AA., indica una preferencia de prácticamente la mitad de los españoles a que esta competencia de importancia crucial para afrontar los retos de los «nuevos riesgos sociales» sea una responsabilidad subestatal, regional y local, (CIS, 2005; Arriba, Calzada y del Pino, 2006; Calzada y del Pino, 2012).

Con carácter general, los datos que presentan las encuestas deben valorarse, preferentemente, en series longitudinales que abarquen prolongados periodos de tiempo. Es bien conocida la hemiplejía moral y las ambivalencias que ofrecen algunos resultados en el caso de España, como el conocido «doble lamento».[44] Tras el crack de 2007, en la legitimación de la igualdad y los sistemas de protección social en las democracias avanzadas del capitalismo del bienestar, parece predominar la explicación fatalista (la aceptación pragmática «de lo que hay») sobre la normativa (la construcción social de «lo que debería ser») [Noya, 2004].

El ejercicio de la autonomía política territorial, relacionado con los grandes principios europeos de la subsidiariedad y responsabilidad democrática (o de «rendición de cuentas», *democratic accountability*), pone también a prueba la sociabilidad del modelo europeo en sus distintos niveles de gobernanza. Ciertamente, al periodo de centralización característico de los procesos modernizadores, asociados a la revolución nacional y al desarrollo de los estados-nación, le ha sucedido uno de descentralización y subsidiarización, con un mayor protagonismo económico, político y social de los niveles institucionales subestatales (Marks *et al.*, 2008). Pero ello ha ido paralelo a procesos de agrupación de carácter supraestatal, no solo por imperativos de cariz económico, sino también por el empuje de una visión política de agregación supranacional, y ello a pesar de la resistencia de los estados nacionales (Moreno, 2003; Ferrera, 2005). Resta, asimismo, por comprobar cómo el reajuste de las vertientes funcional y territorial de la ciudadanía social puede alumbrar un renovado desarrollo del bienestar en el que el protagonismo sea más europeo, al estar los estados nacionales crecientemente condicionados —y cortapisados— por la acción global de las empresas y los mercados (Romero, 2011).

En la siguiente sección se analiza y reflexiona sobre la subsidiariedad, la crisis de representatividad democrática en Europa, así como los usos y disfrutes de bienes de servicios públicos que testan las (in)consistencias de la unidad en la diversidad europea.

SUBSIDIARIEDAD DEMOCRÁTICA Y RENDICIÓN DE CUENTAS

El principio de subsidiariedad fue formalmente proclamado en el Tratado de la Unión Europea de 1992, conocido como Tratado de Maastricht. Con carácter general, la subsidiariedad establece que las decisiones se tomen a nivel transnacional (las instituciones comunitarias) solo si los niveles estatal, regional y local no están en mejores condiciones para ello. En otras palabras, el ámbito preferido para los procesos de toma de decisión pública debe ser el más próximo al ciudadano.[45] Las élites políticas estatales, recelosas de la pérdida de poder e influencia como consecuencia de la evolución del proceso de europeización, han insistido en interpretar el principio de subsidiariedad como una salvaguarda para preservar la soberanía de los estados miembros y, por ende, su protagonismo exclusivo como actores políticos en sus respectivos países y en el conjunto de la UE.

De manera paralela a la europeización de carácter supranacional, la descentralización confronta el desafío de optimizar la asignación de recursos y competencias sobre la base de los principios de la subsidiariedad territorial y de rendición democrática de cuentas (*democratic accountability*). Las estrategias modernizadoras de los niveles subestatales de gobernanza[46] han encontrado en la subsidiariedad territorial un impulso renovado para la experimentación de nuevas políticas sociales y para adecuar los programas de bienestar a las situaciones generadas por los «nuevos riesgos sociales» durante la edad de plata del *welfare* (examinados en el capítulo II). En no pocos casos, las unidades de gobierno más próximas al ciudadano se han convertido en «laboratorios de democracia» (Goodin, 2008). Se arguye que la recompensa (*payoff*) de la innovación excede las ventajas de la uniformidad característica de los modelos verticales tradicionales del «ordeno-y-mando» estatalista. Es decir, cuanto mayor es la necesidad de innovación —de un nuevo problema o solución—, mayor es la lógica para que dicha función la asuma un gobierno subestatal (Donahue, 1997).

Son varios los argumentos a favor de una elaboración e implementación de políticas sociales que confrontan los NSR en los niveles de gobernanza más próximos al ciudadano, concretamente en los regionales y locales. Se arguye que se optimiza la cercanía en la programación del bienestar social, porque a menudo se trata de actuaciones más ajustadas a una cuestión de tamaño y de economías de escalas dada la naturaleza de las políticas sociales implicadas (por ejemplo, servicios de cuidados personales). Se favorece, asimismo, la rendición y el control democráticos al posibilitar el acceso a los niveles subestatales a la participación ciudadana en la gestión de los asuntos y gobiernos (por ejemplo, mediante redes programáticas y la formación de coaliciones de apoyo regionales y locales). Se añade legitimidad al proceso europeizador si se considera que algunos municipios y regiones han sido los grandes beneficiados de la financiación de la UE mediante la recepción de fondos estructurales y de cohesión. Además, y como consecuencia de la creciente interdependencia en los procesos de implementación de políticas, así como de la optimización de recursos públicos y privados, se favorece el partenariado del agregado del bienestar o *welfare mix*. Asimismo, la recalibración del *welfare* con el mayor protagonismo de regiones con una perspectiva de «localismo cosmopolita»[47] evita el padrinazgo y el clientelismo de las élites centrales de los estados-nación, a menudo responsables de corrupción y esclerosis institucional que deslegitiman el EB (en el capítulo II se han analizado algunos casos emblemáticos de efectos perversos, apropiaciones indebidas y riesgos morales).

En realidad, el énfasis en el criterio de proximidad en la vida social europea evidencia dos grandes crisis de la política representativa, tal y como la hemos conocido en los tiempos contemporáneos. Por una parte, los partidos mayoritarios insisten en sus estrategias de conquista del poder mediante ideas y estilos obsoletos y con discursos ideológicos de «más-de-lo-mismo». Es precisamente en el área del bienestar social, con la emergencia de los NSR y la composición de nuevas «categorías de riego» (*risk categories*) transversales a las tradicionales filiaciones clasistas y a los electorados partidarios, donde se evidencian carencias y desajustes en la democracia representativa de corte estatalista. No causa extrañeza que el discurso populista se manifieste de manera patológica en forma de rabioso antieuropeísmo y en contra de una inmigración a la que se victimiza y culpabiliza. Por otro lado, los imponderables de la globalización empujan irremisiblemente a una puesta en común continental en la que el eslogan de «más Europa» es manipulado por políticos nacionales según su propia conveniencia. Afloran nuevas sensibilidades políticas que reclaman la participación efectiva a nivel supra y subestatal. Empero, los canales de intermediación estatalistas tradicionales (partidos, sindicatos, asociaciones gremiales y profesionales) persisten en las prácticas clientelares, las corruptelas para el enriquecimiento personal y las inefables imposturas de predicar lo que no se hace, erosionando así el ámbito de lo público y promocionado —incluso indirectamente— el avance de las conductas asociales y del individualismo posesivo.

BIENES Y SERVICIOS PÚBLICOS

Dos elementos constitutivos esenciales de los EB europeos y del MSE son los bienes y servicios públicos. Los primeros evocan a la *res publica* romana al hacer referencia a las propiedades de la politeya o estado (aguas, bosques, carreteras o litoral, pongamos por caso), y afectan fundamentalmente a todos los bienes disponibles para su utilización por parte de la ciudadanía. Su rasgo característico es que el uso que hace de ellos una persona no evita su uso a otros (Ostrom y Ostrom, 1999). A pesar de que los bienes públicos son patrimonio del constructo político estatal, su usufructo es general para todos los ciudadanos.[48] Desde la perspectiva de la economía política, el dominio público se considera como el conjunto de bienes y derechos cuyos titulares son los poderes públicos (gobiernos central, regional, local y agencias, empresas y organismos gubernamentales varios) y son destinados al uso público. Entre los bienes públicos, los bienes sociales y los servicios públicos son aquellos cuya provisión podría realizarse con la lógica mercantil de los bienes y servicios privados, pero que son efectuados por los poderes públicos como acciones del EB al margen de la concurrencia lucrativa, y que son financiados por tasas e impuestos.

Los bienes y servicios públicos están enraizados en el propio concepto de procura pública inherente a los procesos de construcción estatal contemporáneos en Europa. Constituyen el agregado de prestaciones a disposición de los ciudadanos por parte de todas las administraciones públicas, y no solo de aquellas provistas por la administración general del estado al que espuriamente —como sucede en España con harta frecuencia— se le hace sinónimo de estado. Recuérdese que el término «estado» se utiliza en la Constitución de 1978 de manera dual.[49] La sentencia del Tribunal Constitucional de 28 de julio de 1981 aclaró la dualidad semántica insistiendo en la idea de que el estado debe ser considerado en su totalidad, lo que incluye a todas las instituciones de la administración central, autonómica y local. Sin embargo, los partidos estatalistas y la visión centralizadora de España han persistido en el error anfibiológico (Moreno, 1997).

En lo que respecta al bienestar social, los bienes y los servicios públicos facilitan las intervenciones de las políticas sociales, principales recursos operativos del EB (por ejemplo, infraestructuras y programas educativos o sanitarios). Como ya se ha apuntado, se trata de bienes y servicios que no discriminan entre los ciudadanos y de los que todos se aprovechan, en menor o mayor medida. Respecto a aquellos ciudadanos que se aprovechan en demasía o sobreexplotan el uso de los bienes públicos, debe traerse de nuevo a colación el asunto del gorroneo (*free-riding*) y de las apropiaciones indebidas, ya analizados. En el caso de los ciudadanos polizontes suele abundar la casuística de aquellos individuos asociales que solo toman de lo público lo que les beneficia, desinteresándose del bienestar del conjunto ciudadano. Y todo ello aprovechándose del principio de no exclusión de los bienes públicos. Esto les permite beneficiarse de la producción de bienes públicos sin contribuir a su sostenimiento o financiación. Se contraargumenta, desde la perspectiva de la eficiencia mercantil lucrativa, que casi todos los bienes y servicios tienen hoy en día visos de bien público, puesto que en mayor o menor grado casi todos generan externalidades positivas (efectos provechosos para terceros que no participan en las transacciones), por lo que no es posible establecer un criterio definidor de bien público. Por consiguiente, las conductas asociales del gorroneo no pueden (pre)fijarse moralmente. Dado, además, que los poderes públicos son incapaces de saber a cuántos ciudadanos reportaría satisfacción el bien público, ni si aquellos estarían dispuestos a renunciar a las alternativas de pagarlo, desde esta visión se ratifica al mercado como el único mecanismo de asignación fiable.[50]

Respecto a los servicios públicos, los efectos indeseados, las apropiaciones indebidas (efecto Mateo), las prácticas de acaparación y expulsión (*crowding out*) y los riesgos morales (*moral hazards*, analizados en el capítulo II) constituyen graves problemas en el funcionamiento del EB que cuestionan su eficiencia y existencia. Por lo general, la confrontación conceptual de bienes y servicios públicos y privados se realiza desde postulados morales divergentes respecto al papel que deberían cumplir el estado y los poderes públicos. La regulación de los servicios públicos y la imbricación institucional de estos y los bienes públicos en el entramado legal de la UE son asuntos que importan, y mucho, para el sostenimiento del MSE.

Entre el amplio abanico de servicios públicos, los sociales son considerados por las propias instituciones europeas como pilares del modelo socioeconómico europeo. La Comisión Europea califica los servicios sociales como esenciales para la vida cotidiana de las personas y fundamentales para garantizar la cohesión social, económica y territorial. Confirma la Comisión, asimismo, su carácter público para su financiación, su extensa cobertura y su carecer integrado, personalizado y polivalente, y en cuya prestación los proveedores sin afán de lucro desarrollan un papel destacado. La organización del sector es una competencia de los estados miembros de la UE (Rodríguez Cabrero, 2011).

La que se conoce como directiva Bolkestein formuló en su propuesta de enero de 2004 la liberalización del mercado de servicios [COM (2004), de 21 de 13.1.2004]. Como parte de la estrategia de Lisboa, el objetivo no era otro que establecer un marco jurídico que amparase la libertad de establecimiento de los prestadores de servicios de interés general y la libre circulación de los servicios entre los estados miembros. El objetivo de dicha regulación era un reforzamiento de los derechos sociales ciudadanos, así como una mejora en la calidad de los servicios. Todo este proceso ilustra cómo un área, reservada a la actuación y responsabilidad de los estados miembros, ha sido gradualmente europeizada, aunque han persistido los conflictos y contraposiciones generadas principalmente por las reticencias nacionales en la creación de un mercado interior de servicios públicos.

Ya el informe Kok de 2004[51] indicaba que, en el periodo 1997-2002, la práctica totalidad de los nuevos empleos creados en el ámbito de la UE había tenido lugar en el sector servicios de las economías estatales. Se enfatizaba la generación de actividad laboral en un sector de gran potencial expansivo. En especial, y como consecuencia de las transiciones demográficas, los denominados servicios sociales personales eran identificados como nichos laborales por la creciente necesidad de cuidados, especialmente para los mayores y para aquellos ciudadanos en estados carenciales. Tras fuertes discusiones y debates, entre otros asuntos, acerca de la posibilidad —y la consiguiente regulación— de la prestación de servicios desde un estado miembro a otro, se aprobó la directiva (Directiva 2006/123/CE del Parlamento Europeo y del Consejo), si bien se suprimieron algunos aspectos de la propuesta original, tales como la eliminación de los servicios de salud y algunos servicios sociales. Además, se suprimió el denominado «principio del país de origen».[52]

El proceso de modernización de los servicios sociales auspiciado por la Comisión Europea ha abogado por una descentralización hacia el nivel local o regional. Otras sugerencias inciden en el establecimiento de nuevos partenariados entre lo público, el altruismo organizado y el sector mercantil, así como en la conveniencia de asumir la evaluación comparativa y, como alternativa de viabilidad financiera, proceder a la externalización al sector privado —lucrativo y no lucrativo—, manteniendo a los poderes públicos como guardianes de una competencia regulada (Casas, 2010). Como no podía ser menos, la discusión en torno a los bienes y servicios públicos hace aflorar, de nuevo, la dicotomía entre lo particular y lo general en el proceso de europeización.

UNIDAD Y DIVERSIDAD DEL *WELFARE* EUROPEO

Como ya se ha reiterado, la génesis y la consolidación del *welfare state* europeo estuvieron conformadas por la propia constitución y evolución de los estados nacionales.[53] La mayor competencia en la elaboración y provisión de las políticas sociales continúa siendo una responsabilidad exclusiva de los estados miembros de la UE. Sin embargo, y según lo señalado en el apartado anterior respecto a la regulación comunitaria en materia de bienes y servicios públicos, la construcción de confines de competencias en torno al *welfare* es elusiva, incluidos aquellos que afectan a programas nacionales ya maduros y de larga trayectoria, como los relativos a la cobertura de los riegos de la vejez. La incentivación de las pensiones privadas complementarias a las prestaciones nacionales y sus implicaciones para los mercados internacionales de seguros ilustran la ósmosis y puesta en común regulatoria en temas que afectan a la unión fiscal europea.

El hecho de que el EB se entienda como algo propio de cada nación europea socava —aun inintencionalmente— la idea de unidad y coherencia del MSE. En los países europeos donde se ha desarrollado con más generosidad el modelo universalista de EB (países nórdicos), se recela de la unidad del modelo europeo, ya que podría conllevar una reducción en sus altos estándares ampliamente legitimados en largos periodos de tiempo. La colisión normativa entre una Europa cada vez más unificada y una pervivencia soberana de los estados miembros solo es viable con la aplicación del principio federalista, que establece la conciliación de la unidad y diversidad mediante el pacto político entre los países constituyentes de la UE. Dicha filosofía federalista ya se ha encarnado en algunas instituciones de corte federal como son el Parlamento, el Tribunal de Justicia o el Banco Central Europeo (Moreno y Colino, 2009). Pero nacionalismos y populismos de índole heterogénea recelan del «gran hermano» comunitario y cortapisan, en la medida de su fuerza electoral variable, el proceso europeizador. La contienda entre ambas concepciones europeístas y nacionalistas es un conflicto abierto e inacabado.

El modelo socioeconómico europeo, tal y como se argumenta en el presente ensayo, descansa fundamentalmente en la pervivencia de los EB en los países miembros constituyentes de la UE, los cuales son la plasmación institucional de un capitalismo de bienestar que ha facilitado altos grados de prosperidad económica y cohesión social desde la Segunda Guerra Mundial. Una conceptualización así no exige *a fortiori* la plasmación institucional homogénea y única de un tipo de *welfare state* en todos los países del Viejo Continente. Corporatismo, cogestión, desregulación o flexiguridad son variantes de diversas institucionalizaciones de bienestar social en países con semejante gasto social, tales como Francia, Alemania, Reino Unido o Dinamarca, pongamos por caso. Las diferencias del *welfare* entre estos países son reconocibles. También lo es la efectividad y la lógica operativa de sus EB. Los amplios sistemas contributivos galos y teutones, el Servicio de Salud británico (National Health Service), o la protección garantizada en la rotación de empleo y desempleo son rasgos individuales de un modelo europeo común que se muestra en diferentes encajes institucionales y diversos tipos de EB.

Con la evidencia empírica recogida tras analizar datos longitudinales de una serie de indicadores y variables, se ha argumentado que el grado de diferencia interna entre los EB europeos es mayor que el existente entre el *welfare* europeo y el norteamericano (Alber, 2006, 2010). Cabe completar tal aseveración con la constatación de que, a pesar de su diversidad, no cabe hablar de diferentes modelos sociales europeos, sino de diversas trayectorias internas, pero con fundamentos morales y axiológicos compartidos. A pesar de su diversidad, las variedades del capitalismo del bienestar pasaron a compartir unos mismos objetivos estratégicos y una idéntica preocupación por la optimización del capital humano en el seno de los mercados nacionales para tratar de conseguir posiciones de ventaja comparativa en el mercado global.[54] España, por ejemplo, se considera un país representativo de la variedad mixta en la categoría del capitalismo coordinado, pero el despliegue de sus estrategias de economía política y social en los últimos decenios ha sido similar al de otros países capitalistas coordinados europeos (Alemania, Francia o Italia, por ejemplo).

Recuérdese que la propia UE asumió a finales del segundo milenio un cambio paradigmático desde el keynesianismo al monetarismo. Propuestas de corte neoliberal se asociaron a un cambio de paradigma en la formulación e implementación de políticas públicas, basado en: (a) mercados laborales desregulados y polarización salarial; (b) individualización de las expectativas vitales; (c) control financiero de la actividad productiva; y (d) irrestricto movimiento de capitales especulativos. Los gobiernos de centro-derecha y centro-izquierda se aplicaron por igual a desarrollar las nuevas recetas para el crecimiento económico, lo que produjo como efecto colateral una mayor sintonía interna con el modelo europeo. El ejemplo de la activación laboral ilustra la unidad de acción de las políticas económicas —y sociales, como subrogadas de aquellas— de los estados miembros de la UE (Serrano Pascual y Magnusson, 2007).[55]

El nuevo paradigma económico había asumido las pautas del estado activador schumpeteriano, con el establecimiento de la prioridad por la libertad del mercado como principal referente de economía política y condición *sine qua non* para el éxito económico. Importaba menos si, en aras del crecimiento y la rentabilidad inmediata a fin de recompensar a los accionistas e inversores financieros, se producía el conocido proceso de «destrucción creativa» (Schumpeter, 1943). Eventualmente, con la desregulación generalizada se promocionaría la creación de nuevas empresas en nuevas actividades que compensarían la destrucción de empleo y sectores productivos protegidos. La finalidad no era otra que fortalecer la competitividad de las economías nacionales subordinando las políticas de bienestar a las demandas de flexibilidad, e incentivando la autorresponsabilización de los ciudadanos en la procura de su propio bienestar (Jessop, 1994; Moreno y Serrano, 2007). Frente a un estado garantizador de tutelas sociales (*entitlement state*) se reclamaba un estado facilitador (*enabling state*), en el que la solidaridad (responsabilidad colectiva) como legitimadora de la acción pública desplazara su énfasis en la responsabilidad del individuo. Las reformas de las políticas fueron justificadas por la mayoría de los gobiernos como requisitos ineludibles a fin de cumplir con los criterios establecidos en el Tratado de Maastricht. Las dinámicas económica, política y social pasaron a conformar un discurso político dominante en el que los cambios se consideraron inevitables en el proceso de europeización (Scharpf, 1996).

En realidad, dentro del sistema general de relaciones estado-mercado existen variantes (anglosajona, continental, renana, mediterránea o nórdica) que se han adaptado a las reglas y supuestos comunes de la UE (Paramio, 2009). Lo que comparten las sociedades europeas es el convencimiento de que los poderes públicos son responsables de amparar la igualdad de oportunidades y la cohesión (justicia) social. Todo ello implica mantener una alta carga fiscal con sistemas de impuestos progresivos, auténtico rasgo diferenciador del modelo europeo, y sometido a una gran incógnita de futuro tras el crack de 2007.

El EB es la institución definidora del MSE. No existe este último si desaparece aquel. Los efectos de la mundialización según el patrón globalizador anglo-norteamericano desafían la sostenibilidad económica de un modelo como el europeo. Este, en cualquier caso, necesita renovación y ajustes. Más allá de la adopción de un cambio civilizatorio respecto a un capitalismo de corte austero, la necesidad en Europa de una economía competitiva y dinámica, con una alta productividad y la generación de valor añadido en sus productos, se presenta como una aspiración a fin de preservar la sociabilidad de su modelo. Estos asuntos ocupan la atención del último capítulo del presente ensayo.

IV

BIENESTAR SOCIAL EN LA ECONOMÍA GLOBAL

INTRODUCCIÓN

La mundialización económica ha conllevado una paulatina transferencia de autoridad y poder desde los estados nacionales a los mercados internacionales. Durante la edad de plata del *welfare* (1976-2007), la índole de la competencia y las pautas de conducta económicas fueron determinadas por nuevos patrones del mercado global y de las estrategias corporativas en el ámbito transnacional. El tipo de competencia doméstica e internacional pasó a estar cada vez más condicionado por expectativas y percepciones construidas ideológicamente —a menudo de manera subrepticia y subliminal— y en aras de un pretendido rigor económico y de respeto a las «leyes naturales» del mercado. En este proceso de persuasión general, el concurso mediático de los grupos de comunicación transnacionalizados, así como las estrategias de las empresas multinacionales y los grandes conglomerados financieros, han sido elementos clave que han contribuido a difundir la prevalencia de los nuevos patrones del mercado global

Los efectos exógenos y endógenos en los EB inducidos por la globalización en la vida de los países no son fáciles de cuantificar o determinar causalmente. Se sostiene que las tesis de la globalización económica y las prescripciones políticas desreguladoras responden a una universalización de la experiencia anglo-norteamericana, mediante la cual los EB deberían adecuar sus propias peculiaridades nacionales, económicas, políticas y sociales a las exigencias globales del capital, canalizadas a través de los centros financieros internacionales, y sobre todo, a través de Wall Street, en Nueva York, y la City londinense. En el establecimiento de relaciones de afinidad entre el mito del mercado libre y las estrategias corporativas multinacionales, la acción de los gobiernos —y sus abundantes inyecciones de dinero público— habría coadyuvado al mantenimiento de un tipo de globalización en el que los EB se verían inevitablemente abocados a reformarse o desaparecer (Fligstein, 1996).

¿Cabe, pues, considerar la globalización como una ideología? Parece desproporcionado inferir, como repiten los valedores de la nueva economía globalizadora, que a los viejos trabajadores fordistas no les queda otra opción que ceder en sus prerrogativas. Deberían, según tal visión, apretarse el cinturón en el nuevo escenario mundial a fin de permitir nuevas acumulaciones de capital con la promesa de la creación de nuevos empleos. En el ínterim, aumenta el marxiano «ejército industrial de reserva de parados» (*reserve industrial army of the unemployed*) y la globalización consolida las posiciones de ventajas adquiridas en el mercado por las élites económicas mientras triunfa la política del arramble (*winner-takes-all*), analizada en la sección final de este capítulo.

El efecto más evidente de la globalización en el Viejo Continente es el de la pretendida superación del estado-nación como arena central en la que se ha venido representando la trama de la vida económica durante las dos últimas centurias.[1] En la actualidad, el estado-nación europeo asiste como espectador, en muchas ocasiones pasivo, a la vorágine de las transacciones financieras planetarias. Recuérdese que, en proporción al PIB, el valor de las transacciones financieras en 1990 equivalía, aproximadamente, a quince veces el PIB mundial. Una vez desencadenada la crisis económica, tras el crack de 2007, tal proporción se elevaba a 70 veces el PIB de todo el mundo. Si se considera que las transacciones al contado representaban en 2010 casi el mismo porcentaje del PIB global que en 1990, el incremento de las transacciones financieras en un periodo de apenas 20 años ha rondado el 400 %, y ha correspondido casi por completo a productos derivados y otros instrumentos financieros de nuevo cuño (Nyberg, 2011). Los gobiernos han sopesado mucho intervenir a contrapelo de tales flujos por el temor a provocar reacciones adversas en los mercados financieros. Las antaño influyentes políticas económicas estatales se han plegado en numerosas ocasiones y situaciones a las constricciones impuestas por el mercado global.

Pero el elemento más importante de la mundialización ha sido de carácter perceptivo (Strange, 1995). Lo que sucede en la realidad de las cosas no es tan inexorable como lo que se percibe que puede acaecer si no se actúa de acuerdo con unas expectativas preestablecidas. En este sentido, los gobiernos frecuentemente se desenvuelven dando por descontado procesos causales que, de otra manera, se desarrollarían en contra de sus previsiones iniciales. Por consiguiente, y al margen de los beneficios *per se* de las políticas a implementar, actores, gobiernos y grupos de interés o presión estatales actúan condicionados por su percepción de que deben alinearse con el resto de sus competidores o socios en su contexto económico, político y social. De lo contrario, perciben que serían penalizados por el ejercicio de su autonomía o la aplicación de intervenciones heterodoxas o contracorriente (véase la siguiente sección).

Los gobiernos de los países del primer mundo continúan elaborando sus estrategias pensando, ante todo, en los mercados financieros globales a fin de atraer inversiones de capital, facilitar localizaciones industriales en sus países u obtener financiación para su deuda en condiciones favorables. Los tres objetivos son muy importantes para las democracias (pos)industriales avanzadas, pero quizá sea el mantenimiento de una alta tasa de empleo el de mayor repercusión para los EB. Los empleos se han convertido en un bien escaso también a nivel global. Recuérdese que los EB siempre han incorporado en sus códigos genéticos —cualesquiera que fuesen su desarrollo institucional o lógica del bienestar— la aspiración por el pleno empleo. Los efectos de la mundialización manifestados en las deslocalizaciones industriales y en sus secuelas, por ejemplo, del incremento de las desigualdades en la distribución de la renta o de polarización en los mercados laborales, afectan sobremanera a los encajes internos de los EB.

Y es que, en un proceso agudo y rápido, la globalización ha posibilitado la deslocalización hacia países de actividades industriales y productivas más baratas (fundamentalmente los asiáticos, donde las políticas públicas de bienestar son prácticamente inexistentes). Además, aceptan como insoslayable la fijación de marcos de actuación económica auspiciados por instituciones internacionales tales como el Banco Mundial, el Fondo Monetario Internacional, el Acuerdo General de Comercio-GATT o la Organización de Cooperación y Desarrollo Económicos. Los países del segundo y tercer mundo son también objeto de las actuaciones de los organismos transnacionales, generalmente alineados con los intereses del modelo globalizador anglonorteamericano. Las decisiones y comportamientos de tales instituciones (por ejemplo, el Consenso de Washington) asumen la inevitabilidad de la globalización económica y transmiten presupuestos ideológicos a países no siempre en condiciones de seguir las pautas socioeconómicas del modelo globalizador. Expuestos a los efectos de los flujos de capitales, los países menos desarrollados, o en vías de desarrollo, sufren las consecuencias de políticas de ortodoxia económica, y en ocasiones asisten a la retirada masiva de capitales especulativos por motivos no siempre achacables a los propios errores.[2]

Las reglas y pautas globalizadoras no son territorialmente neutrales. El mercado no se rige exclusivamente por intereses de rentabilidad al margen de los factores territoriales. En la consideración de las plazas financieras para realizar inversiones de capital o localizaciones de nuevas industrias, priman los tipos de interés y los incentivos de radicación. Pero también lo hacen circunstancias menos tangibles como pueden ser el desarrollo institucional y político del país destinatario, su sistema educativo, o las afinidades de lengua y cultura entre origen y destino transaccional. Además, y como ya se ha señalado en el capítulo III con relación a la supuesta morosidad y prácticas de gorroneo de los países PIGS en Europa, la importancia de los estereotipos en el modo de abordar las crisis (y sus contagios) no puede dejar de resaltarse. Asimismo, las acciones de los nacionalismos estatalistas a menudo contribuyen a reforzar los prejuicios culturales en las decisiones de los mercados. Las derivas populistas, como muestra el caso de Berlusconi e Italia, no hacen sino aumentar con harta frecuencia la presión para que las corporaciones financieras no inviertan en países que por sus características y niveles de desarrollo deberían ser plazas seguras de rentabilidad.[3]

Globalización y mundialización económica provocaron durante la edad de plata del *welfare* (1976-2007) una competencia entre las democracias avanzadas del bienestar, e incentivaron patrones de competencia desleal social o fiscal (*dumping*), desregulación generalizada, y pérdida de derechos laborales a fin de ganar competitividad en los mercados internacionales.[4] Además, durante dicho periodo de globalización, cobraron también relevancia las comunidades epistémicas, los gabinetes de expertos (*think-tank*) o las compañías de consultoría internacional con ideas favorecedoras del modelo de concurrencia global.

Los estados nacionales europeos han perseverado por mantener las lógicas de funcionamiento y los encajes institucionales de sus EB. Sin embargo, se enfrentan a grandes desafíos de la economía global, que se manifiestan en: (1) un cambio tecnológico revolucionario, a consecuencia del cual comunicación e información conforman una nueva planta en la vida socioeconómica y que, entre otros efectos, provoca la deslocalización de empleos; (2) mercados estructurados horizontalmente y conglomerados reticulares ajustados a un capital internacional bastante especulativo y móvil; (3) una interpenetración de carácter político en los niveles continental, e inter- y sub-estatal, que pugna por la supervivencia del MSE (y del euro, examinado líneas abajo).

Ante tal estado de cosas, y con el propósito de superar las constricciones impuestas por los nuevos actores internacionales financieros, los ciudadanos europeos se ven abocados a suscribir un nuevo compromiso o contrato social que pueda preservar sus derechos como ciudadanos y sus conquistas sociales. El resultado de semejante reto aparece incierto en una edad de bronce del *welfare* (2008-¿?) que mantiene rasgos identificativos esenciales de sus EB, pero que se desenvuelve en un proceso que tiende a cambios sistémicos y estructurales negadores de su propia supervivencia. Las observaciones recogidas en este capítulo se concentran en el análisis de tales desarrollos.

PRESIONES FINANCIERAS E INEVITABLES RECORTES

Los efectos del crack de 2007 en Europa han sido más profundos y perniciosos que los de la gran depresión provocada por el crash de 1929. Si, por ejemplo, se compara el crecimiento del PIB de una democracia industrial avanzada como Italia, llama la atención que tras 5 años negativos de crecimiento, su PIB alcanzase en 1934 el mismo nivel anterior de 1929, circunstancia que está lejos de producirse respecto a 2007 (Kugman, 2012). Los efectos de las presiones de los mercados financieros en un país con un alto nivel de endeudamiento público como el italiano hacían inevitable, a finales de 2011, no solo la contención del gasto gubernamental, sino también el recorte en generosas partidas presupuestarias del sistema de la seguridad social, como las pensiones de jubilación. Poco parecía influir en la presión de los mercados el relativamente bajo nivel de endeudamiento privado comparado con el considerablemente más alto de España (más del doble que el italiano), donde otro indicador sensible de la economía, como el paro, alcanzaba a casi un cuarto de su población activa laboral (en contraste con apenas el 10 % del caso del país transalpino). Líderes de la opinión mediática comentaban que, tanto en el caso italiano como en el español, la principal razón del acoso de los mercados financieros se debía al expeditivo deseo de obtener más rentabilidad de los préstamos proporcionados a estos países, lo que no cuestionaba la fiabilidad de los países involucrados para honorar el pago de su deuda. En realidad, y según análisis efectuados respecto a la situación en el Reino Unido, se calculaba que una mínima parte (alrededor del 1 % del PIB en el caso británico, excluidos los gastos en inversiones) era el elemento estructural del déficit público no relacionado con los vaivenes del ciclo económico (Corry, Valero y Van Reenen, 2011).

Al incidir en la inevitabilidad de los recortes públicos —buena parte de los cuales afectaban al gasto social— se citaba la conveniencia de llevar a cabo buenas prácticas, como, por ejemplo, fue el caso de un país no europeo como Canadá. Con la profunda crisis económica de 1994-1995, el país mostraba unos indicadores económicos similares a los de los países europeos en dificultades tras 2007: déficit presupuestario de casi el 7 %, una deuda pública que superaba el 70 % del PIB, y casi una tercera parte de la recaudación fiscal destinada al pago de los intereses de la deuda soberana. Tras un periodo de ajuste fiscal basado en una estricta austeridad y equilibrio presupuestarios, Canadá esquivó la crisis e incluso realizó inversiones sociales en su europeizado EB, con la implementación en 1997 del programa de prestaciones de ayudas a los niños. El ejemplo canadiense pretende indicar a los países europeos en dificultades económicas una exitosa senda de recuperación con la aplicación no solo de disciplina fiscal y austeridad presupuestaria, sino también con la inversión en el bienestar social de las personas.

Como contrapunto al caso canadiense, cabe hacer referencia a las reformas alemanas iniciadas por los gobiernos de Gerhard Schroeder, en coalición con Los Verdes tras su segunda victoria electoral en septiembre de 2002 (a pesar de la elevada tasa de desempleo) y que se plasmaron en el programa de la Agenda 2010. Se hicieron efectivos cambios en la legislación laboral o en las pensiones (con un retraso, por ejemplo, de la edad de jubilación de los 65 a los 67 años, luego seguido por la mayoría de los países de la UE). Recuérdese que las duras políticas de austeridad propiciadas por el canciller socialdemócrata y la coalición rojiverde produjeron estrictas políticas de austeridad en el gasto público social y estabilidad de las finanzas públicas Tales medidas fueron ampliamente criticadas porque parecían ir a contracorriente de una estrategia de crecimiento que no solo lastraba a la economía alemana, sino también al resto de las europeas al considerarse aquella la auténtica locomotora continental. Con el paso de los años, tales actuaciones fueron continuadas —y si acaso acentuadas— por las políticas de la canciller cristianodemócrata Angela Merkel. Los logros del programa alemán, apoyado en un dinámico sector exportador y en su diversidad industrial, se mostraron como el recetario mágico para vencer la crisis desatada en 2007. La tasa de desempleo había fluctuado, tras la victoria electoral en 2002 de la coalición rojiverde liderada por Schroeder, de un 8 % (3,5 millones de parados), a un 10,7 % en 2005 (4,5 millones de parados) y, finalmente, a un 7,3 % (3 millones de parados) a inicios de 2012.[5]

Las lecciones que se extraen de los anteriores ejemplos no apuntan al deceso ineluctable del EB europeo, sino más bien a su ineludible reforma y (re)adaptación. ¿Es posible invertir socialmente y crear empleo, aun manteniendo los objetivos de disciplina fiscal, y de presupuestación cero? La respuesta atañe a la elaboración de políticas sociales innovadoras que neutralicen, entre otros propósitos, los efectos indeseados y hasta perversos en la cobertura de los «viejos» riesgos sociales (gasto sanitario ineficiente, pongamos por caso).

Buena parte de las propuestas de nuevas políticas sociales pretende optimizar sus efectos y rendimientos, pero no sustituirlas enteramente. Poco acuerdo existe en Europa respecto al mantenimiento, por ejemplo, de un gasto incontrolado en pensiones de jubilación, basándose principalmente en los potenciales efectos perversos del aumento geométrico de su gasto y en el acaparamiento generacionalmente inequitativo de mayores recursos del bienestar social por parte de las cohortes más envejecidas. Entre otros rendimientos indeseables, si se incrementasen las cuotas de las cotizaciones sociales a los sistemas de reparto de la seguridad social (*pay-as-you-go*) para mantener de manera proporcional las prestaciones monetarias a una cada vez más longeva ancianidad, se detraerían no solo rentas a las generaciones más jóvenes de asalariados,[6] sino que también aumentarían los costes del factor trabajo. Ante dicha perspectiva, se ha propuesto como alternativa un aumento progresivo en las retenciones obligatorias de los salarios destinados a los mayores, así como una disminución en la regresividad en las deducciones fiscales a quienes suscriban planes de pensiones privados complementarios. Sirva este ejemplo relativo a las pensiones como botón de muestra del tipo de políticas sociales cuyo acento se concentraría en una optimización de los recursos y una evitación de las ineficiencias por el propio EB, sin estar abocadas inexorablemente a su eliminación y eventual sustitución por la individualización privada, mercantilizada o no, del «viejo riesgo» de la vejez.

Junto a actuaciones como la anteriormente expuesta relativa al envejecimiento y la equidad intergeneracional, y encaminadas a convertir el tradicional gasto de las políticas del bienestar en inversiones sociales que se adecuen a la cobertura de los «nuevos riesgos sociales», se ha propuesto acometer otros dos grandes retos en la edad de bronce del *welfare* que redunden en la sostenibilidad futura de los EB europeos: (a) favorecer el empleo de las mujeres y la igualdad entre mujeres y hombres, y (b) garantizar la igualdad entre los niños, como mejor estrategia para aumentar el capital humano de las sociedades europeas (Esping-Andersen y Palier, 2010). Siguiendo, en buena medida, la pauta ya ensayada en los EB nórdicos de potenciar servicios sociales tales como guarderías o centros de día, se propone priorizar la creación de puestos de trabajo para las mujeres y la conciliación entre hogar y trabajo. Respecto a esto último, la asunción de mayores cotas de responsabilidad en el trabajo doméstico por parte de los hombres permanece, no obstante, como el gran desafío para asegurar una efectiva igualdad entre géneros (Salido y Moreno, 2009).

Para Gøsta Esping-Andersen (2007), la inversión en los más pequeños, con la provisión de unos ingresos mínimos a las familias y la ampliación de la educación infantil al periodo de 0 a 3 años, evitaría itinerarios posteriores de exclusión social en la trayectoria vital de las personas y forjaría una mano de obra con mejor formación, con más movilidad y cualificada, lo cual generaría en el futuro un mayor valor añadido a los productos europeos en la futura concurrencia económica global. Un valor añadido, en suma, que paliase los efectos negativos para los EB europeos de la deslocalización de sus empresas y las prácticas del *dumping* social y de competencia a la baja (*race to the bottom*), y que incrementase la productividad mediante la innovación, la excelencia productiva y el espíritu emprendedor en un contexto de renovada competitividad en el comercio internacional. Una concurrencia que, en términos de transacciones monetarias, estuviera altamente condicionada por el mantenimiento del euro como moneda única europea, aspecto analizado a continuación.

¿UN EURO SÓLIDO EN LA CONCURRENCIA GLOBAL?

Hasta la creación del euro en 1999, y su puesta en circulación el 1 de enero de 2002, el dólar estadounidense no solo ostentaba un cuasi monopolio monetario en las transacciones comerciales mundiales, sino que también había sustituido al patrón oro como valor de referencia de la riqueza de las naciones. En los inicios de la década de 1970, y ante las crecientes fluctuaciones de la divisa norteamericana (agudizadas posteriormente con la crisis de 1973 y la subsiguiente inundación mundial de petrodólares), John Connolly,[7] a la sazón secretario del Tesoro estadounidense, había realizado su famosa declaración de que el dólar: «es nuestra moneda, pero es su problema», en alusión a las economías europeas y del resto del mundo. Recuérdese que los acuerdos de Bretton Woods de 1944, que establecían la paridad de 35 dólares por onza de oro, se derrumbó cuando Estados Unidos dejó de poseer el 80 % de todas las reservas mundiales de oro. A pesar de ello se incrementaron los dólares circulantes. Al no ser respaldados por las reservas en Fort Knox, Richard Nixon suprimió en 1971 la convertibilidad entre oro y dólares estadounidense, creándose «vuestro» problema mundial, según las mencionadas palabras de Connolly.

Como no podía ser menos, la existencia de una divisa alternativa al dólar estadounidense en la economía mundial ha creado tensiones y no pocas reticencias procedentes del otro lado del Atlántico. Washington no se ha mostrado dispuesto a acordar una reforma monetaria mundial que pudiera limitar su soberanía fiscal y, por consiguiente, no ha renunciado a emitir su moneda de manera discrecional, como lo hizo profusamente durante años en la barra libre auspiciada por Alan Greenspan, gobernador de la Reserva Federal desde 1987 a 2006. Tampoco consideró una prioridad equilibrar sus enormes déficits por cuenta corriente. La compra masiva de la exponencial deuda estadounidense fue financiada por los capitales de países emergentes y, fundamentalmente, por China, la cual se ha convertido en el auténtico árbitro de las guerras de divisas. En paralelo, y con su inicial consolidación como moneda alternativa al dólar estadounidense, el euro no solo ha detraído recursos de financiación de la deuda norteamericana, sino que también ha expuesto a las desiguales economías de los 17 países del euro a los efectos de una especulación internacional que invierte utilizando ambas monedas a su propia conveniencia de rentabilidad. Como ya se ha apuntado en el capítulo anterior, los fallos de diseño de la eurozona no han hecho sino agudizar los problemas de la moneda común (por ejemplo, inexistencia de una política fiscal común, falta de coordinación de las políticas económicas, encorsetamiento de las funciones del BCE —que no puede operar como prestamista de último recurso—, o falta de voluntad para permitir las transferencias entre países de la UE a través de mecanismos de compensación interterritorial característicos de los sistemas federales).

Por otra parte, y teniendo en cuenta que los grandes centros financieros mundiales se hallan radicados geográfica y culturalmente en países anglosajones, con monedas locales en competencia con el euro (Wall Street y la City londinense), el resultado inevitable ha sido la creciente presión ejercida a la eurozona para que algunos de sus países más expuestos paguen un sobreprecio a fin de financiar sus deudas soberana y aquellas contraídas por familias y privados.[8] En el límite, el escenario resultante de dicha presión sería la desaparición del euro como moneda única y la recuperación de las viejas monedas nacionales (franco, lira, marco o pesetas, pongamos por caso).

En algunos momentos críticos de la crisis de la deuda soberana durante 2011-2012, la desintegración del euro se presentaba como una opción más que plausible y, con ella, el fin del proyecto de una Europa unida. En realidad, la adopción del euro como moneda había implicado que cualquier decisión y cualquier crisis se volviesen sistémicas para el conjunto de los países de la eurozona. Después de ser intervenidas las economías de Irlanda, Islandia, Portugal y Grecia, el temor a un posible contagio se extendía a otros países como Italia, España, Bélgica e incluso Francia. Para el común de las gentes en la UE, el desmantelamiento del euro y la resurrección de las viejas monedas nacionales podrían suponer una devaluación de casi la mitad de sus ahorros. Además, se especulaba con la introducción de controles cambiarios y restricciones a la disponibilidad de los ahorros en los bancos, como sucedió con el «corralito» en Argentina.[9]

La posible muerte de la moneda única se vislumbraba con unos efectos perniciosos para el bienestar social de los ciudadanos. Empero, aquellos países que sufrían en mayor medida su propia incapacidad de financiación persistían en enfoques estatalistas a fin de resolver por sí solos sus problemas económicos. Su resistencia a aceptar decisiones mancomunadas y «más Europa» ponía en riesgo la capacidad de concurrencia global, no solo del euro como moneda única en competencia con el dólar estadounidense, sino también la del propio modelo socioeconómico europeo relacionado con el capitalismo del bienestar. Todo parecía apuntar a una rebaja de la sociabilidad del modelo europeo en aras de una mayor competitividad económica. En términos más contingentes, la crisis de la deuda soberana y del euro hicieron reemerger viejas pautas características del modelo renano de capitalismo coordinado que se creían obsoletas y que, muy al contrario, ganaban predicamento al revalidar sus tesis de una mayor disciplina fiscal y una mayor coordinación económica.

Recuérdese que, a finales del siglo XX, el modelo alemán de capitalismo coordinado era denostado por su supuesta rigidez y obsesión por un crecimiento prevalentemente a largo plazo y sin inflación. Pero tras la crisis desatada en 2007, el modelo se mostraba más saludable que nunca con el establecimiento de relaciones estratégicas entre corporaciones y bancos públicos, buena parte de ellos regionales,[10] lo que había permitido una financiación y un planeamiento prolongado exento de las urgencias de la rentabilidad inmediata proclamadas por el «casino» capitalista anglo-norteamericano.[11] Este último ha acusado reiteradamente al modelo renano de *crony capitalism* (capitalismo de «compadreo»), mediante el cual se forjaba un matrimonio de conveniencia entre empresarios y dirigentes públicos, y provocaba el fenómeno descrito como euroesclerosis. Sin embargo, los buenos resultados de las estrategias a largo plazo, a pesar de las criticadas estructuras de gobernanza multinivel, o de los a menudo enrevesados procesos de codecisión, han reivindicado un modelo altamente legitimado desde la Segunda Guerra Mundial. El apoyo ideológico de cristianodemócratas y socialdemócratas, no siempre plasmado en actuaciones coherentes de los gobiernos adscritos a dichas tendencias políticas (véase la sección «La pugna por la ciudadanía social: inconsistencias, imposturas e impunidades»), favoreció el uso del poder institucional para mantener el estado social y el bienestar colectivo de las sociedades europeas durante las edades de oro y plata. Los éxitos en la optimización de una economía altamente competitiva y el mantenimiento de una alta tasa de empleo no podían ocultar, sin embargo, la precariedad de las relaciones laborales o la contención salarial, ilustrada con los denominados «miniempleos» (*minijobs*).[12]

La inestabilidad de un conflicto de legitimidades

La inestable conjunción entre capitalismo y bienestar social ya fue subrayada de manera ilustrativa en el capítulo I con sendas narraciones causales de los denominados cuentos «O'Goffe» (en referencia a los autores James O'Connor, Ian Gough y Claus Offe) y «Hayman» (Friedich von Hayek y Milton Friedmann). Los análisis realizados en las páginas precedentes convalidarían las tesis de una saturación del *welfare state*, cuya consecuencia sería su eventual desaparición. La interdependencia global impuesta por los mercados financieros mundiales habría neutralizado las respuestas individualizadas de los estados (del bienestar) europeos. Para preservar los afanes estatalistas por fortalecer la competitividad de sus economías en los mercados internacionales de bienes y capitales, las estrategias nacionales europeas se habrían sumido en una retahíla de reformas que, si en un principio parecían circunscribirse a la desregulación de los mercados productivos y a la liberalización de los laborales, habrían pasado a ser sistémicas y estructurales, donde el *welfare* sería prescindible. Ante tal estado de cosas, solo una sintonía de criterios respecto a la deuda y las necesidades de financiación por parte de los países europeos, se encaminaría al salvamento de la moneda única europea y a la articulación de una unión fiscal que pudiera preservar el modelo social y económico del Viejo Continente en el contexto de la mundialización.

Los denominados mediáticamente «mercados» habrían consolidado su autoridad con la intención de imponer cambios y reformas a los EB europeos, según las estrategias de las grandes corporaciones y conglomerados financieros. Desde una visión mercantilista, donde primaría el incremento del excedente y las ganancias de capital, se recomendarían posiciones favorecedoras de la estabilidad presupuestaria. Sucede que tales propuestas serían igualmente asumibles desde perspectivas keynesianas, dado que constituyen una condición inexcusable para posibilitar una actividad económica sostenible y una cohesión social productiva en plazos más dilatados de tiempo. En un contexto de libre —pero casi siempre interesada— concurrencia global en la captación de capitales favorecedores de la expansión productiva a corto plazo, las deudas exageradas, las oscilaciones presupuestarias o los pasivos endémicos se identificaban como responsables de la falta de confianza de los actores económicos y sociales y de los propios mercados, por definición especulativos.[13]

Los ciudadanos han presenciado cómo ingentes cantidades de dinero público se han puesto a disposición de bancos, aseguradoras y corporaciones financieras con la finalidad de sostener el sistema financiero mundial. Sucede que tales ayudas han sido gestionadas en su mayoría en el ámbito de la economía especulativa y no en el de la productiva, esencial para la creación de empleo y para la preservación de los sistemas de seguridad social de los EB. Como consecuencia de ello, los mercados globales pasaron a percibirse como un dictado para restringir el gasto público de los EB europeos —la mitad del cual se destinaba al *welfare*—, y para la reducción de los costes laborales y del pago de impuestos. En dicha tensión por adaptar o resistir la presión globalizadora, la (re)definición de una economía política sustentadora del bienestar social ha estado ausente en la concreción del ritmo, el alcance y la extensión de la mundialización (Adelantado y Calderón, 2005).

A pesar de su capacidad de prescribir —e imponer— a los gobiernos europeos recetas de superación de la crisis mediante duros ajustes presupuestarios, la acción de los operadores financieros ha sido capaz de esquivar las acusaciones de irresponsabilidad alegando que la lógica capitalista está reñida con el control y la dación de cuentas (*accountability*) de los mercados. Un uso extensivo de información privilegiada, o simplemente de autonomía individual ejercida por operadores por cuenta propia de las mesas de tesorería de muchos bancos de inversión, ha generado turbulencias añadidas y no poca volatilidad financiera, lo que cuestiona dicha economía especulativa, perniciosa para la economía productiva por los vaivenes bursátiles en la capitalización de las empresas. El desafío de la UE por limitar los excesos del casino capitalista y asegurar la estabilidad presupuestaria se encuentra en la base de una visión de futuro a largo plazo, cuyo fin no puede ser otro que asegurar la especificidad de su modelo económico y social. Sin embargo, las críticas a la lentitud de sus procesos de toma decisiones, amen de las siempre latentes rivalidades nacionales, hacen que las instituciones comunitarias vayan a menudo a remolque de las urgencias provocadas por la crisis interminable. ¿Durante cuánto tiempo podrán los gobiernos y mercados conciliar inflación,[14] alto débito público y crédito privado desregulado, factores económicos entrelazados en el mantenimiento del capitalismo del bienestar? ¿Ha subido quizás el EB el escalón de su propia incompetencia?

EL «PRINCIPIO DE PETER» DEL ESTADO DEL BIENESTAR EUROPEO

El reajuste sistémico inducido por el crack de 2007 apunta a validar las tesis expuestas por el conocido «principio de Peter» (*Peter Principle*), según el cual solo se certifica el grado de incompetencia tras ascender un peldaño o sobrepasar una etapa más allá de la propia capacidad funcional.[15] En una jerarquía laboral, dicho principio se manifestaría en la máxima de que todo empleado ascendería hasta un nivel por encima de su ineptitud. Aplicado al *welfare state*, se trataría de certificar una situación que habría superado sus límites operativos (véase capítulo II), creciendo más de lo que permitiría la conjunción de las legitimidades capitalista y de bienestar.

Un mecanismo de diagnóstico de la incapacidad del EB para funcionar como lo ha venido haciendo durante sus edades de oro, plata y bronce vendría determinado, principalmente, por la inconmensurabilidad entre los criterios de eficiencia pública y eficiencia privada a aplicar en su funcionamiento (Barr, 2004). La discusión realizada en el tercer apartado del capítulo III sobre la naturaleza de los bienes públicos ilustra la imposibilidad de establecer cánones de eficiencia en la provisión de bienestar social. Solo la legitimidad política otorgada por los ciudadanos a las intervenciones públicas en la procura del bienestar social puede establecer un nivel de incapacidad más allá del cual el EB se colapsaría económica, moral y socialmente (Calzada, 2012). Es bien sabido que las demandas de los ciudadanos por la cobertura de sus riesgos y necesidades sociales son potencialmente inacabables y quedan justificadas a partir de las percepciones de las diferentes categorías de riesgo. ¿No sería justo reclamar y proveer de asistencia personal continuada durante las 24 horas del día a los discapacitados físicos y psíquicos?; ¿sería inconveniente la educación universal y de calidad desde el nacimiento hasta el posgrado universitario?; ¿no sería justo y eficiente hacer accesible las costosas técnicas de la ingeniería genética para la prevención de potenciales enfermedades? Tal rosario de preguntas ilustra las posibilidades ilimitadas de expansión del EB. Su nivel de incapacidad, o deslegitimación, quedaría determinado por el apoyo político ciudadano explicitado con el pago de impuestos para proporcionar prestaciones y servicios sociales. Dado que el elenco de prestaciones y servicios puede ser ilimitado, además de la implicación directa de lo público es altamente conveniente que los costes de su financiación y el reparto de su provisión incluyan a otros sectores y ámbitos como son el familiar, el altruista y el mercantil.

En lo referente al sector público y gubernamental, un óptimo termómetro político para diagnosticar el nivel de eficiencia en la obtención de recursos para el *welfare* estaría conformado básicamente por dos factores: (1) el grado de progresividad/regresividad de los impuestos y tasas; y (2) su efectividad recaudatoria. Respecto al primero, y como ya se ha señalado líneas arriba, el rasgo diferenciador del MSE es el acuerdo de los europeos respecto al valor otorgado a la progresividad fiscal como base axiológica de equidad social. La aspiración a la igualdad, y por ende el mantenimiento de la cohesión social, se formaliza en la regla fiscal de que aquellos que disfrutan de una posición más acomodada en la sociedad deben contribuir en mayor medida —y no solo proporcionalmente— al bien común y al bienestar social de la ciudadanía en su conjunto. En consecuencia, no solo cabe esperar que los ricos paguen más impuestos y los menos ricos obtengan mayores frutos de la redistribución fiscal, sino que el montante general de la recaudación impositiva alcance a toda la ciudadanía. En el proceso de intermediación gubernamental pueden producirse efectos indeseados, apropiaciones indebidas y riesgos morales, muy dañinos para la eficacia y la eficiencia de las políticas del bienestar (según lo examinado en el capítulo II), pero la equidad fiscal progresiva se mantiene como el fundamento moral que hace posible la existencia de los EB europeos.

La distribución de las cargas impositivas y la redistribución de sus frutos hacen imperativa la persecución de las distintas formas de fraude, ocultación y escape fiscales.[16] En el caso de España, por ejemplo, se estimaba que el fraude fiscal ascendía en 2011 a unos 90.000 millones de euros, distribuido según las siguientes categorías: (a) 75 % de grandes fortunas y empresas (recuérdese que alrededor del 70 % de las empresas que cotizaban en el mercado bursátil, IBEX-35, operaban en paraísos fiscales);[17] (b) 15 % de pequeñas y medianas empresas; y (c) 9 % de autónomos. Tales impuestos impagados corresponderían a una cantidad de rentas opacas o no declaradas en torno a los 260.000 millones de euros. La presión fiscal en España era en aquel año del 34 %, porcentaje que se comparaba con el de Dinamarca (48 %), Francia (43 %), Alemania (39 %) o Estados Unidos (25 %).[18]

En 2011, el montante del fraude fiscal en España era equivalente al déficit público en plena crisis económica (alrededor del 8 %). En realidad, la gran mayoría de investigaciones y acciones emprendidas contra el fraude fiscal por la Agencia Tributaria se concentraba en los autónomos y profesionales liberales, cuyo fraude fiscal representaba, como ya se ha indicado, apenas el 9 % del fraude fiscal total estimado.[19] Los propios inspectores de Hacienda se quejaban de la insuficiente dotación de medios humanos y materiales para poder llevar a cabo un control de mínimos en el desempeño de sus funciones.[20]

Dados los montantes del fraude fiscal, es fácil colegir que un gran desafío para la viabilidad del EB europeo es hacer cumplir el principio de la equidad fiscal progresiva respaldado por la mayoría de sus ciudadanos. En líneas generales, la progresividad en las políticas fiscales de los países desarrollados ha quedado atenuada en los últimos lustros mediante un incremento en la recaudación de los impuestos indirectos en detrimento de los directos, así como por la eliminación de impuestos patrimoniales, de sucesiones o de grandes fortunas. Pero nada socava en mayor medida las bases económicas, morales y sociales del EB que el incumplimiento del principio de equidad fiscal, cuyo efecto más pernicioso es una recaudación inefectiva y tramposa que limita la cantidad de recursos financieros para el sostenimiento de las políticas sociales e incentiva las prácticas del gorroneo.

El pacto ciudadano implícito en la legitimación del *welfare* atañe a la legitimación de la desigualdad inherente al capitalismo mediante la institucionalización del EB. Este facilita la cohesión social proveyendo a los ciudadanos de la cobertura de riesgos sociales y la obtención de mejores condiciones de vida, para lo cual son necesarios ajustes y nuevas inversiones sociales.

INVERSIÓN SOCIAL Y LA CREACIÓN DE VALOR AÑADIDO EUROPEO

No toda la inversión social en la implementación de nuevas políticas de bienestar puede seguir un patrón de suma cero, mediante la cual lo que se ahorra de un sector de políticas e intervenciones se invierte en nuevos programas. Además, las inversiones sociales generalmente implican aumentos del gasto corriente con vocación de permanencia en el futuro. Considérese, por ejemplo, que para alcanzar los niveles escandinavos identificados como óptimos en cuanto a permisos de maternidad y paternidad, y un sistema público universal y de calidad para niños y mayores dependientes se requeriría en España un gasto corriente en torno al 5 % del PIB, porcentaje que se compara con el magro 1,5 % de gastos para políticas familiares (2,4 % de promedio para el conjunto de la UE-27 en 2009).

Naturalmente, a la provisión pública deben sumarse aquellos servicios y prestaciones de pago que puedan comprarse los ciudadanos de rentas más elevadas, así como aquel provisto *gratis et amore* por asociaciones altruistas y, sobre todo, por las mujeres en el seno de las familias, y por las supermujeres en el caso de los países europeos mediterráneos (Moreno, 2004). La agregación de tales gastos ofrece un cuadro más ajustado del gasto real en el ejemplo utilizado de servicios de cuidados personales. Si la situación variase, consecuencia del cambio societario, como sería el caso de la externalización por parte de las familias de las funciones de cuidados y atención personal, el sector público podría cubrir el hueco dejado por las supermujeres, pero debería destinar nueva inversión social a guarderías, centros de atención de día o residencias de ancianos, por citar algunas intervenciones. Sucede que una vez construidos físicamente los centros y provistos de dotaciones de personal e infraestructuras iniciales, los presupuestos ordinarios de futuro necesitarían partidas presupuestarias de gastos corrientes para asegurar su funcionamiento. Entiéndase que tales gastos de inversión y posterior mantenimiento serían asumidos de manera legítima si existiese el consenso ciudadano en la priorización, por ejemplo, del principio de activación laboral para las mujeres. Naturalmente que tales inversiones sociales también generarían ingresos públicos, ya que, como sucedería en nuestro ejemplo ilustrativo, las rentas de las mujeres activadas a nivel laboral contribuirían a aumentar la recaudación fiscal y sus cotizaciones sociales ayudarían a mantener la salud financiera de los sistemas de seguridad social. No sería menor el avance en el desarrollo de las políticas de igualdad de género y equidad intergeneracional. Pero el incremento de gasto social sería en cualquier caso ineludible.

Se han propuesto otras inversiones sociales relativas al envejecimiento poblacional a fin de garantizar no solo la salud financiera de los sistemas de pensiones públicas, sino también para asegurar que las cuantías de las prestaciones fuesen suficientes para satisfacer unos niveles de vida digna a las personas mayores de acuerdo con los estándares sociales y de convivencia de las comunidades donde residen. De nuevo, debe hacerse notar que el incremento de gasto sería inevitable, aunque no por ello menos deseable. En este caso, las cargas podrían repartirse equitativamente recurriendo, una vez más, al principio de equidad progresiva. Los baremos de imposición y cotización podrían ser ajustados para facilitar no solo una mayor progresividad en las retenciones obligatorias de las cotizaciones de los trabajadores destinadas a los jubilados, sino también una menor regresividad de las subvenciones fiscales que incentivan los planes privados de pensiones complementarios. En realidad, tal opción no supondría un gran aumento de gasto social, pero sí una intensificación de transferencias de rentas y fiscales entre ciudadanos. Un mayor ajuste actuarial entre el nivel de las prestaciones y el incremento de la esperanza de vida de los ciudadanos estaría en sintonía con la experiencia en el pilar contributivo de las pensiones de algunos países escandinavos y que se conoce como el «sistema nocional de cotizaciones definidas» (*notional defined-contribution*).[21] Especialmente en situaciones de rápido cambio demográfico, el sistema nocional añade un sentido de transparencia y proporcionalidad entre contribuciones y retribuciones, si bien su alcance para garantizar pensiones adecuadas a mujeres, trabajadores de salarios bajos y, sobre todo, a asalariados intermitentes con vidas laborales irregulares puede ser limitado (Williamson y Williams, 2003).

La ya comentada propuesta de inversión social en la educación infantil de 0 a 3 años, realizada por Gøsta Esping-Andersen, posee un gran potencial para la creación de valor añadido y competitividad a la economía europeo del conocimiento. No solo la inversión social en la infancia es normativamente justa a fin de favorecer la igualdad de oportunidades e impedir las constricciones debidas a los diferentes estatus familiares de los niños. Su importancia cobra relieve al considerar que la concurrencia global del MSE requiere como objetivo estratégico el mejor desarrollo de la capacidad cognitiva de los niños en el transcurso de sus edades tempranas, las cuales son decisivas en la conformación posterior de destrezas y habilidades.

Tal y como sucede con la provisión de servicios externos a la familia en situaciones de dependencia y de cuidados de larga duración,[22] la preferencia del sociólogo danés es por el modelo escandinavo de favorecer una red comprensiva y de calidad de guarderías y escuelas infantiles públicas. Otras opciones normativas y culturales alternativas ponen el acento en la superior ventaja emocional de la atención familiar.[23] Sea como fuere, la identificación de una inversión social en la infancia, con una ayuda efectiva a las madres trabajadoras, define la promoción de la educación y la optimización del capital humano como un recurso estratégico para el futuro de la sociedad del conocimiento europea. A falta de otros recursos, por ejemplo físicos (materias primas) o laborales (*dumping* del factor trabajo), el propósito del MSE de favorecer un crecimiento económico sostenible está inexorablemente relacionado con el propio concepto de innovación competitiva inherente a la ambición de convertir a Europa en la economía del conocimiento más competitiva y dinámica del mundo (estrategia de Lisboa, 2000). Y ello requiere la obtención de una ventaja comparativa mediante la optimización del cuidado y la enseñanza de los niños en sus edades más tempranas.

Las propuestas de inversión social para la mejora del capital humano de las sociedades europeas pretenden incidir en una optimización de la calidad de los recursos productivos humanos. Para ello es necesario un entorno macroeconómico favorable (sinergias entre innovación, investigación, empresariado y fuerza laboral) y microeconómico (mejoras organizativas y desarrollo de la responsabilidad social corporativa, examinada en la parte final del presente capítulo). Repasemos a continuación las dificultades a las que se enfrentan los países mediterráneos y, en concreto, el caso de España, para sostener sus EB en el contexto de concurrencia global tras el crack de 2007.

EL CASO ESPAÑOL: ¿PUEDEN LOS CERDOS VOLAR?

Según la campaña mediática anglosajona anteriormente apuntada, los países mediterráneos europeos, denominados con el acrónimo PIGS (Portugal, Italia, Grecia y Spain-España), son/serían por definición incapaces de rendir económicamente como otros estados nacionales del centro y el norte del Viejo Continente. Dicha imposibilidad les incapacitaría para gestionar la crisis provocada por el derrumbe hipotecario iniciado en Estados Unidos en 2007. En expresión cáustica, la misión de los países PIGS solo sería posible cuando, según el dicho popular británico, «los cerdos (*pigs*) volasen».[24] Tales chascarrillos inciden en asunciones culturales más profundas al existir un sustrato de estereotipos y prevenciones ya preestablecidos acerca de la manera de comportarse de los «otros» (en este caso los países del sur de Europa).

Además de su facilidad para generar desempleo, especialmente entre la población juvenil,[25] los PIGS se caracterizarían por su inevitable propensión al endeudamiento público y la ineptitud de sus clases políticas a la hora de cumplir la penitencia de sus pecados financieros.[26] Los casos de Grecia e Italia corroborarían en los últimos lustros semejantes alegaciones con el *default* de sus dirigentes políticos y su sustitución por técnicos al frente de sus gobiernos para realizar las reformas que aquellos habían sido incapaces de llevar a cabo. Ambos países tenían en 2012 altos niveles de débito público (160 % y 120 %, respectivamente). Italia había aprobado medidas drásticas en un presupuesto extraordinario propiciado por el gobierno técnico de Monti que revisaba el sistema de pensiones e introducía un aumento fiscal o la aplicación de nuevos impuestos.[27] Grecia, el país mediterráneo de la UE con mayores problemas financieros, fue rescatado en febrero de 2012, tras más de dos años de estar muy cerca de la suspensión de pagos. Portugal, por su parte, ya había sido rescatada en mayo de 2011 con una ayuda de 78.000 millones de euros, aunque las perspectivas hacían muy probable un segundo rescate de otros 30.000 millones de euros adicionales. Por último, España era el único país PIG que batía incesantemente su cola porcina a fin de mantener un vuelo bajo para evitar quiebras, intervenciones y posibles rescates, y con una carta de navegación económica similar a la provista por los expertos bancarios y economistas de los otros gobiernos de la UE meridional.[28] Pero el rescate de una parte de su sector financiero, lastrado por las deudas y las pérdidas provocadas principalmente por las cajas de ahorros durante los «días de vino y rosas» de la burbuja inmobiliaria, fue inevitable.[29]

Ciertamente, España habría confirmado las asunciones de que el proceso de europeización podía actuar como un referente de estímulo (*benchmark*) para el mayor desarrollo de países atrasados respecto a aquellos avanzados de la UE. España realizó ese alcance económico (*catching up*) durante el periodo que va de la transición de la dictadura a la democracia hasta la agudización de los efectos del crack de 2007. En dicha empresa de modernización y de mayor crecimiento respecto a la media europea, las ayudas comunitarias fueron importantes (fondos estructurales y de cohesión). Pero, sin duda, el mayor activo español fue el impulso social para normalizarse y equipararse a los otros grandes países europeos.[30] Sucede que el mayor esfuerzo y crecimiento español hizo pensar a sus ciudadanos y políticos que el alcance económico del sobreesfuerzo realizado ya estaba consolidado y, utilizando la conocida alegoría del refrán castellano, se podían «atar los perros con longaniza».[31]

Durante su fase de expansión (1975-2000), el EB español incrementó notablemente su gasto de lo social y de cobertura de la sanidad pública.[32] Ya a principios de la década de 1990, el desarrollo del bienestar social español se manifestaba como una vía media entre los mundos del bienestar bismarckiano-continental y liberal-anglosajón, e incorporaba rasgos del modelo universalista nórdico (Moreno y Sarasa, 1993; Moreno

2008). Asimismo, gozaba de un alto grado de legitimidad y apoyo ciudadano (Arriba, Calzada y Del Pino, 2006).

Hasta la crisis desatada en 2007, la economía española crecía de manera acelerada y había conseguido su principal objetivo de equiparación económica con los parámetros medios europeos. Su gasto social era menor que el incremento nominal económico, y el EB mantenía niveles constantes de desigualdad interna (González, 2008; Navarro, 2009), y se enfrentaba al formidable desafío de finalizar la construcción de su ya existente cuarto pilar del EB (servicios sociales)[33] en lo relativo a la aplicación de la Ley de Dependencia aprobada en 2006. Su ejemplo de «buenas prácticas» (*best practices*) en el desarrollo y crecimiento económicos, mostrado como modelo a seguir por otros miembros recientes de la UE de la excomunista Europa central y oriental, había quedado en entredicho con la crisis económica. En realidad, España no podía ocultar las dificultades que experimentaba al tratar de mantener su ritmo de equiparación con otros países centrales europeos, los cuales ya habrían mostrado su indisimulada incomodidad con la presencia exuberante del «nuevo rico pecador».

La capacidad de maniobra de los poderes públicos españoles para conservar los niveles de gasto de bienestar social previos a 2007 se presentaba no solo como inexistente, sino que la lógica contextual impuesta por los mercados y las autoridades financieras europeas e internacionales apuntaba a una reducción y recorte de las políticas sociales vigentes. Resta por comprobar si será el primer paso en un proceso de reestructuración, y aun de eliminación, de programas públicos como la sanidad o las pensiones, que podrían implicar una muerte por inanición del *welfare* y el final cronológico de su edad de bronce.

La batalla de las ideas, el poder de los intereses organizados y la política de «el ganador se lo lleva todo»[34]

Cabe identificar a Margaret Thatcher como fiel exponente en los últimos decenios de la denominada política de «el ganador se lo lleva todo».[35] Durante sus años como primera ministra (1979-1990), la líder conservadora promovió una profunda reestructuración de la vida política británica, cuyo rasgo distintivo fue no «dar agua al adversario» y quedarse con «todo el botín» tras sus refriegas políticas. Su cruzada sin concesiones contra los sindicatos se saldó con una victoria inapelable, la cual incluyó renuncias sindicales que las Trade Unions consideraban intocables —como el sistema de contratación y sindicación obligatoria, o *closed shop*.[36] Quizás el episodio de la huelga de mineros de 1984-1985 sea uno de los más ilustrativos de la forma de imponer sus convicciones hasta las últimas consecuencias y conseguir la rendición final y amarga del adversario (*to the bitter end*). En el transcurso de la huelga minera, la Dama de Hierro mostró un temple y una determinación sin pliegue alguno. La derrota de los sindicatos fue completa, especialmente el de mineros (National Union of Minerworkers), liderado por el exlaborista Arthur Scargill,[37] y después de un año de áspera confrontación sin percepción de salarios por parte de los huelguistas. Tras su éxito, Thatcher no concedió nada a sus adversarios, algo que se reflejó en la aprobación en 1992 de la legislación que prohibía cualquier forma de *closed shop*, y que los gobiernos laboristas posteriores de Tony Blair y Gordon Brown aceptaron dúctilmente, aunque hubieran podido introducir alguna modificación legislativa al disponer de mayorías parlamentarias absolutas en Westminster durante 1997-2010. La ganadora de la contienda se lo llevó todo, y los sindicatos perdieron mucha de su pretérita influencia, la cual se había explicitado en las huelgas que provocaron la dimisión en 1974 del premier conservador, Edward Heath.

Ciertamente, las políticas del «ganador todo se lleva» son

más asequibles en democracias mayoritarias en las que el poder del gobierno se concentra en la élite de un partido, y dentro de este en su líder y primer ministro como *primus inter pares* (Mackintosh, 1962). Otras democracias no estrictamente mayoritarias, como la de Estados Unidos de Norteamérica, en la que el entramado institucional asume una dinámica de «pesos y contrapesos» (*checks and balances*), también han asistido a un triunfo consumado de la revolución neoconservadora, como la iniciada por Ronald Reagan (1981-1989).

Existen explicaciones, no tan dispares entre sí, que dan cuenta de cómo en un país que propició las políticas del *New Deal* rooseveltiano, responsable de la recuperación económica tras el crash de 1929 y la subsiguiente implementación de los programas de *welfare* estadounidense,[38] se haya abrazado en tiempos recientes las creencias y programas asociales del neoconservadurismo, lo que se refleja en la elección de políticos retrógrados y hasta de corte teocrático. *Think-tanks* tales como el American Enterprise Institute o la Heritage Foundation, generosamente financiados por el gran capital financiero partidario de un mercado sin bridas reguladoras, han sido altamente instrumentales en dicha mutación ideológica respecto al bienestar social. El combativo neoconservadurismo ha aspirado también a no dejar nada a los liberales estadounidenses,[39] a menudo etiquetados como antiamericanos y hasta satánicos (Micklethwait y Wooldridge, 2004).

La conjunción entre ideas e intereses alberga en sí misma un gran poder explicativo de los triunfos del neoconservadurismo en Estados Unidos. Recuérdese que tras el final de la edad de oro del *welfare* (1945-1975), los creadores de opinión conservadores adquirieron un destacado protagonismo en los medios de comunicación estadounidenses. Su pugna por combatir las ideas liberales estadounidenses fue un recurso crucial en los éxitos electorales de los republicanos más derechistas, y prestó munición ideológica a un modelo social y económico favorecido por —y favorable a— los grandes intereses financieros y bancarios estadounidenses e internacionales. En justa correspondencia con su apoyo, los rendimientos de las políticas gubernamentales estadounidenses desde la década de 1970 han posibilitado el enriquecimiento sistemático del 10 % de los ciudadanos más acomodados a expensas del resto de la población[40] (Hacker y Pierson, 2010).

La facilidad de financiación de las ideas proselitistas conservadoras, reflejada en las cuantías de las contribuciones aportadas por empresas y sindicatos, es sintomática. Considérese que, según datos de 2010, el mundo empresarial —más proclive a las ideas conservadoras, en especial en lo relativo a las grandes corporaciones— subvencionó a representantes y organizaciones políticas estadounidenses con una cantidad superior a los 1.300 millones de dólares. Los sindicatos —indudablemente menos proclives a las ideas conservadoras— hicieron lo propio en una cantidad apenas superior a los 90 millones de dólares.[41] En las elecciones del Congreso estadounidense de 2010, el candidato que gastó más dinero resultó ganador en el 85 % de los escaños de la Cámara y en el 83 % de los correspondientes al Senado.[42]

Los liberales estadounidenses, combatientes ideológicos de los efectos perversos producidos por los «espíritus animales» del capitalismo (*animal spirits*, según la expresión de John Maynard Keynes), han exhibido una incapacidad manifiesta para articular ideas que pudieran evitar su derrota sin paliativos. Ello se ilustra con las dificultades para llevar adelante la reforma sanitaria, política emblemática del cambio progresista encarnado por el presidente Barack Obama.[43] Los intereses organizados de las ideas neoconservadoras estadounidenses se han pertrechado culturalmente con un reduccionista —pero efectivo— discurso sobre «ganadores y perdedores» (*winners and losers*) que ensalza el «logro personal» (*personal achievement*) como expresión del «sueño americano» (*American Dream*) en la pugna individual por la riqueza y la libertad de elección (*freedom of choice*).[44] Un discurso que, se arguye, se halla también en el código de conducta de los excolonizadores europeos de Estados Unidos, y que asedia sin descanso a la sociabilidad del propio MSE.

EL ESPEJISMO DE LA RIQUEZA Y EL LUSTRE DE LO ASOCIAL

En Estados Unidos, se asiste a la aparente paradoja que representa el hecho de que los electores de rentas más bajas concedan sus votos a los candidatos conservadores, buena parte de ellos millonarios, y que amparan los intereses del decil más rico de la población. Y lo siguen haciendo después del crack de 2007, responsable del aumento significativo de una disparidad de la riqueza ya existente en el país y que aumentó notablemente durante el periodo de la presidencia de Ronald Reagan (1981-1989). Un poderoso argumento que explica esa paradoja, aparentemente contraintuitiva, se relaciona con la imparable extensión del fundamentalismo religioso evangélico, muy vinculado a las posiciones conservadoras acientíficas y al tradicionalismo premoderno, y que aboga por una sintonía plena entre gobierno y reino de Dios. En ocasiones, el cambio de mentalidades políticas desde lo liberal a lo conservador ha sido favorecido hábilmente por las campañas mediáticas conservadoras en aspectos no económicos, tales como el aborto o los matrimonios gay, pero que han articulado un apoyo de los más pobres a los más ricos (Frank, 2004).[45]

Una derivación moral de las creencias neoconservadoras es su rechazo frontal a los poderes públicos de Washington y, como consecuencia, al pago de impuestos —considerados una extorsión— para el sostenimiento de la administración pública. Se propone, por tanto, una reducción del estado al mínimo, representado por el gobierno federal. En este marco cognitivo, los pobres y otros perdedores sociales (*social losers*) son implícitamente considerados como parásitos o dependientes que se aprovechan de los programas de bienestar social para vivir sin el trabajo remunerado, auténtico alfa y omega en la vida de las gentes.[46]

El enriquecimiento personal encarna en los triunfadores sociales (*social winners*) la justa recompensa al esfuerzo por su trabajo y mérito.[47] El espejismo de la riqueza, a fin de incorporarse al 3,2 % de la población estadounidense con activos superiores al millón de dólares, es el poderoso código de conducta y ambición personales.[48] Para convertirse en millonarios, los ciudadanos deben aplicarse a la regla del individualismo autointeresado, sin mayores preocupaciones por los conciudadanos, que son competidores siempre al acecho. Si se considera que la cifra de millonarios en Europa es bastante similar a la estadounidense (3,1 %), ¿cabría establecer un paralelismo en el lustre de lo asocial a ambas orillas del Atlántico? La pervivencia del EB europeo desmentiría *prima facie* semejante aseveración, aunque la dirección de los acontecimientos mostrados en las secuencias de las edades del *welfare* indicaría una agudización de los procesos de individualización y mercantilización al modo estadounidense.

En realidad, tanto las fuerzas de centro izquierda como de centro derecha valedoras del EB europeo se mostraban incapaces de contrarrestar la ola ideológica neoconservadora proveniente de Estados Unidos. Así, el creciente dominio de la vida económica por parte de las grandes corporaciones —especialmente las financieras y bancarias, bajo el chantaje de ser «demasiado grandes para derrumbarse» (*too big to fall*)[49]— se observaba como algo inevitable. Su supervivencia se consideraba como la única opción para evitar el diluvio y el abismo para sortear una situación inédita en la que los estados nacionales europeos no podrían garantizar durante más tiempo los derechos de propiedad.

El recogimiento apacible en la esfera de lo individual quedaría garantizado con la promesa hedonista de lo asocial y la reducción al mínimo del EB y su pesado entramado institucional. Para el pensamiento neoconservador, la reforma de las políticas sociales gubernamentales debía ser profunda e incluso total. Como alternativa, y en una línea más posibilista, se proponía un mayor rol a desempeñar por el agregado del bienestar (*welfare mix*) y un nuevo aporte a la protección social articulado en las prácticas de responsabilidad social de las empresas. En este último escenario, ¿serían el *welfare mix* y la responsabilidad social corporativa sustitutos de los EB? ¿O cabría integrarlos junto a los poderes públicos como recursos adicionales para la preservación de la ciudadanía social en el Viejo Continente?

WELFARE MIX Y EMPRESAS SOCIALMENTE RESPONSABLES

Dado el carácter mixto del agregado del bienestar (*welfare mix*), una cultura cooperativa y de interdependencia entre los poderes públicos, la sociedad civil y la familia ha perseguido poner en práctica una nueva agenda de actuaciones sociales con la articulación de respuestas innovadoras a demandas nuevas. En el inédito entramado de recursos e intervenciones, las «redes programáticas» (*policy networks*) y las «coaliciones de apoyo» (*advocacy coalitions*) han facilitado que los diversos «actores implicados» (*stakeholders*) en el desarrollo del bienestar hayan intercambiado recursos para lograr objetivos compartidos, asumiendo prácticas cooperativas como mejor manera de conseguirlos. Unas y otras, redes y coaliciones, han apuntado a la maximización de nuevos recursos para estructurar el acceso de los actores a los procesos de elaboración de las políticas sociales (Sabatier, 1998; Peterson, 2004).

El *welfare mix* es un agregado de actores —públicos y privados— con el objetivo común de desarrollar prácticas sociales dirigidas a paliar riesgos sociales y corregir desigualdades en la dotación de recursos y capacidades o en los resultados del mercado. Tales prácticas no comprometen exclusivamente al estado y sus instituciones afines, y en ellas participan agentes diversos de la sociedad civil, tales como familias, empresas o entidades no lucrativas, en conjunción con ONG y empresas del denominado tercer sector social, que interactúan en red con los poderes públicos para promocionar el bienestar social por vías pluralistas (Espina, 2007).

Si bien el *welfare mix* ha evidenciado los límites de actuación de los sobrecargados EB, también ha articulado un deseo de mayor pluralismo en la concreción tangible de los principios de solidaridad europeos. En realidad, se ha hecho visible para muchos lo que siempre ha estado latente en la procura de mejores condiciones de vida y trabajo, de acuerdo con las lógicas de los regímenes del bienestar. Esferas como la familiar o el asociacionismo son decisivas en la consideración del bienestar como un empeño compartido con la acción estatal. Además, los poderes públicos se han enfrentado a problemas de ineficiencia, malos usos y efectos perversos (ilustrados en el capítulo II), los cuales, lejos de estabilizar los modos de actuación tradicional del bienestar, han evidenciado los límites de sus capacidades interventoras. El empuje de los ámbitos subestatales (regiones, municipios) en el reclamo de mayores competencias y autonomía en la provisión social ha implicado, por su parte, un redimensionamiento de los roles jerarquizados del estado nacional unitario y sus prácticas del «ordeno-y-mando» (*command-and-control*).

En la edad de bronce pos-2007, las nuevas asociaciones de ayuda mutua o interés común, junto a las tradicionales estructuras altruistas y a las instancias gubernamentales y del ámbito privado y familiar, apuntan a una optimización del bienestar de los ciudadanos con el despliegue de nuevas formas del *welfare mix*. No causa extrañeza que, desde posiciones comunitaristas y reformistas radicales, hasta aquellas de desconfianza hacia la intervención estatal, se reclame un mayor protagonismo de la sociedad civil. La participación de instituciones no estatales en la producción del bienestar es preferida en ciertas situaciones relativas al bienestar de las personas (como los servicios de atención personal, analizados en el capítulo II), lo que refleja un deseo de complementar la provisión pública de políticas sociales con otros mecanismos ajenos a cierta uniformización estatal.

Además, las empresas socialmente responsables comparten dentro del *welfare mix* «puntos de reunión» o «lugares de encuentro» en los que, junto a la acción de las familias, las ONG y las políticas públicas gubernamentales, se puede optimizar el avance de la ciudadanía social en la Unión Europea (Moreno, 2012). De las empresas, como ciudadanos corporativos cumplidores de sus obligaciones fiscales, laborales y medioambientales, se espera una mayor implicación en la expansión del bienestar colectivo con la plasmación de compromisos de responsabilidad respecto a las comunidades locales donde radican, mediante la formalización de «partenariados» (*partnerships*) o de acuerdos de colaboración comunitarios. El respeto hacia el entorno físico y social de sus actividades empresariales es una dimensión fundamental de la responsabilidad social corporativa, la cual, se arguye, es una estrategia eficaz para: (a) optimizar los objetivos de las empresas mediante la mejora y la promoción de la imagen pública de sí mismas; y (b) legitimar la competencia mercantil basada en la asunción de que la buena marcha de las empresas depende de la buena marcha de la sociedad en su conjunto (Garriga y Melé, 2004).

Los empresarios y las corporaciones pueden ser no solo socios en la protección social y el desarrollo del bienestar, sino también innovadores respecto a la cobertura de los nuevos riesgos sociales. El tema de la conciliación entre trabajo y familia ilustra cómo los puntos de encuentro entre bienestar social y RSE pueden incrementar los niveles de ciudadanía y optimizar las actividades empresariales. La participación en el mercado laboral formal hace de la compatibilización entre el trabajo remunerado, fuera de casa, y el trabajo gratuito, dentro de casa, un asunto de la mayor relevancia para el bienestar colectivo. Obsérvese que, entre otros factores, el declive de las tasas de natalidad se correlaciona con las mayores tasas de empleo femenino, especialmente en aquellos países en los que ha perdurado una mayor tradición cultural de la familia como responsable del cuidado de niños y mayores (Marí-Klose *et al.*, 2010). En Europa, la transición a un modelo pleno de «doble sueldo» (*dual-earner*) atraviesa estadios intermedios de hibridación. Es decir, las mujeres, tradicionales proveedoras de cuidados a los miembros familiares, y los hombres, habituales generadores de renta en los hogares, comparten las responsabilidades profesionales y domésticas con un grado dispar de apoyo institucional público (permisos parentales, guarderías, o cuidados residenciales). En aquellos países en los que las políticas familiares son menos generosas, como es el caso de España, la principal estrategia de las madres trabajadoras consiste en recurrir a sus propias madres (abuelas mamá) con residencia próxima a la suya, o contratar los servicios de otras mujeres, generalmente inmigrantes. El ajuste de los horarios comerciales, por ejemplo de un modo más racional y favorable a las necesidades y organización de la vida de los hogares, tendría un enorme impacto sobre este ámbito a un coste mínimo, e incluso con ahorros para empresas y usuarios.

Mediante acuerdos entre empresarios y trabajadores sancionados a nivel de planta u ocupacionales —y que eventualmente pueden generalizarse a ámbitos regionales o estatales—, el mundo corporativo contribuiría con «referentes comparativos» (*benchmarking*) no solo a la consecución de una mayor igualdad de género en las sociedades europeas, sino también a hacer viable la activación laboral de las mujeres y la mayor productividad general de sus economías (EFILWC, 2006). Entre los diversos acuerdos que pueden establecerse entre actores y agentes sociales, pueden mencionarse: (a) la flexibilidad de la jornada laboral para los progenitores trabajadores de acuerdo con la programación de la empresa y los requisitos productivos; (b) el fomento del trabajo desde los hogares cuando la naturaleza de la actividad industrial permita realizar las labores telemáticamente; (c) el establecimiento de códigos de buenas prácticas respecto a las condiciones laborales de las trabajadoras, con el compromiso legal de no despedir por motivos de embarazo, maternidad o asunción de excedencias por motivos familiares; (d) la introducción de programas de cuidados familiares; (e) la habilitación de excedencias no remuneradas para ambos padres y de reducción de horario presencial en el lugar del trabajo por motivos de cuidados a familiares en grave situación de enfermedad, accidente o ancianidad; (f) la adopción de programas concertados de cuidados infantiles con las autoridades públicas y/o ONG en los lugares de trabajo (tales medidas se complementarían con la integración formal en el sistema educativo del periodo correspondiente a los 0-3 años de los niños); y (g) la aplicación de exenciones fiscales y reducción de cotizaciones sociales a las empresas que implementen los acuerdos alcanzados entre empleadores y empleados a fin de optimizar iniciativas de conciliación entre empleo y hogar.

El rol a desarrollar por las empresas y las iniciativas sociales micro, a menudo fuera del radio de acción de las grandes organizaciones gremiales o políticas, es también crucial a fin de renovar el pacto implícito en el MSE. Es improbable la reconstrucción de las bases económicas, morales y sociales del EB mediante una macrorreorganización ideológica y normativa que haga frente a los grandes intereses financieros y conglomerados mediáticos. Pero la acción a una escala menor puede aportar una reafirmación de lo social mediante la neutralización de inconsistencias, imposturas e impunidades políticas, sección analizada a continuación y que concluye el último capítulo del presente ensayo.

LA PUGNA POR LA CIUDADANÍA SOCIAL: INCONSISTENCIAS, IMPOSTURAS E IMPUNIDADES

La ciudadanía social es la condición de pertenencia y participación en la politeya u organización política en la que se integran los miembros de la sociedad.[50] Más allá de su plasmación en el derecho positivo de las modernas democracias, la ciudadanía hace referencia a un conjunto de prácticas y usos que otorga la cualidad de componentes activos a los individuos en su comunidad de referencia. En las modernas democracias liberales, el orden político está legitimado por las decisiones de sus ciudadanos libres y responsables (Giner, 1987). Pero la ciudadanía social es, ante todo, un estatus conformado por el acceso a los recursos básicos para el ejercicio de derechos y deberes. La no discriminación en el acceso a esos recursos constituye la condición necesaria y suficiente de la ciudadanía. En caso contrario, los titulares de derechos permanecen en una situación de precariedad, expresada como déficit de ciudadanía (Moreno, 2000).

En dicha pugna por acceder a la ciudadanía social, los diversos actores intervienen para favorecerla o contrarrestarla según sus propios intereses o de acuerdo con sus ideologías. Es quizás en el terreno de las ideas, y de sus portadores políticos, donde se forja un campo de batalla decisivo para el futuro del EB europeo. Cualquier ejercicio prospectivo sobre la permanencia y cambio del bienestar social en Europa debe tener en cuenta la acción y reacción de las dos grandes corrientes ideológicas principales responsables del modelo socioeconómico europeo: cristianodemócratas y socialdemócratas. A menudo sucede que el fragor de la áspera confrontación electoral entre los partidos de dichas filiaciones esconde la común defensa por el estado del bienestar, de cuya génesis, desarrollo e institucionalización ambas ideologías se reclaman como justos acreedores. Ya hemos analizado cómo el liberalismo social, en el caso del Reino Unido, también fue impulsor del desarrollo del *welfare state*. No obstante, su última deriva economicista lo imposibilita para ejercer de impulsor de la ciudadanía social mediante la renovación de programas de bienestar que antaño contribuyó a implantar de manera decisiva. Su afán mercantilizador, desregulador y socialmente darwinista también lo impele —casi inevitablemente— a sostener posturas libertarias a la estadounidense en pos de un estado mínimo, o a adoptar posiciones radicales refractarias a lo colectivo.

Cristianodemócratas y socialdemócratas aparecen cortados por el mismo patrón discursivo y, a menudo, sus políticas, roles y funciones son intercambiables en sus conductas y patologías de corrupción política. Sus inconsistencias, imposturas y reiteradas impunidades constituyen el principal pasivo para la consolidación del MSE, ilustrado en su ramplona defensa de los intereses nacionales. La emergencia de toda suerte de populismos en los estados miembros de la UE ha sido la reacción patológica a un discurso tautológico centrado en visiones nacionalistas y hasta localista. Sin embargo, y en contraste con el fascismo y el nazismo que se extendió por el Viejo Continente durante los veinte años del periodo de entreguerras del siglo XX (1919-1939), los populismos y nacionalismos exacerbados de ahora no son antiliberales.

Paralelamente, la ofensiva ideológica neoconservadora procedente de Norteamérica ha encontrado en la crisis económica la oportunidad para presionar un cambio hacia lo asocial en el Viejo Continente. En muchos casos se trata de ejercicios de ocultamiento de la batalla ideológica con la aseveración de que no hay alternativas. En otros, se generalizan las imposturas para actuar a contrapelo de lo que se piensa con gobiernos que proclaman su defensa del EB, pero que son inconsistentes en las políticas a aplicar e incoherentes al desbrozar lo prioritario de lo secundario. El fingimiento y engaño con apariencia de verdad es la práctica más extendida en las actuaciones de gobiernos y partidos políticos antaño sostenedores del *welfare*.

En aras de la parsimonia explicativa, cabe ilustrar con los

comportamientos indecentes[51] de políticos y representantes cristianodemócratas y socialdemócratas buena parte del incierto futuro del EB y el MSE en Europa. Las conductas del presidente (Christian Wulff)[52] y del casi presidente (Dominique Strauss-Kahn)[53] de los dos países centrales en el proceso de europeización y sostenimiento del euro hablan por sí mismas. No se pretende un reclamo de moralina, sino subrayar un fenómeno inesperadamente foráneo al de la producción moral de la sociedad de nuestro tiempo (Giner, 2012). Los comportamientos corruptos —o los engaños con apariencia de verdad— provenientes de políticos que militan en formaciones políticas y sociales que proclaman la solidaridad con los más desfavorecidos son devastadores para la deslegitimación de los sistemas de protección social y, en suma, para el propio futuro de la ciudadanía social.[54] La politeya social necesita la confianza mutua entre representantes y representados.

La impunidad de banqueros y financieros enriquecidos,[55] cuyas entidades han sido rescatadas o salvaguardadas con dinero público, ha creado perplejidad, parálisis y conformismo en las respuestas de partidos e intelectuales del orden establecido (*establishment*). El común de las gentes parecía haber aceptado la fatalidad de salvar con sus impuestos los sistemas bancario y financiero a fin de evitar lo que se percibía como un colapso civilizatorio y un futuro-sin-futuro. Han pesado más en su indignada indiferencia los temores a un desarrollo ulterior incontrolado de la crisis. Su retorno al ámbito de los intereses exclusivamente individuales indicaría una incapacidad política de los valedores de la Europa social y compasiva.

En nuestras sociedades (pos)industriales, el poder de emulación viene multiplicado por toda suerte de amplificadores comunicacionales. Es por ello que inconsistencias, imposturas e impunidades encuentran un fértil campo de magnificación y difusión. Las conductas personales y la privacidad (*privacy*) se exhiben como nunca antes había sucedido. Sus efectos patológicos en las actitudes y creencias de las gentes son deletéreos.

Al contrario que la *virtus* republicana de la vieja Roma, la valentía de los gobernantes se manifiesta ahora en denostar lo público y fomentar lo asocial. Ser valiente o virtuoso se circunscribe al éxito personal del «tanto ganas, tanto vales». Esta convicción es la antesala axiológica para la desnaturalización del ser social contemporáneo. Si se plasmase en la realidad institucional de las sociedades europeas, los EB perderían su razón de ser y la ciudadanía social declinaría irremisiblemente. El devenir del modelo estadounidense se encuentra demasiado próximo culturalmente para descartar semejante evolución. Sin embargo, nada está escrito. El futuro permanece múltiple e indeterminado.

CONCLUSIÓN: ¿QUÉ FUTURO SE PREVÉ PARA EL *WELFARE* EUROPEO?

En los capítulos anteriores se ha analizado el cambio y la permanencia del estado del bienestar (EB) en una Europa asediada por la asociabilidad. Se trata de una noción relacionada con la individualización de los riesgos sociales en el contexto europeo, y que sigue las pautas establecidas por el modelo globalizador de corte anglo-norteamericano. Ciertamente, el individualismo de los europeos ha sido un rasgo constitutivo de la modernidad en el Viejo Continente, además de un instrumento crucial de su emancipación y libertad. Empero, tal categoría existencial ha estado sólidamente imbricada en un compromiso hacia el bienestar social del conjunto ciudadano e institucionalizada en los EB contemporáneos.

Correlato de los conflictos agudizados por la denominada «cuestión social» durante el siglo XIX fue la génesis de los sistemas de protección social. Concluida la Segunda Guerra Mundial, el EB europeo, y con posterioridad el Modelo Social Europeo (MSE), establecieron recursos institucionales y lógicas de intervención pública que aspiraban a superar los conflictos de clase y la agresiva concurrencia de los nacionalismos ex coloniales europeos. Se inició, a la sazón, una suerte de edad de oro del *welfare* (1945-1975), a la que sucedió otra de plata (1976-2007), propiciada por las crisis del petróleo, que hicieron visible la interdependencia financiera mundial y que limitaron el aumento del gasto social en los EB europeos.

La presente edad de bronce (2008-¿?), inaugurada tras el crack financiero provocado por la crisis hipotecaria estadounidense de 2007, asiste a una lucha desigual entre los mercados y actores financieros internacionales, por un lado, y los «soberanos» estados nacionales continentales, por otro. Como resultado, la trayectoria institucional del EB y del propio MSE han tenido que enfrentarse a un futuro incierto e, incluso, a su eventual desaparición. Algunas prospectivas indican una trayectoria irreversible de declive del EB en Europa, aunque también se sopesa si el «bronce» del *welfare* es todavía un metal ganador en la pugna por preservar el modelo socioeconómico europeo y la ciudadanía social en el Viejo Continente. En realidad, los grandes programas desplegados en las edades previas del *welfare* siguen reconociéndose en su alcance, cobertura y capacidades. No es menos cierto que la mayor parte de los recortes de gasto público a fin de obtener una estabilidad fiscal entre ingresos y gastos se ha realizado en gran medida en las partidas presupuestarias sociales y del bienestar.[1]

Como efecto de las últimas convulsiones económicas, se han recrudecido los conocidos vaticinios sobre el destino de la «civilización fáustica» europea (Spengler, 1966).[2] El tema de la «muerte segura» de una civilización influyente en todo el mundo —con harta frecuencia impuesta por medio de la conquista y la colonización— ha fascinado a pensadores de variados enfoques y sensibilidades. Se ha llegado a argüir que una seña de la propia identidad continental es que Europa perecerá (Steiner, 2005). La ósmosis contaminante del capitalismo de «casino» característico de Estados Unidos,[3] con su corruptora avidez por el dinero, sería el acelerador de un declinar irreversible para Europa. Cabe contraponer a tales presagios la idea del «móvil perpetuo»,[4] característico de la civilización europea, y cuya visión contrapone al fatalismo del determinismo histórico las impredecibles y contingentes facultades del Viejo Continente para renovarse en modo incesante. Una renovación que paradójicamente se realizaría de un modo similar al destino del propio capitalismo contemporáneo, causa de su aparente enfermedad terminal (Giner, 2010).[5]

A la aberración destructora de la Segunda Guerra Mundial,

le siguió un periodo de paz y prosperidad insospechadas con la consolidación de los EB en Europa occidental. Ello se consiguió mediante un gran acuerdo social y político sustentado en los valores de reparto de la riqueza mediante la aplicación de la equidad impositiva progresiva. El MSE, paraguas comprehensivo e integrador de los diversos EB europeos, se desarrolló en nítido contraste con otros modelos socioeconómicos alternativos, como los caracterizados por un individualismo remercantilizador neoliberal o el *dumping* social neoesclavista. El elemento diferenciador del EB, al fin y al cabo una invención europea, fue la promoción de la ciudadanía social, santo y seña de la propia supervivencia del proyecto europeizador.

Ese proyecto europeo se enfrenta a dicotomías esenciales de objetivos y propósitos. Igualdad de oportunidades y disparidad electiva o logro individual y redistribución solidaria son contraposiciones de largo recorrido en las sociedades europeas. Pero si algo caracteriza a estas sociedades es que todas ellas comparten valores colectivos y una idea social común. Para sostener al MSE es necesario reeditar un gran acuerdo social como el de mediados del siglo XX (*mid-century compromise*) [Crouch, 2011]. Aquel pacto concilió los grandes enfoques ideológicos europeos —y, especialmente, aquellos cristiano-demócratas y socialdemócratas— en el empeño común de articular el capitalismo del bienestar. Sus frutos fueron un crecimiento sostenido y un alto grado de cohesión social. Como alternativa, el modelo anglo-norteamericano de globalización neoliberal impondría su lógica mercantilista de bienestar individualizado forjador de la Europa asocial. No parece plausible que ello sucediese de igual manera con la opción neoesclavista asiática, la cual conllevaría un *dumping* social negador, por naturaleza, de derechos y tutelas ciudadanos conformadores de la modernidad civilizatoria europea. Pero tampoco es descartable una confluencia sincrética entre ambos modelos, cuyo resultado pragmático sería la eliminación objetiva del MSE y, por ende, del EB.

Entre los escenarios *posibles*, *probables* y *deseables*, de acuerdo con la taxonomía propuesta por la futuróloga Eleonora Masini (1983),[6] los primeros ofrecen un amplio muestrario de desarrollos que auspiciarían un retorno de aquellos cinco grandes «males» (*evils*) descritos por Lord Beveridge: necesidad, enfermedad, ignorancia, miseria y ociosidad (*Want*, *Disease*, *Ignorance*, *Squalor*, *Idleness*).[7] Junto a ellos, no sería del todo descartable la vuelta a formas decimonónicas de beneficencia, disciplinamiento laboral y paternalismo social. A ello contribuiría, entre las variables más decisivas, el alejamiento de las clases medias respecto al uso de los servicios sociales de los EB. Tales segmentos mesocráticos suelen lamentarse de la falta de calidad de lo público y, merced a su mejor disponibilidad de renta, pueden recurrir a la compra individualizada de servicios privados en una reeditada «sociedad de los dos tercios» (*two-thirds society*).[8] A tales conductas contribuiría la avidez y el consumismo conspicuo de un crecimiento ilimitado, junto a un olvido del pasado, como si el siglo xx nunca hubiera existido (Judt, 2011).

El futuro *probable* se presenta como una vuelta a sistemas de protección social proveedores de coberturas básicas para hacer frente a algunos «viejos riesgos sociales» (analfabetismo, invalidez o jubilación, pongamos por caso). Para la gestión de los «nuevos riesgos sociales» (NSR), se produciría un mayor protagonismo de las asociaciones con y sin ánimo de lucro de prestación de servicios de atención personal a pequeños, mayores y dependientes. Con el envejecimiento de la población, y el declive demográfico en toda Europa,[9] solo los inmigrantes podrían aportar sangre nueva para asegurar la viabilidad de los EB. En paralelo, se produciría una intensificación en las prácticas de microsolidaridad en hogares cada vez más reducidos de tamaño, especialmente en el caso del régimen mediterráneo del bienestar. Quizás aquellos países que ya han madurado y consolidado sus EB, como los nórdicos, podrían aspirar a mantener una red amplia y generosa de servicios y prestaciones públicas, si bien sus opciones económicas como países francotiradores altamente competitivos en el (des)orden económico internacional dependerían de la necesidad de evitar la disgregación política europea y la disolución del euro. Ambos desarrollos pondrían a prueba las políticas sociales y de activación laboral conjugadas en el ideario nórdico de la flexiguridad.

De los futuros *deseables*, además de procurar la preservación de servicios y prestaciones que aún hacen de los rasgos de la edad de bronce un *welfare* avanzado reconocible, se esperan inversiones sociales para el cuidado y promoción de niños y jóvenes. La eventual desafección de estos últimos podría estar motivada por el establecimiento de condiciones laborales y fiscales que les imposibilitarían su participación efectiva como ciudadanos sociales y el disfrute de las políticas de bienestar. El glamour del éxito personal encarnado en la estética de la individualización asocial es una poderosa adormidera inoculada a los jóvenes para su olvido del EB. Con tal hipotética desafección se produciría la transformación de una perspectiva sociotrópica en otra egocéntrica, y se asistiría a un proceso de sustitución del compromiso participativo de los jóvenes por el de su anomía desmovilizadora. En los países mediterráneos, incluida España, se volvería la mirada hacia la familia como último recurso efectivo y fiable de apoyo material.[10] Pero se trataría de un recurso contingente e instrumental, ya que las estrategias juveniles de futuro se caracterizarían por el cálculo en clave de autointerés y de cambio permanente (Gil Calvo, 2001).

Además de la familia, tradicional soporte para la satisfacción vital de sus miembros, las agregaciones al *welfare mix* encarnarían las aspiraciones de algunos sectores sociales afectados por los NSR para optimizar las intervenciones sociales. Entre los diversos actores que participan en el desarrollo del bienestar social, las empresas, como ciudadanos corporativos, son actores de gran proyección futura. En realidad, existen numerosos «lugares de encuentro» en los que la acción de individuos compasivos, familias protectoras, empresas responsables, ONG altruistas y poderes públicos tuteladores pueden optimizar el avance de la ciudadanía social. La búsqueda de tales sinergias operativas no debería entenderse como una sustitución del EB —y, en sentido más general, del modelo socioeconómico europeo—, sino de cómo lograr una mayor versatilidad y eficiencia asumiendo el bienestar social como principio guía de su funcionalidad (Moreno, 2012).

En cualquiera de los escenarios de futuro posibles, probables y deseables, los límites del EB deben tenerse muy en cuenta dada la contradicción intrínseca entre ambas lógicas capitalista y del bienestar. Ninguna de las dos puede justificarse por la ilusión de una prosperidad ilimitada, bien fuese mediante la delegación acrítica del desarrollo económico a los mercados, o por demandas panglossianas de un bienestar total. La democracia deliberativa europea requiere un mayor entendimiento de las opciones en juego, exigencia que combate enérgicamente —aun de manera subrepticia— el modelo individualizado del espejismo de la riqueza. El masaje mediático es tan poderoso que la lucha de las ideas se presenta de un modo desequilibrado, dado el poder de los intereses de las grandes corporaciones y conglomerados financieros. Pero como ha sucedido en el pasado, nuevas posibilidades y formas comunicativas favorecen la contraposición de otras ideas al sacralizado «pensamiento único». Además, en un mundo cada vez más interconectado, las ideas y acciones propagadas telemáticamente posibilitan un contrapunto de ideas, intereses e instituciones muy efectivo en los niveles micro de la vida social (asociaciones, empresas, barrios o municipios). La conjunción de ambas dimensiones virtual y real, o cosmopolita y local, constituye un elemento crucial de movilización para el cambio y permanencia del EB en Europa.[11]

Por mor de la parsimonia prospectiva, cabe identificar como político el reto más decisivo para el futuro del MSE y los EB, cual es el paso de la dimensión nacional-estatal a la continental europea. Una transformación así tan solo se engendraría mediante una europeización de los partidos políticos y de otros actores representativos de los intereses organizados en el Viejo Continente. Pretender, por ejemplo, una mayor armonización económica mediante la intervención activa —y en ocasiones decisiva— del Banco Central Europeo o la mutualización de la deuda pública y la emisión de eurobonos, sin articular una europeización efectiva de los partidos políticos, ni del marco comunitario de decisión política, es una invitación permanente a la inacción y la euroesclerosis. Con tal propósito, los representantes políticos harían bien en reeditar su convencimiento de que el crecimiento económico solidario y la mejora de las condiciones de vida de los ciudadanos es un valor supremo que debe preservarse en el conjunto del Viejo Continente. De la sintonía y acuerdo de las grandes corrientes europeas (cristianodemócratas y socialdemócratas, principalmente) depende en buena medida el futuro del *welfare* en Europa.

NOTAS

PRESENTACIÓN: LA EDADES DEL WELFARE

1. Según Peter Flora (1993) tales porcentajes de mínimos y máximos del gasto público social evidencian la distinta madurez y generosidad de los EB europeos. Si se considera el gasto público neto, que tiene en cuenta la tributación de las prestaciones sociales y los gastos fiscales ocultos (deducciones y exenciones impositivas), Francia alcanzaba en 2001 un 29 % del PIB, porcentaje que contrastaba con el 26 % de Dinamarca y el 17 % de Estados Unidos (Esping-Andersen y Palier, 2010).

2. Tal denominación evoca a las cuatro edades mitológicas del Oro, Plata, Bronce e Hierro narradas por el poeta romano Ovidio (43 a. C. - 17 d. C.), cada una de las cuáles cabía ser interpretada como una corrupción de la anterior, según ya había señalado el poeta griego Hesíodo (siglo VII a. C.) en su celebrado poema, *Trabajos y días*.

3. La expresión edad de plata, utilizada por Peter Taylor-Gooby (2002), pretende remarcar los rendimientos relativamente peores, aunque siempre notables, de éxito y legitimidad del EB durante ese periodo, en el que confrontó una situación de «austeridad permanente» (Pierson, 1998; Ferrera, 2007).

4. El concepto de *resiliencia*, proveniente de la ciencia física, pretende significar en el ámbito de las ciencias sociales la capacidad de instituciones y políticas de soportar las presiones para su cambio, transformación y/o eventual desaparición.

5. Suele considerarse el 15 de septiembre de 2008 como la fecha del inicio de la crisis, tras el anuncio oficial de bancarrota de Lehman Brothers, la venta de Merryll Lynch al Bank of America y

el desplome del gigante de los seguros American International Group. Parece más razonable retrotraer dicho comienzo al martes «negro» del 27 de febrero de 2007, tras la quiebra de las hipotecas *subprime* estadounidenses y la fuerte caída de la bolsa de Nueva York. Cuatro años después del crack de 2007, la US Securities and Exchange Commission concluyó que los directivos de las dos grandes hipotecarias, Fannie Mae y Freddie Mac, habían engañado a los inversores al no informarles de los riesgos que estaban asumiendo con las *subprime* e hipotecas basura, iniciadoras de la devastadora crisis financiera posterior.

6. Conciernen estos últimos, principalmente, a situaciones generadas por las transformaciones en el mercado laboral, la conciliación entre vida laboral y familiar y las consecuencias de las reformas introducidas en los propios EB respecto a los «viejos riesgos sociales» (Ejemplo privatización de las pensiones y otros programas de seguridad social; véase capítulo II).

7. Charles Tilly (2004) ha calculado que más de 100 millones de personas fallecieron en el siglo XX a causa de conflictos bélicos. Un número similar de muertes de civiles fueron causadas por los efectos colaterales de los conflictos. Solo en Europa se estima que 70 millones de personas murieron a causa de guerras, hambrunas y diversos tipos de violencia entre 1914 y 1945.

8. El 14 de febrero de 1984, el Parlamento Europeo aprobó por una amplia mayoría el borrador redactado por Alterio Spinelli (1907-1986), a fin de establecer la Unión Europea.

9. Que fructificaron en la aprobación legislativa de la seguridad social de 1935. Con anterioridad, durante el periodo 1870-1930, las políticas sociales en Estados Unidos tuvieron como principales beneficiarios a los soldados (veteranos del ejército de la Unión tras la guerra civil de 1861-1865) y las madres (Skocpol, 1992).

10. También se le ha parangonado con la política monetaria restrictiva de la *Rogernomics* en Nueva Zelanda —implementada por Roger Douglas, ministro de Economía del gobierno laborista en 1984— o el *economic rationalism* australiano de las décadas de 1980 y 1990.

11. Peter Mandelson, uno de los más preclaros consejeros áulicos de Tony Blair (*spin doctor*) declaró en enero de 1998: «We are

intensely relaxed about people getting filthy rich» («Poco nos importa que la gente millonaria se forre de dinero»). El diputado laborista, luego comisario de comercio de la Unión Europea (2004-2008), aclaró más tarde que debía añadirse a dicha frase la siguiente apostilla: «[...] as long as they pay their taxes» («siempre que paguen sus impuestos»). En sus memorias publicadas en 2010 (*El Tercer Hombre, La vida en el corazón del nuevo laborismo*), Mandelson denunciaba que los gobiernos *New Labour* habían desperdiciado 13 años en el poder representando a la clase dirigente y renunciando a satisfacer las aspiraciones de los trabajadores.

12. Prescripciones y medidas que propugnaban la disciplina fiscal, el reordenamiento de las prioridades del gasto público, la reforma impositiva, la liberalización de los tipos de interés, de los tipos de cambio competitivos, del comercio internacional, de las inversiones extranjeras directas, así como la privatización, la desregulación y la preservación de los derechos de propiedad.

13. Con harta frecuencia se pasa de puntillas por el principio básico de la contabilidad clásica (doble partida) introducido por Fra» Luca Pacioli (1445-1517), mediante el cual se establece que a toda «salida» (gasto) corresponde una anotación contable como «entrada» de igual importe. En otras palabras, a todo cargo le corresponde un abono.

14. Incluido el Reino Unido, donde los intentos de erosión del EB fueron más pugnaces. Recuérdese que los niveles de gasto público relativo a los programas del bienestar en el Reino Unido no sufrieron detrimento durante el dilatado gobierno conservador (1979-1996), y, si acaso, experimentaron un ligero aumento en sus cifras agregadas, como resultado de una «dependencia de la senda» institucional (*path dependency*) que la política *thatcherite* no pudo modificar (Pierson, 1994).

15. Por ejemplo, los conocidos como *hedge funds* («fondos de cubrimiento de riesgo») permitieron apalancamientos financieros que, con una revalorización del 1 % en el precio de sus activos, o una caída en el precio de sus deudas del mismo porcentaje, duplicaron en algunos casos su capital. De igual modo, y dependiendo de la variabilidad estocástica de los mercados financieros, los fondos perdieron, en ocasiones, enormes sumas de capital y hasta la desapari-

ción del mismo, tanto del propio como del prestado (Krugman, 2009). Recuérdese que el apalancamiento hace referencia a la proporción máxima de pasivos con relación a recursos propios.

16. La lejana advertencia de John Stuart Mill (1806-1873) de que el orden capitalista colapsaría si no frenaba su incansable saciedad y se adaptaba a un estado económico estacionario ha recobrado vigencia a tenor de sus últimas evoluciones financieras. Aun compartiendo buena parte de los análisis del autor de *Principios de economía política* (1848), Salvador Giner (2010) enfatiza la sempiterna capacidad de supervivencia del capitalismo ante las crisis aparentemente autodestructivas. Para John Holloway (2002), analista marxista del cambio social, el capital «necesita» a las crisis para reafirmar su autoridad y su poder de mando.

17. El gobierno conservador-liberal presidido por David Cameron se opuso en la cumbre europea de 9 de diciembre de 2011 a tomar medidas comunes para superar la crisis del euro. Sus declaraciones de que estaba «feliz de no pertenecer al euro» ilustraban tales posiciones de rechazo a la moneda europea.

18. Sin embargo, la crisis de la deuda soberana ilustra la ineficacia de las políticas nacionales de los estados miembros, así como los efectos negativos de la inexistencia de una unión fiscal y un tesoro único continental. A fines de 2011, los eurobonos aparecían como instrumentos capaces de gestionar las garantías mancomunadas de los socios europeos. Alemania, el país menos golpeado por la crisis económica, se oponía a dicha posibilidad.

19. Los BRICS ocupan alrededor del 40 % de la superficie mundial, agrupan a más de la mitad de su población y agregan una cuarta parte del PIB internacional. En términos relativos, sus indicadores son más propios de países del tercer mundo. China, por ejemplo, ocupará en un futuro no muy lejano el primer puesto como país por su PIB absoluto, pero su renta per cápita era la número 90 del ranking mundial en 2012. Recuérdese, asimismo, que la UE, con apenas el 9 % de la población mundial, formaba el grupo de países más rico con un porcentaje superior al 20 % de la renta global.

20. Las propuestas de la «sociología pública» pretenden promover el activismo y la movilización de las jóvenes generaciones de sociólogos frente a los procesos de globalización y privatización que

pugnan por disminuir la voz pública de la sociología. En tales reclamos subyace un deseo normativo para que los sociólogos sean también agentes de cambio, requiriéndoles a una mayor implicación en un debate público neutralizado por los grandes conglomerados mediáticos. Estos insisten en remitir a la esfera privada asuntos que conciernen al bienestar del conjunto social (Moreno, 2011).

21. Reputación íntimamente ligada a sus propias convicciones compasivas. Para Smith, por paradójico que pueda parecer en los tiempos que corren, la disposición a idolatrar a los ricos y poderosos, así como a ignorar a los pobres y humildes, era la principal causa de corrupción de los sentimientos morales humanos (Smith, 1759).

22. Impulsada por los profesores de filosofía moral de la Universidad de Glasgow Francis Hutcheson (1694-1746) y Thomas Reid (1710-1796). En Edimburgo, otro grupo de filósofos interesados por la ciencia y la economía política, liderado por Dugald Stewart (1753-1828), integró a James Mill (1773-1836), impulsor del radicalismo filosófico y de la escuela de pensamiento utilitarista, y a su hijo, John Stuart Mill (1806-1873), principal teórico del liberalismo político de mediados del siglo XIX. Sobre la Ilustración escocesa consúltense los trabajos de María Isabel Wences Simón (2006, 2007, 2009).

23. Seguidores de la denominada «nueva economía política» incluyen tanto a economistas de países del tercer mundo, críticos con la agenda de políticas neoliberales, como a economistas influyentes (*mainstream*) ganadores del premio Nobel y desilusionados con la teoría económica neoclásica.

24. Los EB culminarían de tal manera: procesos precedentes de formación estatal (*state formation*), construcción nacional (*nation-building*) y democratización de masas (*mass politics*) [Flora, 1999].

1. ESTADO DEL BIENESTAR, ¿EPIFENÓMENO DE LA MODERNIDAD?

1. Friedich August von Hayek (1944) criticó de manera contundente la economía planificada comunista, la cual impelía a recorrer

un camino de servidumbre que abocaba indefectiblemente en el totalitarismo y la disolución de las libertades individuales.

2. A algunos de sus representantes kraus-institucionistas en España, tales como Gumersindo de Azcárate o Francisco Giner de los Ríos, también se les denominaba a la sazón «neoliberales». Los representantes de la Institución Libre de Enseñanza sustentaban sus propuestas de acción en un «racionalismo armónico» que abogaba por programas que auspiciasen una coexistencia simbiótica de clases sociales y actores económicos superadora del conservadurismo tradicional, el *laissez-faire* depredador, el corporativismo católico y el colectivismo revolucionario.

3. En alguna medida, esta visión de los derechos sociales básicos es compatible con la posición de Robert Nozick (1974), al sostener que tales derechos comunitarios mínimos no deberían tener como finalidad la consecución de situaciones (pre-)definidas de bienestar individual, sino la evitación de que los ciudadanos fuesen privados del acceso a los bienes básicos. La visión liberal libertaria de Nozick se contrapone a la de liberales sociales neocontractualistas como John Rawls (1971), para el cual el *maximin* de justicia social debe ser producto de elecciones que favorezcan a los ciudadanos más desaventajados.

4. Según un reportaje publicado en el *Sunday Times* de 23 de julio de 1989, la «dama de hierro» había revisado un discurso de su ministro de Sanidad, Kenneth Clarke, del cual había eliminado la palabra «sociedad» en todos los pasajes donde aparecía. Recuérdese que Clarke se ha mostrado como un contumaz europeísta en el seno de un Partido Conservador refractario, en los últimos tiempos, a la UE y al euro.

5. Tal consumismo conlleva el gasto «compulsivo» de dinero a fin de adquirir bienes y servicios que, en última instancia, otorgan visibilidad al poder económico y establecen los mecanismo de obtención y preservación del estatus social de las personas.

6. Puede argüirse, no obstante, que se trata de un tipo de individualismo «social» mediante el cual los ciudadanos emplazan a las instituciones estatales del bienestar a ocuparse de quienes necesitan ayuda (Rothstein, 1998).

7. En 2008, por ejemplo, el tipo marginal del impuesto sobre la

renta de las personas físicas (IRPF) en Dinamarca era del 59 %, en contraste con el 43 % de España. El menor porcentaje en Europa correspondía a Bulgaria con un 10 % (KPMG, 2008).

8. En términos de economía política, se ha insistido en que, dada una situación de falta de equilibrio entre libertad de iniciativa individual y regulación de un marco institucional, los capitalistas ponen en peligro al propio capitalismo (Rajan y Zingales, 2003).

9. Recuérdese que, mientras en 2002 el volumen de créditos *subprime* de las entidades financieras en Estados Unidos alcanzaba alrededor del 7 % del mercado hipotecario, al inicio del crack el porcentaje se había casi duplicado. El uso descontrolado de la titulización (*securitization*) ha sido considerada una de las grandes responsables de la crisis, dado que muchos créditos *subprime* se titularizaron. Al pasarse las entidades unas a otras los riesgos inherentes de estas titulaciones «infectadas», se contaminó todo el sistema financiero estadounidense y, por ende, mundial. El elevado riesgo de impago de los deudores de los activos fue el principal riesgo que ocultó la titulización. A fines de 2011, el Tesoro estadounidense había inyectado dinero público, que se aproximaba a 200.000 millones de dólares, para cubrir los créditos de las hipotecarias semipúblicas Fannie Mae y Freddie Mac, las cuales poseían o garantizaban la mitad de las hipotecas emitidas en Estados Unidos antes de la recesión y más del 90 % de las suscritas posteriormente.

10. Se proponen nuevas formulaciones del viejo ideario emancipador europeo en las que «singularidad», «comunalidad» y «reciprocidad» adecuarían la vieja tríada emancipatoria de «libertad», «igualdad» y «fraternidad» a los tiempos posmodernos (Rosanvallon, 2011).

11. La pulsión de la *hybris* moderna en la cultura capitalista persigue ir siempre más allá y, por consiguiente, descarta la propia noción de límites al bienestar colectivo (Bell, 1981).

12. La historia de Roma apareció por capítulos en *Domenica del Corriere* y luego fue editada unitariamente en 1957. La cita reproducida es de una reciente edición en lengua castellana (2010: 350-1).

13. En alusión, respectivamente, a las aportaciones de James O'Connor, Ian Gough y Claus Offe, por un lado, y Friedrich A. von Hayek y Milton Friedman, por otro. El «cuento O'Goffe», a su vez,

se ha considerado una reacción a las narraciones del bienestar de linealidad historicista caracterizadas por la «escuela Marmuss» (T. H. Marshall y Richard M. Titmuss).

14. El ámbito de aplicación de las Nuevas Leyes de Pobres, promulgada en 1834 tras diversos informes realizados en 1816 y en años posteriores, afectaba a Inglaterra y al País de Gales. El sistema en Escocia era diferente y fue reformado en 1845, mientras que el irlandés, influido por la legislación inglesa/galesa, fue implantado por primera vez en 1838, aunque quedó desbordado como consecuencia de las hambrunas de la patata entre 1845 y 1852.

15. Karl Polanyi (1944) remarcó el carácter adiestrador y disciplinador de las New Poor Laws, al constituir un soporte jurídico y político que coadyuvó a la estructuración de un mercado laboral y a la mercantilización de la mano de obra.

16. La noción auspiciada por el sociólogo pionero Lorenz von Stein (1815-1902), y utilizada por primera vez en 1850, hacía hincapié en la necesidad de iniciar una etapa de reformas sociales que mejorase las condiciones de vida de las clases subordinadas, y que evitasen revoluciones.

17. Que sí se formalizó en el texto constitucional alemán tras la Segunda Guerra Mundial (*Grundgesetz*), y que había tenido un referente anterior en la Constitución de Weimar de 1919. La expresión «estado social y democrático de derecho» fue adoptada en el primer artículo de la Constitución española de 1978.

18. Basado en ideas formuladas por Karl Polanyi, Gøsta Esping-Andersen ha identificado a la «des-mercantilización» (*decommodification*) como el indicador mensurable más característico del bienestar social. Richard Titmuss (1962), pensador de la corriente socialdemócrata de la posguerra británica, ya consideraba las políticas sociales como medios para no depender del salario como única forma de emancipación y satisfacción de necesidades.

19. Incertidumbre que, en forma de choques imprevistos, es uno de los «fallos» del mercado, junto a los conocidos problemas de la formación de oligopolios y monopolios, las disparidades entre costes privados y costes sociales, la existencia de los bienes públicos o la información asimétrica a disposición de los agentes económicos.

20. Aquellas que son más concordantes con la idea de la nación-

comunidad expuesta por los seguidores del utilitarista Jeremy Bentham (1748-1832).

21. Tal aproximación ha sido reforzada en el Reino Unido desde 2010 por el gobierno del conservador-liberal de David Cameron. Para algunos observadores, como el economista Paul Krugman, la motivación ideológica no es otra que reducir el tamaño del EB británico para dar paso a una mayor presencia del sector privado en la economía del país («British fashion victims», *New York Times*, 22.10.2010).

22. Algunos sistemas de seguridad social como el español evolucionaron hacia un híbrido en el que los recursos aportados en su mayoría por los trabajadores por cuenta ajena han sufragado programas asistenciales generalistas (por ejemplo, pensiones no contributivas financiadas por la seguridad social tras su implementación en 1990/1994).

23. Se ha argumentado que Europa del Este constituye otro régimen de bienestar en sí misma (Deacon, 2000). La última evolución parece indicar, sin embargo, que mientras algunos países excomunistas se agrupan según la tipología liberal, otros muestran una orientación marcadamente continental bismarckiana (Potucek, 2008).

24. Así denominado en Suecia en referencia al largo periodo en el poder de los socialdemócratas suecos (1932-1976) en el que se construyó y consolidó normativamente un estado basado en la solidaridad, la igualdad y el universalismo. El individualismo social sueco halló en el *Folkhemmet* una fórmula institucional en la que la confianza mutua y los derechos colectivos prevalecían sobre las soluciones individuales. Además, dicho modelo se proponía como una opción intermedia entre el capitalismo y el comunismo enfrentados durante el periodo de la guerra fría (1947-1989).

25. En todos los regímenes del bienestar, la familia desempeña cierto papel. Se arguye, sin embargo, que mientras Europa central y septentrional, junto con el ámbito norteamericano, son contextos caracterizados por sus débiles ligámenes familiares, en el sur de Europa y la cuenca mediterránea existen lazos familiares fuertes. De acuerdo con esta visión, tales diferencias están enraizadas históricamente y no disminuyen en los tiempos presentes de una manera fun-

damental (Reher, 1996; 1998; Naldini, 2003). Como alternativa, otros autores observan que los cambios societarios en Europa meridional pueden estar orientándose en una dirección menos familista a la luz de la reciente evidencia empírica (Marí-Klose, *et al.*, 2010).

26. Durante todo este periodo se avanzó en la construcción de un sistema de seguridad social instrumentalizada como mecanismo coadyuvante del proceso de acumulación de capital. La eficacia en los resultados económicos de los planes de desarrollo, así como la necesidad de una mayor adecuación de las estructuras productivas españolas a las europeas, tuvieron su reflejo en una mejora sustancial en el sistema de protección social (Espina, 2007).

27. Los valores de satisfacción vital los expresan de este modo los ciudadanos en una escala de 0-10 (Veenhoven, 2009).

28. Según el enfoque de las «variantes del capitalismo», el modelo «renano» continental y el nórdico se caracterizan por las relaciones sociales entre empresarios, sindicatos, instituciones financieras e instancias públicas, lo que contrasta con las economías liberales y de escasa intervención pública (EE.UU. y Reino Unido) [Soskice, 1999].

29. Esto respondería a la observación de que la convergencia económica de los gobiernos españoles durante los años de tránsito al tercer milenio se realizó en detrimento de la convergencia social (Navarro, 2007; Rodríguez Cabrero, 2008).

30. En las cifras de otros países se observa un crecimiento menor (de un 29,5 % en 2000 a un 33 % en 2009 en Francia; de un 26,4 a un 29,2 % en el Reino Unido; o de un 30 a un 32 % en el caso de Suecia). Para el conjunto de la Eurozona el incremento evolucionó de un 26,7 a un 30,2 % (Eurostat).

31. En 2010, y con una tasa de desempleo que rondaba el 23 % de la población laboral activa, el coste de los distintos subsidios de desempleo alcanzaba el 4 %, porcentaje similar al del gasto total en educación.

32. Según esta visión, la labor fundamental de los investigadores sociales es realizar análisis sociales que prescriban escenarios «mejores» para alcanzar el ideal de la «sociedad virtuosa» (*good society*).

33. Los II, III, IV y V Planes de Acción para la Inclusión Social (2003-2005, 2005-2006, 2006-2008 y 2008-2010) incorporaron

gradualmente un mayor nivel de concreción en las medidas propuestas, así como ciertos cambios en los acentos sobre los colectivos atendidos y en la distribución de los recursos (Pérez Eransus *et al.*, 2009).

34. La tesis conocida como «Nixon va a China» (*Nixon-goes-to-China thesis*) pone de relieve la evitación de la culpa (*blame avoidance*) o el desgaste electoral, que supone para los decisores públicos (*policy makers*) desarrollar iniciativas políticas que no están en su universo axiológico o ideológico. Recuérdese que Richard Nixon, un vehemente anticomunista, fue el primer impulsor de la denominada «diplomacia del ping-pong» con su visita a China y su encuentro con Mao Zedong en febrero de 1972. En la misma línea de argumentación, las reformas de las políticas del bienestar no serían gravemente penalizadas electoralmente a los partidos socialdemócratas, porque a estos les avala su supuesta reputación favorable al EB (Ross, 2000).

35. Dicho estudio, en el que ha participado el grupo investigador POSEB (Políticas Sociales y Estado del Bienestar), del Instituto de Políticas y Bienes Públicos (IPP-CSIC), integrado en el proyecto internacional WAE (Welfare Attitudes in a Changing Europe), y auspiciado por la Fundación Europa de la Ciencia (2009-2012), ha analizado empíricamente —con datos del ESS 2008— el modo en el que las instituciones de protección social existentes afectan a los valores sociales, y estos, a su vez, legitiman los equilibrios institucionales y sus efectos sobre el bienestar social.

36. Los nueve valores sociales utilizados en el estudio son: religión, logro, igualitarismo, multiculturalismo, confianza, tradición, autoritarismo, empatía intergeneracional y equidad (progresividad fiscal).

II. EL CRECIMIENTO HASTA LÍMITES DEL BIENESTAR SOCIAL

1. El celebrado modelo automovilístico T de Henry Ford había simbolizado la producción masiva industrial mediante el sistema de la «cadena de montaje». El fordismo básicamente optimizó las tecnologías y la división del trabajo especializado (taylorismo) ya existentes con un aprovechamiento del trabajo estacionario facilitador

de considerables aumentos de productividad, y a lo que contribuyó la optimización de un tipo de empleo poco cualificado, repetitivo y remunerado con salarios relativamente altos.

2. El cual ha apuntado a una reorganización productiva ajustada a necesidades específicas y no a la fabricación masiva de bienes de consumo. De acuerdo con este patrón (pos)fordista, se ha primado la producción «justo a tiempo» (*just in time*), basada en la demanda, y más flexible en la adecuación a las preferencias de los consumidores. El trabajador multifuncional y la labor de equipo han apuntado a una mayor eficiencia productiva en contraste con la individualización laboral característica de la cadena fordista.

3. Desde una perspectiva epistemológica hegeliana, Ignacio Sotelo subraya el componente estatalista del EB como forma de organización política que nace con la modernidad. Si bien sus anclajes históricos y en la democracia representativa son resistentes, no ha podido evitar su reconversión a mero estado social, el cual solo pervivirá, según Sotelo, en su forma estatalista nacional.

4. El proyecto de investigación liderado por Peter Flora y —la serie de publicaciones subsiguientes— enunciaba en su título general la hipótesis central de los trabajos: el crecimiento hasta límites (*growth to limits*). Tal título se contraponía al del informe del Club de Roma de 1972: «Los límites al crecimiento» (*Limits to Growth*) [Meadows *et al.*, 1972], el cual examinaba las consecuencias de un mundo en constante y rápido crecimiento demográfico y con recursos materiales finitos. El informe proseguía, de alguna manera, las preocupaciones y predicciones de Malthus en su celebrado *Ensayo sobre el principio de la población* (1798).

5. Idea utilizada por Peter Abrahamson (1997) con relación a las políticas sociales de lucha contra la exclusión social en Europa.

6. El «cuento O'Goffe» apuntaba a cómo el estado del bienestar había relegado a un segundo plano los conflictos de clase, aunque erosionaba los dispositivos de acumulación capitalista. El «cuento Hayman» (Friedich A. Hayek y Milton Friedman) señalaba que la «estatalización» de la actividad económica y el alto nivel de recursos «cautivos» por el insaciable sector público de la economía impedían la creación de nuevas empresas y empleos (Friedman y Friedman 1980).

7. En contraste con el concepto de economía productiva, el cual compete a todas aquellas actividades de producción de bienes o servicios, la economía especulativa, algo más compleja de definir, hace referencia a la capacidad de generar rentabilidades dinerarias a partir de otro producto o activo.

8. Recuérdese que durante el primer mandato de Bill Clinton (1993-1997), cuando los muy ricos pagaban casi el doble de impuestos que tras la crisis de 2007, se crearon 11,5 millones de puestos de trabajo, lo que contrasta con la caída del empleo durante el periodo de «vacaciones fiscales» de George W. Bush. El desempleo se duplicó desde el final de la presidencia de Clinton (2001) a la conclusión de la de Bush (2009), hasta alcanzar el 8 % de la población activa laboral.

9. Esta denominación genérica en inglés hace referencia al resurgir político de una cosmovisión económicamente liberal/libertaria y conservadora a nivel social que, entre otros postulados, aboga por una reducción del sector público y de la regulación financiera. Muy antiigualitarista es partidaria de un reforzamiento de la «ley-y-el-orden» y del etnonacionalismo estatalista de vocación exclusivista. En el mundo anglosajón ha derivado, en algunos casos, hacia posiciones ultramontanas como las representadas por el Tea Party norteamericano o las propuestas del Partido por la Independencia del Reino Unido (United Kingdom Independence Party).

10. En el que la forma predomina, a menudo, sobre el fondo, manifestándose en un consumismo desaforado con el afán de conseguir sensaciones intensas pero generalmente efímeras (Taylor, 1996).

11. Según postulados de la economía política clásica, como los conceptualizados por David Ricardo (1772-1823), quien consideraba al trabajo como una mercancía cuyo «precio natural» debe proporcionar al trabajador los medios —mínimos y básicos— para su subsistencia y solo con el fin de asegurar la reproducción de mano de obra, sin aumento ni reducción de la misma.

12. Para John Bright (1811-1889) y Richard Cobden (1804-1865), representantes de la «escuela de Manchester», en la economía debía imperar un irrestricto *laissez-faire*. Es decir, el estado no intervendría en favor o en detrimento de ningún agente económico o fuerza productiva. Ello implicaba la ausencia de legislación social

para los trabajadores, los cuales quedarían a merced de las condiciones de trabajo que pudieran imponerles «libremente» sus patronos.

13. El también denominado «efecto Baumol» atañe a los incrementos salariales en un tipo de empleos relacionados con el EB, tales como los educativos o los servicios sociales de atención personal (acompañamiento o cuidados de larga duración, por ejemplo), a fin de no «perder el paso» con las remuneraciones de otras ocupaciones, cuyos aumentos están condicionados por una mayor productividad laboral. Como consecuencia, un aumento de empleos de cuidados primarios requeriría una mayor financiación pública hasta un punto límite de la conocida «curva de Laffer», más allá del cual un incremento en la recaudación de impuestos podría resultar contraproducente.

14. En algunos países —Suecia, por ejemplo—, un número considerable de mujeres podía ganar apenas 100 euros más si estaban empleadas por cuenta ajena que recibiendo subsidios del sistema de protección social. Si se imputasen los gastos de transporte o gastos extras, la renta disponible restante sería incluso menor que la facilitada por los subsidios disponibles del bienestar (Lindbeck, 2006).

15. Para Maurizio Ferrera, las «trampas», o *trappole del welfare* (1998), pueden llegar a socavar los fundamentos de los sistemas de protección social europeos. Además de realizar reformas puntuales, sería conveniente una redefinición de riegos y necesidades acreedoras de la ayuda pública en evitación de usos privilegiados por parte de colectivos sobreprotegidos.

16. Robert Merton aludió al «efecto Mateo» como plus de reconocimiento y recompensas que recibían los científicos que ya poseían una reputación y un estatus consolidado. Un plus que se detraía de los científicos jóvenes que no habían conseguido un mínimo nivel de notoriedad. El «efecto Matilda», acuñado por la historiadora de la ciencia Margaret Rossiter en homenaje a Matilda J. Gage, activista feminista, sufragista y abolicionista, es de índole similar referido al menor crédito y reconocimiento que les correspondería a las mujeres científicas en comparación con el de los hombres.

17. Una vez contabilizadas las «salidas» y las «entradas» en Suecia, se observa que un 60 % de los hogares suecos pagan más de

lo que reciben de la provisión social estatal. Un dato semejante debe tenerse en cuenta a la hora de evaluar los efectos de las transferencias de rentas entre los ciudadanos (Rothstein, 1998).

18. En Estados Unidos, el recurso al endeudamiento personal para pagarse los costes que conlleva realizar una carrera universitaria se han convertido en un problema para los estudiantes. Recuérdese que, a finales de 2011, la deuda contraída por los universitarios estadounidenses superaba el millardo de dólares (unos 800 millones de euros). Desde 2005, se prohibió a los estudiantes declararse en quiebra, lo que ha supuesto que uno de cada cinco endeudados se enfrente a procesos judiciales como consecuencia de su insolvencia. El coste medio de las matrículas para obtener una licenciatura rondaba los 25.000 dólares (unos 20.000 euros).

19. Lo limitado de las reformas del sistema de pensiones de 1992 (reforma Amato), de 1995 (ley Dini) o de 2004 (ley Maroni) cabe achacarse a la fuerte presión de los sindicatos, canalizadores de los intereses de los asalariados *insiders*, y al poco convencimiento de una «casta» política que es la más envejecida y privilegiada en toda la Unión Europea (Rizzo y Stella, 2007). A finales de 2011 y dada la crisis de la deuda soberana, el gobierno «técnico» de Mario Monti implementó una drástica reforma de las pensiones para controlar su gasto futuro.

20. En el caso de Suecia, se ha documentado, por ejemplo, con las enfermedades de «fin de semana», en las que los beneficiarios «utilizaban» el viernes y/o lunes siguiente como días de enfermedad, prolongado así los días de inactividad por baja laboral. La tasa más alta de bajas laborales en los países europeos desde la década de 1980 correspondía al país escandinavo, donde el 10 % de la población (más de 850.00 personas) llegó a recibir durante el año 2002 prestaciones por baja laboral en alguna ocasión (Andrén, 2003).

21. Según datos del Parlamento Europeo, alrededor del 5 % de la población europea femenina afronta la maternidad en solitario.

22. En algunos países, tales como España o Francia, se han establecido fondos de reservas en sistemas pensionísticos parcialmente híbridos, ya que utilizan instrumentos de capitalización y no solo de reparto.

23. En 2009, el gasto en protección de desempleo sobrepasó la

cifra de 34.000 millones de euros. A finales de 2011, dicho gasto volvía a superar los 30 millardos de euros, lo que equivale a tres veces el gasto anual en inversiones productivas como las infraestructuras. El número de beneficiarios alcanzaba casi los 3 millones y se calculaba en 1,7 millones el número de desempleados que no disponía de subsidio alguno. Según datos del Ministerio de Trabajo, la cobertura era del 68 % de los parados, trece puntos menos desde los máximos alcanzados a finales de 2009.

24. España era en 2005 el país donde la primera maternidad y paternidad se producía más tarde, con una media que se situaba alrededor de los 31 años. En la Unión Europea, durante el lustro anterior, la maternidad del primer hijo se había retrasado una media de 2,4 años, hasta los 29,5 años.

25. Entre mediados de la década de 1970 y el año 2003, el número de nacimientos se redujo a la mitad, mientras que la tasa de fecundidad pasó de 2,90 a 1,23 hijos por mujer en edad fértil (15-44 años) [Salido y Moreno, 2009].

26. En España, y según datos del CIS (Centro de Investigaciones Sociológicas), el modelo del «varón sustentador» (*male breadwinner*) ya era considerado inaceptable en 1995 por dos terceras partes de las mujeres españolas. En 2002, el 92 % de todos los españoles se declaraba a favor de un modelo de «doble salario» en los hogares, con rentas tanto de hombres como de mujeres.

27. En el periodo 1998-2009, los dos países europeos donde más descendió la tasa de matrimonio por 1.000 habitantes fueron España (-1,45) y Portugal (2,77). En contraste, los países del norte eran aquellos con tasas más altas (todas ellas superiores al 5 por 1.000 habitantes).

28. En Grecia, el 1,7 % de los jóvenes mayores de 20 años cohabitaban en 2008, porcentaje que en Italia es del 2 %, del 3 % en España y del 4,1 % en Portugal. El promedio en los países de la OCDE era del 6,8 %.

29. Sin embargo, los porcentajes de Italia y Grecia en 2008 son notablemente más bajos y muy alejados de los más altos (5,9 % en Grecia y 20,7 % en Italia, en contraste con el 46,2 % en Noruega y el 54,7 % en Suecia).

30. Además, y en el caso de España, el 41 % de los menores de

35 años apuntaban a la obsolescencia del matrimonio, actitud que contrastaba con un porcentaje del 14,5 % manifestado por los españoles mayores de 65 años.

31. Para los jóvenes padres españoles, italianos, griegos y portugueses, una extendida estrategia familiar es contar con el concurso de las «madres sustitutas», por lo general un pariente que reside en las cercanías. En España, por ejemplo, tres de cada cuatro madres trabajadoras disponen de un familiar «disponible» que reside en la misma población, y en más de la mitad de los casos se trata de su propia madre (Tobío, 2005).

32. En 2002, tres cuartas partes del trabajo doméstico era realizado en España por mujeres —un promedio de 4,24 horas diarias—, mientras que los hombres ocupaban 1,30 horas. En 2010, la dedicación de los hombres se había incrementado una media de 1 hora diaria, pero las mujeres se seguían responsabilizando del 65 % de las tareas del hogar. Considérese, asimismo, que en 2004 el 96 % de excedencias por cuidado de los hijos recaía en las mujeres y el 98 % de los permisos de maternidad/paternidad correspondían a mujeres (Salido y Moreno, 2012).

33. Eran de un 11 % en el grupo de edad de 65 a 69 años; del 16 % en el de 70-74 años; del 25 % en el de 75-79 años; del 34 % en el de 80-84 años y del 54 % en el de a partir de 85.

34. La diversas leyes autonómicas atribuyen competencias y responsabilidades a los gobiernos locales, especialmente respecto al nivel primario (tales como prevención, información, orientación, seguimiento o elaboración de los programas individuales) y a los servicios de proximidad (atención domiciliaria, teleasistencia o centros de día, por ejemplo), que son claves para la aplicación eficaz de la LAPAD (MSPSI, 2011).

35. El presupuesto de las Comunidades Autónomas priorizó las actuaciones relativas a Ley de la Dependencia (2.600 millones más en 2008-2010) pero otros servicios sociales vieron reducidos sus presupuestos (1.300 millones en el mismo periodo). Tras las elecciones de noviembre de 2011 se reabrieron dudas respecto a viabilidad presupuestaria de la LAPAD.

36. Debates en los que el lenguaje es un factor cultural de primera magnitud. Los significados, por ejemplo, de *workfare*, «activa-

ción» o «inserción», están ligados a políticas culturales dispares en el caso de EE.UU. y la UE (Barbier, 2009).

37. En España, por ejemplo, los pobres severos con rentas iguales o inferiores a un cuarto de la media de la renta doméstica equivalente per cápita pasaban del 36 % —de ser considerados individualmente— al 5 % de la población al tener en cuenta la renta doméstica agregada de los hogares (Carabaña y Salido, 2001).

38. En España, y debido a los altos porcentajes de temporalidad de los asalariados, el porcentaje de parados de larga duración que llevaban doce meses o más buscando empleo era uno de cada dos a finales de 2011 (Foessa, 2012).

39. El primer ministro conservador, David Cameron, anunciaba en marzo de 2012 una revolución del *welfare* a fin de poner fin a lo que describía como formas de vida basadas en la percepción de subsidios y alternativas al trabajo remunerado. Con ello se apuntaba a un recorte de prestaciones sociales de 26 millardos de libras esterlinas.

40. Como ha puesto en evidencia el estudio de Wilkinson y Pickett (2009), los efectos del aumento de la desigualdad se manifiestan en una desazón que actúa como «multiplicador» de la frustración y anomia sociales.

41. Téngase en cuenta, sin embargo, que prácticamente la mitad de los empleados a tiempo completo en los países del régimen liberal-anglosajón ganan menos de dos tercios de la media salarial, en contraste con un tercio en el caso de la Europa continental y una quinta parte en Escandinavia (Esping-Andersen, 1999).

42. Recuérdese que los reformistas protestantes auspiciaron métodos de control social y de escrutinio a fin de verificar las «auténticas» carencias de los necesitados, y evitar que se «premiase» la desidia u holgazanería de los pobres «indignos» (*undeserving poor*). Para los luteranos eran prácticamente sinónimos los conceptos de pobreza y vagancia. Para ello el método de salvación en el mundo terrenal no era otro que el trabajo, bien fuese como castigo por la condición de pobre indigno, o como premio por pobre digno. Dichas bases ideológicas son identificadas en la seminal obra de Max Weber *La ética protestante y el espíritu del capitalismo*.

43. Garantizado más adecuadamente mediante la renta básica (Van Parijs, 1992). Un grupo de intelectuales agrupados en la Red

Mundial de la Renta Básica (Basic Income Earth Network) llevan insistiendo desde finales de la década de 1980 en la necesidad de que los derechos económicos basados en la ciudadanía deben concretarse en políticas determinadas que den una respuesta justa a los problemas sociales de las sociedades avanzadas en el ámbito de la precariedad social (Domènech y Raventós, 2004).

44. En el liberal Reino Unido, por ejemplo, el gobierno liberal conservador presidido por David Cameron introdujo el *universal credit*, dirigido a aquellos ciudadanos más necesitados y cuyo objetivo era reducir la pobreza relativa en torno al medio millón de niños y 600.000 adultos en edad de trabajar.

45. El Partido de la Libertad (Partij voor de Vrijheid), liderado por Geert Wilders, fue el tercer partido más votado en los Países Bajos en las elecciones de 2010 y provocó la caída del gobierno liberal de coalición en abril de 2012. Entre sus propuestas programáticas destaca la exigencia del dominio de la lengua holandesa, además de certificar 10 años de residencia y experiencia laboral para poder optar a los programas asistenciales y de bienestar social.

46. El argumento es análogo al utilizado por nacionalistas de los estados miembros centrales de la Unión Europea respecto a países periféricos o PIGS (Portugal, Italy, Greece, Spain). El término alemán *Schmarotzer*, por ejemplo, más allá de adjetivar una supuesta actitud de «aprovechados» por parte de los europeos meridionales, trasluce la convicción reificada de que no se merecen los frutos solidarios de sus sacrificadas economías (véase la sección sobre «gorroneo» en el capítulo III).

47. No olvidemos que dichos partidos, en ocasiones conservadores y en otras centristas, fueron los principales impulsores, tras la Segunda Guerra Mundial, del *welfare state* en países como Alemania, Bélgica, Francia, Holanda o Italia, basados en una idea del «capitalismo social» (Van Kersbergen, 1995).

48. Según Paul Ryan, influyente miembro republicano de la Cámara de Representantes de EE.UU., durante el duro debate presupuestario con el presidente Obama en 2011, las minorías étnicas y los inmigrantes se habrían beneficiado de manera abusiva de las prestaciones del bienestar social, las cuales fueron reducidas, condicionadas y, en algunos casos, eliminadas.

III. EL MODELO SOCIAL EUROPEO

1. Tras analizar datos longitudinales de un conjunto de indicadores, se ha apuntado que el rango de variación del *welfare* dentro de la Unión Europea es mayor que entre la UE y Estados Unidos. Sin embargo, no cabe hablar de diferentes modelos sociales europeos sino de distintas trayectorias internas (Alber, 2006).

2. Las ideas de Paul Ryan, promotor de las propuestas políticas económicas del Partido Republicano, están recogidas en su «hoja de ruta para el futuro de Estados Unidos. Un plan para solventar la duradera crisis económica y fiscal de Estados Unidos» (Ryan, 2011).

3. Se estima que la cuarta parte del PIB de la India está en manos de poco más de un centenar de oligarcas, dato que contrasta con la lucha por la supervivencia de más de 800 millones de sus compatriotas, los cuales disponen de un dólar estadounidense al día.

4. Partenariado es una traducción del vocablo inglés *partnership*, que indica una asociación de actores diversos, en particular entre aquellos socios (*partners*) públicos, privados y voluntarios con fines cooperativos. El desarrollo comunitario local, la cooperación al desarrollo o la resolución de conflictos fueron campos pioneros en la aplicación de las formas de partenariado. En el ámbito del EB y las políticas sociales, el partenariado se articula como estrategia de cohesión social, subrayando la particularidad y la naturaleza diversa de los *partners* que lo componen.

5. Consistente en mantener altos niveles de flexibilización laboral conjuntamente con una alta protección social (Moreno y Serrano-Pascual, 2007).

6. De acuerdo con esta visión, el modelo es insostenible financieramente en un futuro a medio/largo plazo. Las altas tasas de fiscalidad podrían frenar no solo la inversión sino también la creación de nuevo empleo. Así, se contraponen los ejemplos de Bélgica y Alemania, donde los asalariados sin hijos a su cargo pagan la mitad de sus salarios en impuestos y cotizaciones sociales, mientras que en Nueva Zelanda pagan poco más del 20 %, y una menor cuantía en economías de rentas medias como en México y Corea del Sur (Shackleton, 2006).

7. El desempleo de la UE-27 alcanzaba la tasa del 10 % (más de

23 millones de parados) al redactar estas líneas. No sorprende la absorción retórica de los aspectos sociales en lo relativo a la «solidaridad financiera», reiterada en las discusiones previas y redacción del documento de la estrategia 2020 (Jepsen y Serrano-Pascual, 2011).

8. Cierto consenso axiológico es crucial para la cohesión social, aunque debe señalarse el carácter dicotómico, pero potencialmente complementario, entre valores como igualdad y logro/valor del esfuerzo personal (*achievement*) tan incardinados en la cosmovisión civilizatoria europea y, por ende, occidental (Dewey, 2008).

9. La dotación total de los tres fondos para el periodo 2007-2013 es de unos 350 millardos de euros, de los cuales España es el segundo recipiendario en términos absolutos (un 10 % del total), y el décimo en valores relativos (casi 800 euros por habitante).

10. La PAC es la política de mayor entidad financiera de la UE, y su presupuesto ha alcanzado en los últimos lustros casi el 50 % del total comunitario. En realidad, la agricultura es el único sector enteramente financiado por el presupuesto de la UE, y alcanzaba 55 millardos de euros en 2009 (se estimaba una reducción de la parte del presupuesto destinada a la PAC desde un máximo del 71 % total comunitario de 1984 a un 33 % en 2013). El Fondo Europeo Agrícola de Desarrollo Rural (FEADER) es también otro instrumento de cohesión comunitario, aunque desde 2007 no está adscrito formalmente a los fondos de la política de cohesión.

11. A diferencia del capital físico (material) o humano (conocimiento), el capital relacional, como parte del más amplio «capital social», se ha convertido en el de mayor incidencia en la presente «sociedad red». Además de proveer de ventajas comparativas colectivas para quienes disponen de un mayor capital relacional, su función de intercambio favorece las relaciones de convivencia social, y puede evitar imposiciones jerárquicas verticales.

12. Recordemos, por ejemplo, que el nacionalismo liberal postulado por Giuseppe Mazzini en el Risorgimento italiano también era estatalista y mayoritario como sucedió en el caso francés, pero contrastaba nítidamente con las manifestaciones de los nacionalismos decimonónicos de la Alemania de Bismarck y de la Rusia de los Romanov, los cuales no fueron precisamente democráticos (Moreno y Lecours, 2009).

13. El nacionalismo estatalista se ha asociado al peor episodio de la historia humana: el Holocausto, *Endlösung* (Solución Final) o *Shoah*, que se cobró la vida de 6 millones de judíos en Europa y que pretendía el exterminio de todo un pueblo.

14. El predicamento populista de los partidos populistas, de derecha radical y/o xenófobos se fundamenta en una retórica que busca el apoyo electoral a partir de lo que el pueblo «quiere escuchar», sin valorar las consecuencias racionales de sus propuestas. Partidos como los «Verdaderos Finlandeses» o el Front National francés constituyen algunos exponentes de tales postulados, que han encontrado predicamento en otros países europeos, tales como Austria, Dinamarca, Hungría, Países Bajos, Reino Unido o Suecia. Xenófobos como Thilo Sarrazin en Alemania se han adentrado en un terreno netamente racista que considera a los musulmanes como *Untermenschen* (subhumanos).

15. EADS (European Aeronautic, Defence and Space Company), originada a partir de la francesa Aérospatiale-Matra, la alemana DASA y la española CASA, compró en 2006 a la británica BAE su participación para hacerse con la totalidad de la compañía Airbus. En la actualidad es el segundo mayor fabricante de aviones y equipos aeroespaciales del mundo.

16. El cual permite «estirar» el nivel de beneficios —pero también de posibles pérdidas— con la inversión de capitales mediante varios productos financieros, incluidos los préstamos para la compra —y recompra—de la vivienda y bienes de consumo. Estas prácticas se desataron en España durante la euforia consumista del decenio 1995-2005 y la formación de la «burbuja inmobiliaria».

17. Antes de su rescate financiero internacional, Irlanda disponía de un ventajoso sistema de *dumping* fiscal, reflejado en el bajo tipo en el impuesto de sociedades (*Corporation Tax*): 12,5 %, alrededor de la mitad de la media europea, y muy por debajo del español (30 %).

18. Téngase en cuenta, por ejemplo, que la tasa de sustitución de las pensiones públicas de vejez en Italia (porcentaje de la pensión recibida respecto al último salario cobrado) era en 2010 del 77 %, en comparación con el 43 % de Alemania.

19. Recuérdese que es el diario «serio» de mayor circulación en

los Países Bajos, y con una línea editorial equiparable a la del periódico *El País* en España.

20. Y cuyo contrapunto sería el complejo de «inferioridad» de algunos países con un pasado histórico vergonzante, como sería el caso del auge del fascismo y las dictaduras militares en el sur de Europa durante el siglo XX.

21. Un panorama más completo de las dificultades de financiación de los países europeos se reflejaba en las cifras de deuda externa que agrega la deuda «soberana» y la privada, y a financiar con los excedentes de los intercambios financieros. El mayor peso de la deuda privada en el caso de España hacía que sus porcentajes totales de endeudamiento (140 % del PIB) fuesen similares a los de otros países como Francia (130 %), Alemania (135 %), Italia (155 %) o el Reino Unido (170 %).

22. A raíz de la rebaja en la nota de solvencia por parte de las agencias de calificación Moody's, Standard & Poor's y Fitch, cuyas sedes centrales están en Nueva York, el gobernador del Banco de Francia, Christian Noyer, denunció la parcialidad «cultural» de que Gran Bretaña permaneciese con la máxima nota, cuando era acreedora en mayor medida a una rebaja que el país galo: «Ellos [Reino Unido] tienen déficits más altos, más deuda, más inflación, menos crecimiento que nosotros, y su crédito se está encogiendo» (*El País*, 15.12.2011). Olli Rehn, a la sazón comisario de Economía de la UE, manifestó, asimismo, que el papel de dichas agencias de calificación se alineaba con el capitalismo financiero de corte anglo-norteamericano.

23. El embajador estadounidense Richard A. Boucher, a la sazón secretario general de la OCDE, declaró en el transcurso de un seminario celebrado en abril de 2012 que: «Nadie quiere ser hoy como España. España solo vale para el flamenco y el vino tinto» (*El País*, 14.04.12).

24. Naturalmente, la falta de confianza de los bancos no españoles se fundamentaba en las dificultades que confrontaban los hogares y empresas para desapalancar su *stock* de deuda privada. El *stock* de crédito concedido por los bancos alcanzaba el 155 % del PIB en 2012 (Guillermo de la Dehesa, «Por qué la reforma laboral es tan necesaria», *El País*, 12.04.2012).

25. Se calcula en 93.000 millones de euros el balance positivo de España en sus veinte años como miembro de la CEE-UE (1986-2006). Ello resulta de deducir a los 211.000 millones de euros de transferencias, en gran parte de los fondos estructurales y de cohesión, los 117.600 millones de euros de contribuciones al presupuesto de la UE, lo que ha implicado una transferencia neta del 0,83 % del PIB de España cada año (Torreblanca, 2005).

26. Como el conocido «freno a la deuda» (*Schuldenbremse*) alemán, al modo del establecido por la constitución helvética, que establece un déficit máximo del 0,35 % del PIB a lo largo del ciclo económico y que el gobierno federal no podrá incurrir en déficit desde 2016, circunstancia que sería igualmente imperativa desde 2020 para los *Länder* o estados constitutivos de la *Bundesrepublik*.

27. Téngase en cuenta que la banca privada paga un interés bajo (en torno al 1 %) por los préstamos del BCE, cantidades que invierte, acto seguido, en bonos públicos de sus propios países de radicación, y por los cuales obtiene en los países con dificultades de endeudamiento una rentabilidad del 4 o 6 % sin riesgo alguno. La pregunta respecto a por qué el BCE no presta directamente a los gobiernos y sí lo hace a los bancos suele contestarse con que se desea evitar el «riesgo moral» que provocaría un sobreendeudamiento público.

28. Recuérdese que fueron los gobiernos de Edward Heath (1970-1975) los principales responsables de la entrada del Reino Unido en la entonces Comunidad Económica Europea, tras el referéndum de 1972. En 2011, el premier conservador David Cameron declaraba estar orgulloso de que el país británico no perteneciese al euro. Los líderes conservadores favorables a un anclaje del Reino Unido en Europa, como Kenneth Clarke, fueron sistemáticamente neutralizados por los euroescépticos de su partido, lo que coincidió con el auge de las posiciones soberanistas británicas y de fortalecimiento de las relaciones transatlánticas con Estados Unidos.

29. Pero que en sus cifras agregadas era menor a la estadounidense. Recuérdese que, en 2010, la deuda de la zona euro ascendió a casi 8 billones de euros (85,4 % del PIB), y la de Estados Unidos a algo más de 19 billones de dólares (94,4 % del PIB). Sin embargo, el país norteamericano, mediante la acción concertada de la Reserva

Federal y el Departamento del Tesoro, había facilitado con dinero público un mercado de deuda con gran liquidez y profundidad y, por consiguiente, había logrado un menor coste para su financiación.

30. La consiguiente reforma del tratado europeo implicaba suscribir una «cooperación reforzada» entre 25 miembros de la UE (a excepción del Reino Unido y la República Checa) para hacer viable la posibilidad de emitir deuda común europea. En un primer momento se sopesaba la emisión de eurobonos por etapas, empezando por un fondo común hasta el 60 %, como prueba de la irreversibilidad del euro y su papel como divisa global de reserva (Barón, 2011).

31. Líderes de diversas afinidades partidarias han reiterado la necesidad de implementar un sistema de eurobonos de estabilidad fiscal. Entre ellos cabe mencionar al presidente del eurogrupo, el cristianodemócrata Jean-Claude Juncker; el presidente de los socialistas europeos, Poul Nyrup Rasmussen; el liberal Guy Verhofstadt, primer ministro belga desde 1999 hasta 2008; o el exministro de Economía con el gobierno Berlusconi y simpatizante ocasional de la Lega Nord, Giulio Tremonti.

32. Con la frase de Robert Gilpin se quería afirmar que las economías nacionales debían conciliar una competencia «abierta» en los mercados globales, según las tesis de la «ventaja absoluta» (conseguida por el país, capaz de producir un bien utilizando menos factores productivos que otros), mientras que con los excedentes comerciales obtenidos preservarían sus EB con la aplicación de políticas de corte keynesiano (Gilpin, 1987).

33. Lo que requeriría exámenes previos de los estados miembros para hacer frente a los desequilibrios excesivos, especialmente en aquellos países de la eurozona con problemas competitividad o elevado paro, como en España.

34. A partir del 1 de julio de 2012, el Mecanismo sustituía las estructuras temporales del Fondo Europeo de Estabilidad Financiero (FEEF) y el Mecanismo Europeo de Estabilidad Financiero, y era el organismo intergubernamental establecido por el Consejo Europeo para gestionar la crisis económica.

35. En 2012, Francia (18,7 %) y Alemania (12,8 %) recibían conjuntamente más del 40 % de todos los subsidios del «primer pilar» (por delante de España, con un 11,3 %, e Italia, con un 9,6 %).

Dicho «pilar», constituido por el «régimen de pago único» (*Single Farm Payment*), financiaba a los agricultores con independencia de su producción. Por lo general, los países con productos altamente subsidiados por la UE, tales como los cereales o los lácteos, reciben la mayor parte del presupuesto de la PAC.

36. Las cuales, según Robert Merton (1968), son predicciones que se hacen realidad merced a la relación causal de la creencia y la forma de comportarse que implica su realización.

37. Un grupo de intelectuales agrupados en la Red Mundial de la Renta Básica (Basic Income Earth Network) lleva insistiendo desde finales de la década de 1980 en la necesidad de establecer políticas concretas que den una respuesta justa a los problemas económicos de las sociedades avanzadas en el ámbito de la ciudadanía social (Domènech y Raventós, 2004).

38. Herman Cain, candidato en las primarias presidenciales del Partido Republicano en 2012, proponía un plan 9-9-9, el cual consistía en reemplazar el sistema impositivo existente en Estados Unidos por uno de «nueva planta» en que se gravara con un 9 % el impuesto personal de la renta, con otro 9 % el impuesto de sociedades, y con un tercer 9 % el impuesto federal sobre el consumo. Se reflejaba en dicha propuesta una ambición compartida por partidarios del Tea Party de lograr tasas impositivas constantes y fijas.

39. Recuérdese, por ejemplo, que en Estados Unidos el motivo principal de que los ricos paguen menos impuestos se debe a que la principal fuente de sus ingresos son las plusvalías de sus capitales, gravadas con un tipo máximo del 15 %, muy por debajo del máximo que se aplica a los salarios (NB. Tres cuartas partes de las plusvalías recaudadas corresponden al 1 % más alto de la distribución de la renta.)

40. Aunando premisas de la economía y la política, la teoría de la elección pública parte del individualismo metodológico y asume que tanto los políticos como los burócratas priorizan la maximización del dinero público a partir de sus propios intereses, y que solo después buscan el bienestar social. Postula que la evidencia científica señalaría al gobierno —y no al mercado— como el ente que debe ser limitado o reducido en beneficio de la sociedad (Buchanan y Tullock, 1962).

41. Por paradójico que pueda parecer, fue la administración del presidente Reagan la que auspició una reforma fiscal que equiparaba en un 28 % los tipos más elevados de las plusvalías y de los rendimientos del trabajo personal. En 2003, George W. Bush consiguió del Congreso estadounidense una reducción significativa de las plusvalías y del impuesto sobre dividendos a un tipo equivalente a la mitad del que se pagaba con anterioridad. Recuérdese que las administraciones de George W. Bush no solo se gastaron el superávit precedente de 5,6 trillones de dólares, sino que dejaron una deuda pública de 10 trillones.

42. Los liberales demócratas británicos, en coalición gubernamental con los conservadores tras las elecciones generales de 2010, sostenían que un mayor nivel de imposición a los más ricos era la forma más justa de reducir el alto déficit público en el Reino Unido.

43. En una de sus postreras decisiones, el gobierno Zapatero indultó en noviembre de 2011 a Alfredo Sáenz, vicepresidente y consejero delegado del Banco de Santander, condenado judicialmente por acusación falsa. Recuérdese que el banquero había declarado en 2004 que era imprescindible y urgente desmontar el estado del bienestar y el *welfare* europeo. En plena crisis financiera, Sáenz, uno de los ejecutivos mejor pagados de España, había decidido rebajar su salario un 10 % para dejar su retribución anual en 9,17 millones de euros.

44. Mediante el cual se expresa una insatisfacción dialécticamente perversa, ilustrada con la frase «pagar impuestos suecos y recibir servicios tercermundistas» (Pradera, 1995).

45. En realidad, el Tratado de Maastricht recoge dos definiciones de subsidiariedad. La primera es de carácter sustantivo y está recogida en el Preámbulo y el Art. 1, en los que se expresa una idea política amplia y conceptual respecto a la proximidad y proporcionalidad de las decisiones a tomar. La segunda definición, incluida en el Art. 5, es de carácter procedimental y su implementación legal no ha dejado de ser problemática (Van Hecke, 2003).

46. La subsidiarización «horizontal», por su parte, ha movilizado a un considerable número de actores implicados (*stakeholders*), los cuales inciden en los procesos de toma de decisiones de las políticas a nivel regional.

47. La extensión de un «localismo cosmopolita» en Europa se fundamenta en la visión de que los intereses societarios tienen como objetivo el desarrollo de un sentido de comunidad local al tiempo que se asume una participación activa en el contexto internacional. Se produce, así, una conciliación de lo particular y lo general (Moreno, 2002).

48. El faro marino es un clásico ejemplo de bien público. Todos los navíos que lo usan se benefician del servicio que presta con independencia de si contribuyen o no a su financiación. Los bienes públicos se caracterizan por la no rivalidad en el consumo y por la imposibilidad de exclusión. Ello implica que la cantidad disponible del bien en cuestión no se ve afectada por el número de usuarios que lo disfruten. Asimismo, es virtualmente imposible excluir de su disfrute a quienes no han participado en su provisión. Su consecuencia mercantil principal es que, al no poder fijarse un precio para su uso, ni proceder a la regulación de su consumo, el mercado carece de incentivos para proveer ese bien, por lo que tales bienes son asumidos por los poderes públicos.

49. En algunos artículos (1, 56 y 137 y muy significativamente en la propia rúbrica del título VIII), se quiere designar al sistema total de organización jurídico político de España. Se incluyen, por tanto, en esta noción las instituciones propias de las nacionalidades y regiones, así como las de otras agencias y entes autónomos que constituyen en su conjunto el estado. En otros artículos constitucionales (3.1, 149 y 150), el estado es sinónimo de las instituciones centrales y de carácter general, así como de sus administraciones periféricas, a las que incluso se contrapone a las autonómicas.

50. En Estados Unidos, el creciente desacuerdo sobre la naturaleza y el contenido del bien público se proyecta en la pugna electoral, y es otro síntoma de la larga contienda cultural y política entre dos visiones contrapuestas sobre lo público (Hunter, 1992).

51. El que se conoce como informe Kok («Hacer frente al desafío. La estrategia de Lisboa para el crecimiento y el empleo») es el documento elaborado por el Grupo de Alto Nivel sobre la Estrategia de Lisboa, presidido por el expresidente del gobierno holandés, Wim Kok.

52. Según el cual se establecía que el prestador de los servicios

pudiera operar en todos los países de la UE pero que tenía que estar vinculado solo a la ley del país en el que estuviese radicado. El «principio del país de origen» había provocado fuertes debates, ya que se aducía que podía incentivar una competencia a la «baja» con una reducción de derechos laborales, niveles retributivos y tutelas sociales.

53. Según lo apuntado en el capítulo II, y de acuerdo con la visión estatalista del bienestar, solo la existencia del estado-nación podría garantizar el mantenimiento institucional del *welfare* en el futuro (Sotelo, 2010).

54. El enfoque de las «variedades del capitalismo» considera a los sistemas de bienestar como sistemas de regulación del mercado de trabajo de acuerdo con específicos encajes políticos y económicos. La principal diferencia se produce entre las economías anglosajonas, liberales y por lo general desreguladas (EE.UU. y el Reino Unido); las del modelo «renano» continental; y las del modelo nórdico, donde imperan negociaciones y acuerdos entre empresarios, sindicatos, instituciones financieras e instancias públicas (Soskice, 1999; Hall y Soskice, 2001). Asociado a la teoría política liberal, el término «capitalismo anglosajón» ha sido popularizado por Michael Albert (1992), al relacionarlo con la variante liberal del capitalismo contemporáneo.

55. La Estrategia Europea para el Empleo (EEE) ciertamente reforzó las asunciones y tradiciones de políticas laborales activas de larga trayectoria en las islas Británicas o los países escandinavos. Pero también produjo considerables efectos en países con otras tradiciones respecto a las políticas de empleo, y con asunciones respecto a las políticas «pasivas» laborales, que pasaron a ser denostadas (Moreno y Serrano Pascual, 2011).

IV. BIENESTAR SOCIAL EN LA ECONOMÍA GLOBAL

1. Además, su pasividad se torna en impotencia a la hora de controlar las cada vez más internacionalizadas redes criminales, las cuales despliegan una capacidad de actuación que desborda ampliamente el marco estatal. Contribuye a ello el hecho de que el sector «sumergido» de la economía internacional cuente con la connivencia activa

del sector financiero transnacional, como ilustra el «blanqueo» de beneficios obtenidos por el tráfico ilegal de estupefacientes.

2. Recuérdese el denominado efecto «tequila» de 1994 en México, provocado por la rápida venta de los *tesobonos* públicos mexicanos por parte de los inversores, lo que produjo que se «vaciaran» las reservas internacionales del Banco de México, y que se provocase una crisis financiera de repercusiones internacionales.

3. Ante el cúmulo de críticas y el desprestigio del gobierno de Berlusconi, traducido en lo que parecía un proceso imparable de estrangulamiento en la refinanciación de la alta deuda pública italiana (120 % del PIB), el presidente Giorgio Napolitano forzó un cambio de gobierno. El nuevo ejecutivo «técnico» presidido por Mario Monti fue acogido favorablemente en los mercados financieros, lo que favoreció una reducción del diferencial con el bono alemán (*spread*) desde el 5,5 % el 11 de noviembre de 2011, un día antes de la dimisión de Berlusconi, a un 3,7 % un mes después.

4. Situación ejemplificada por el caso de la República de Irlanda, denominado el «tigre celta» (*Celtic Tiger*) durante el periodo 1995-2007. En estos años primaron las políticas de atracción de capitales —mayoritariamente procedentes de EE.UU.—, con un impuesto de sociedades muy bajo (no superior al 12,5 % en comparación con un promedio del doble en la UE), y el acceso de sus exportaciones al mercado interno de la UE.

5. Compárese dicha cifra de parados con los 5,3 millones en España en las mismas fechas. Téngase en cuenta, además, que el número de cotizantes a la seguridad social en Alemania era de 41,4 millones, que se comparaba con los apenas 17 millones en España. Las poblaciones totales de ambos países eran de 82,5 y 45 millones, respectivamente.

6. En España, las rentas de los asalariados ya es menor al excedente de empresas y autónomos. A principios de la década de 1980 suponía el 53 % del PIB español y se redujo al 46 % a finales de 2011.

7. Connolly era gobernador demócrata de Texas cuando John F. Kennedy fue asesinado en Dallas en 1963. Iba en el coche presidencial durante el magnicidio y fue herido de gravedad, aunque se recuperó y, posteriormente, el presidente republicano Richard Nixon lo nombró secretario del Tesoro.

8. Considérese que los salarios durante la edad de plata del *welfare* (1976-2007) se estancaron, pero el consumo de la gente se mantuvo constante y en algunos segmentos sociales menos pudientes incluso aumentó. Sucede que ante la caída del ahorro, las familias incurrieron en un endeudamiento de índole crónica alentado por un sector financiero de crédito fácil dirigido al gasto suntuario y no siempre productivo ni competitivo.

9. A finales de 2001, el gobierno argentino impuso la restricción a los ahorradores de la libre disposición de su dinero en efectivo de cuentas bancarias corrientes, a plazo fijo, o en cajas de ahorros (unos 66.000 millones de dólares estadounidenses en total). Se temía una ola de pánico con una salida masiva de efectivo del sistema bancario. En 2002 el gobierno argentino había emitido bonos canjeables por los dineros cautivos cuya última cuota fue finalmente pagada, once años más tarde, por el gobierno de Cristina Fermández.

10. Se trata de las *Sparkassen* regionales, que gestionan activos por valor de 1 millón de millones de euros, y cuyo papel junto con la KfW Bankengruppe (banco gubernamental de desarrollo) posibilitó una crecimiento sostenido a largo plazo muy alejado de los modelos de la «burbuja inmobiliaria», la excesiva deuda pública, o el gasto privado desenfrenado de economías como la irlandesa, la italiana o la española, por citar algunos ejemplos característicos.

11. El cual quitó protagonismo a la gran banca pública como accionista de referencia de las grandes empresas nacionales tras los procesos de privatización acelerados en las décadas de 1980 y 1990. La alternativa pasó a ser, como consecuencia, la búsqueda de la máxima rentabilidad en el más breve plazo de tiempo posible, ayudada por una oferta monetaria amplia y a bajo coste, y multiplicada por la vertiginosa expansión de «elásticas» fórmulas de financiación mediante derivados y titulación de deudas.

12. Fueron establecidos por la reforma del gobierno rojiverde de Schröder en 2003 a fin de incrementar las tasas de empleo. El salario mensual es de unos 400 euros por 15 horas semanales, y el trabajador puede «pluriemplearse» teniendo dos o más miniempleos al mismo tiempo. En Alemania, este tipo de contratación es utilizada por mujeres como forma de conciliar su vida familiar y la-

boral. En 2011, unos 7 millones de residentes alemanes tenían un miniempleo (alrededor del 17 % de la fuerza laboral activa).

13. Recuérdese que la economía productiva atañe a las actividades de producción de bienes y servicios, mientras que la economía especulativa, algo más compleja de conceptualizar, concierne a la obtención de beneficios dinerarios a partir de otros productos o activos.

14. Recuérdese que una inflación moderada ha sido a menudo una «aliada» de los estados en su lucha contra la excesiva deuda y en pos de la competitividad.

15. Laurence J. Peter utiliza un ejemplo físico elemental para ilustrar su conocida tesis: «la nata sube hasta cortarse» (Peter & Hull, 1969).

16. Las SICAV (sociedad de inversión de capital variable) son instrumentos de inversión de las grandes fortunas y actúan como una mezcla de sociedades anónimas y fondos de inversión pero tributando tan solo el 1 % en vez de 30 % del impuesto de sociedades. Se exige un capital mínimo de 2,4 millones de euros y 100 partícipes o accionistas, y su principal ventaja es que los propietarios de la SICAV pueden retirar dinero sin tributar hasta que dicha cantidad reintegrable supere la cantidad inicialmente invertida, ya que se considera que lo que se retira es capital y no las ganancias obtenidas por las inversiones realizadas. La normativa introducida en noviembre de 2010 suprimió la ventaja fiscal que les permitía reducir su capital sin tener que pagar a Hacienda.

17. Datos del Observatorio de Responsabilidad Social Corporativa (http://www.observatoriorsc.org/).

18. Aunque por su propia naturaleza es harto difícil calcular con precisión el alcance de la «economía sumergida», se estimaba que en España representaba en 2011 un 21,5 % del PIB (Arrazola *et al.*, 2011).

19. El Sindicato de Técnicos del Ministerio de Hacienda (Gestha) estimaba que los contribuyentes españoles pagaban de promedio unos 830 euros más de lo que les correspondería para compensar la evasión fiscal de los que operaban en la economía sumergida (http://www.gestha.es/).

20. De acuerdo con la información de la Organización Profe-

sional de Inspectores de Hacienda del Estado (IHE), la plantilla de la Agencia Tributaria y su coste, en términos comparativos, eran los más bajos de los países de la OCDE (http://www.inspectoresdehacienda.org/).

21. Una ilustración de ello sería el caso de las pensiones nocionales dentro del sistema contributivo de reparto (*pay-as-you go*) implementado a finales de la década de 1990 en Suecia. Se estableció el principio de que la cuantía de las pensiones se ajustaría automáticamente hacia abajo de acuerdo con unas mayores expectativas de vida de los jubilados y un menor crecimiento de los salarios reales de los trabajadores contribuyentes con sus cotizaciones al mantenimiento del sistema. Tales reformas pretendían introducir cierto automatismo en el cálculo de las pensiones y eliminar las conocidas prácticas políticas de evitación de la culpa (*blame avoidance*) mediante las cuales los gobiernos por todos los medios evitan aparecer ante sus electores como responsables de los ajustes a la baja de las políticas a implementar (Lindbeck, 2006).

22. La política implementada en Dinamarca ofrecería el modelo ideal, basado en una cobertura comprensiva de las necesidades de todos los ciudadanos a través de las residencias (una quinta parte de cuyo coste está cubierto por los pagos de los usuarios) y de las ayudas a domicilio (financiadas en su totalidad por los poderes públicos), que suponen un gasto social equivalente al 3 % del PIB danés (Esping-Andersen, 2007).

23. Es el caso de los países «familistas» del sur de Europa, en contraste con la menor herencia del capital cultural de los padres y la mayor homogeneización social de los países nórdicos.

24. Según el tradicional adagio escocés, si «los cerdos se moviesen por el aire con sus colas hacia delante, volar hacia atrás sería una proeza sin importancia» (*if pigs fly in the air with their tails forward, flying backwards would seem a small extra feat*).

25. De acuerdo con los datos proporcionados por la Comisión Europea, España, Grecia y Portugal eran responsables del 95 % del aumento del paro en la UE desde 2010. Los tres países tenían tasas de desempleo juvenil superiores al 50 %.

26. Es esta la última regla de una buena confesión católica. Las otras cuatro incluyen «examen de conciencia», «dolor de los peca-

dos», «propósito de enmienda», y «decir los pecados al confesor». Adviértase la sinonimia en el credo cristiano entre «deuda» y «pecado» (Evangelio de san Mateo 6:12).

27. Entre los principales puntos del plan de ajuste destacaba el aumento en el tiempo de cotización a la seguridad social para poder recibir la pensión de jubilación completa (41 años para las mujeres y 42 para los hombres) y el aumento del IVA en dos puntos (del 21 al 23 %).

28. Recuérdese que Mario Monti, primer ministro italiano y responsable de la cartera de Economía, fue miembro de la Comisión Europea (1994-2004) y asesor del banco de inversión Goldman Sachs. Lukás Papadimos, a su vez, fue gobernador del Banco Nacional de Grecia desde 1994 hasta 2002, año en que pasó a ser vicepresidente del Banco Central Europeo. Vítor Gaspar, ministro de Economía en el gabinete de Passos Coelho, había sido con anterioridad director general de investigación del Banco Central Europeo (1998-2000). Luis de Guindos, ministro de Economía en el primer gabinete de Mariano Rajoy, había sido consejero asesor de Europa de Lehman Brothers y director de la filial en España y Portugal hasta la quiebra y bancarrota del banco inversor en 2008.

29. Irlanda, otro país periférico con graves problemas económico, ya había sido rescatado en noviembre de 2010 con un programa de asistencia financiera de 85.000 millones de euros.

30. Según datos de Eurostat, España, con una población de 45 millones de residentes y un PIB per cápita del 103 % del promedio de la UE-27, pasó a compararse con otros países demográficamente grandes, tales como Alemania (82 millones y PIB per cápita del 116 %), Francia (64 millones y PIB per cápita del 108 %), Reino Unido (61 millones y PIB per cápita del 112 %) e Italia (60 millones y PIB per cápita del 104 %).

31. En alusión a un irrefrenable deseo de ostentación por mostrar el rango de «nuevos ricos» (*nouveaux riches*) y derrochar aquello que no se tiene. El acceso al crédito fácil y barato en mercados internacionales amparado por la moneda única permitió la creación de una burbuja inmobiliaria que estimuló la economía de manera ficticia e insostenible a largo plazo.

32. Si bien se realizó con incrementos de gastos corrientes de

municipios y CC.AA. financiados con ingresos extraordinarios, tales como nuevas recaudaciones de impuestos (por ejemplo, transmisiones patrimoniales), o recalificaciones urbanísticas generalizadas, cuando no mediante ventas y permutas de terrenos públicos.

33. Con pertinaz desinformación, o por motivos electorales ramplones, se ha insistido en que la Ley de Dependencia constituía el cuarto pilar del EB español cuando, en puridad, su implementación es una parte del entramado de servicios sociales establecido de manera progresiva desde el tardofranquismo (Aguilar Hendrickson, 2009).

34. Que hace alusión a la popular canción del grupo sueco Abba («The winner takes it all», 1980). Treinta años más tarde, los politólogos Jacob Hacker y Paul Pierson utilizaron la misma expresión en el título de su libro, *Winner-Take-All Politics: How Washington Made the Rich Richer —and Turned Its Back on the Middle Class* (2010). Otras traducciones «libres» de dicha expresión podrían ser: «el ganador-se-lo-lleva-todo (y el perdedor-se-achica)», «el ganador-se-queda-con-todo (y nada reparte)» o, simplemente, «el vencedor nada-comparte».

35. De modo un tanto paradójico, su liderazgo en el Partido Conservador británico y su *premiership* terminaron abruptamente en noviembre de 1990, después de una «conspiración de palacio» tramada por algunos de los que habían sido fieles correligionarios.

36. A la sazón implicaba un acuerdo entre sindicatos y empresarios mediante el cual estos últimos se comprometían a contratar solo a miembros sindicados y a que los asalariados contratados permaneciesen como afiliados al sindicato a fin de garantizar su puesto de trabajo. La Organización Internacional de Trabajo se había pronunciado sobre la ilegalidad del sistema de contratación y sindicación obligatoria aduciendo que era algo que se tenía que dirimir a nivel nacional.

37. El cual abandonó el Labour Party después de que esta formación renunciase en 1996 a la cláusula IV, recogida en su constitución fundacional de 1918, y mediante la cual se proclamaba el objetivo político de la nacionalización de los medios estratégicos de producción, distribución e intercambios británicos.

38. Apuntalado posteriormente por los programas federales de la «Gran Sociedad» (*Great Society*), iniciados por Lyndon B. Johnson (1963-1969), y que tenían como objetivo la eliminación de la pobreza y la injusticia racial, y que se concentraron en las áreas de

la educación, la atención médica, el urbanismo y el transporte. Los programas llegaron a extenderse durante la presidencia de los republicanos Richard Nixon (1969-1974) y Gerald Ford (1974-1977).

39. Se deja constancia del significado específico de «liberal» en EE.UU. equiparable a un progresismo izquierdista opuesto al conservadurismo derechista.

40. Según la Oficina Presupuestaria del Congreso estadounidense, durante 1979 y 2007, las rentas del 1 % más rico se incrementan un promedio del 275 %. El 80 % de todos los activos financieros pasó a estar en manos del 10 % más enriquecido. Durante la expansión financiera entre 2002-2007, las rentas del 1 % más rico en EE.UU. aumentaron diez veces más rápido que las rentas del restante 90 % (www.cbo.gov/).

41. Casi la mitad de los miembros del Congreso son millonarios. Se calcula que el valor neto promedio de un senador de EE.UU. es de 2,56 millones de dólares, según datos del Center for Responsive Politics (www.opensecrets.org).

42. El propósito de la reforma sanitaria auspiciada por el presidente Obama y arduamente combatida por los republicanos conservadores era ayudar a que unos 45 millones de estadounidenses, que no disponían de seguro médico (alrededor del 15 % de la población total de EE.UU.), consiguieran cobertura. Apenas horas después de firmar la ley, más de treinta estados denunciaron su constitucionalidad ante los juzgados, aunque el Tribunal Supremo la ratificó a mediados de 2012 con una mayoría de un solo voto de diferencia de sus miembros.

43. La cual no debe confundirse con las ideas *pro-choice* (proelección) del movimiento a favor de que la mujer tenga control sobre su fertilidad y embarazo, incluida la decisión de abortar, anatema para los neoconservadores estadounidenses.

44. El exitoso libro de Thomas Frank indaga en las razones del neoconservadurismo populista en un estado como Kansas, que a finales del siglo XIX mostraba un posicionamiento izquierdista de las clases populares. Según Frank, el discurso político conservador logró que los temas sociales y económicos quedasen relegados, y que los culturales y morales se dirigiesen contra las élites «liberales».

45. Paradójicamente, los estados que más «consumen» en servicios y prestaciones del bienestar social, tales como Medicaid y Me-

dicare, son los más republicanos. Es decir, las regiones en las que los programas asistenciales gubernamentales constituyen la mayor proporción de la renta personal se muestran más proclives a votar a los republicanos conservadores más radicales.

46. Se arguye que el incremento de las élites meritocráticas (muchas de ellas «liberales») ha perjudicado de manera notable a los estadounidenses que no se han incorporado a ellas (Murray, 2012). En los últimos decenios se habría producido una contradicción entre las ideas proclamadas por los progresistas «liberales» norteamericanos y sus prácticas sociales como «ricos» y «acomodados», lo que habría incrementado el «resentimiento» social de las clases populares —especialmente las blancas con posibilidades de movilidad ascendente— y su «encanallamiento» y frustración.

47. Cifras que se corresponden con la situación anterior a los efectos de la crisis hipotecaria de 2007. Al año siguiente, el porcentaje cayó casi un tercio, hasta un 6,7 % de millonarios (http://www.capgemini.com/).

48. El argumento estriba en el simple hecho de que un pilar, o gran componente, no puede derrumbarse sin hacer caer al conjunto del sistema. El peligro de derrumbe obedece a menudo a motivos que que tienen más que ver con las razones de la psicología social que con la propia ciencia económica. Ya Charles Mackay, en su clásica obra *Memorias de extraordinarias ilusiones y de la locura de las multitudes* (1841), expuso los efectos de la burbuja económica desatada por la «manía de los tulipanes», cuyos bulbos se convirtieron en objetos de intercambio comercial muy preciados que alcanzaron precios desorbitados. Los bulbos de principios del siglo XXI parecen ser derivados financieros tales como los *credit default swaps* (permutas de incumplimiento crediticio). Para una crónica de los sucesos de mediados de septiembre de 2008 y las dificultades de entidades financieras estadounidenses demasiado grandes para derrumbarse, véase Sorkin (2010).

49. Tal concepto hunde sus raíces etimológicas en la antigua *polis* griega. En la historia social subsiguiente, y con carácter general, se ha identificado a la politeya con el conjunto de instituciones políticas de la sociedad. Su uso no debe hacerse por necesidad sinónimo al de estado en su sentido moderno, el cual corresponde a una fase relativamente reciente del devenir de la humanidad.

50. En referencia a una «sociedad decente» en la que sus ciudadanos no se humillan unos a otros con sus comportamientos reprobables y en la que la vida social se desarrolla con dignidad y honestidad por parte de los representantes políticos (Margalit, 2010).

51. Miembro de la Unión Cristianodemócrata alemana (CDU-Christlich-Demokratische Union Deutschlands), fue presidente desde el 30 de junio de 2010 hasta su dimisión el 17 de febrero de 2012 al ser investigado por corrupción y tráfico de influencias durante su etapa como ministro presidente de Baja Sajonia (Niedersachsen), tales como la obtención de créditos privados en condiciones favorables, vacaciones con su familia pagadas por empresarios y financiación electoral irregular. Su situación política se hizo insostenible tras saberse que había presionado al todopoderoso grupo mediático Axel Springer AG para evitar que se publicasen noticias sobre el asunto en el sensacionalista *Bild Zeitung*, el periódico más leído en Alemania con una difusión de su edición impresa de 4,5 millones de ejemplares.

52. El autodefinido socialdemócrata, y más que probable candidato del Partido Socialista a la presidencia francesa, se vio involucrado en un escándalo sexual durante su mandato como director del Fondo Monetario Internacional en Nueva York. Cuando la prensa internacional había «olvidado» el escándalo en Estados Unidos, Strauss-Kahn fue arrestado en Lille en febrero de 2012 para ser interrogado por el juez por un presunto caso de proxenetismo y desvío de fondos.

53. En la extensa panoplia de situaciones de corrupción política, cabe destacar dos al ser relevantes en nuestra discusión. La primera, de índole general, atañe a la financiación de los partidos y su insaciable voracidad para captar recursos con fines orgánicos y propagandísticos. La segunda, en clave estructural pero de índole personal, viene conformada por los incentivos para asumir cargos institucionales —especialmente a nivel autonómico y municipal, en el caso español— a fin de obtener prebendas mediante recalificaciones urbanísticas o adjudicaciones de obras y servicios en concursos públicos.

54. Algunos ejecutivos bancarios han podido (pre)jubilarse con compensaciones superiores a los 50 millones de euros.

CONCLUSIÓN: ¿QUÉ FUTURO PARA EL WELFARE EUROPEO?

1. Sin embargo, los gastos nacionales en defensa permanecen en niveles altos y «duplicados», lo que es un despilfarro de recursos en un continente en paz consigo mismo. Grecia encabezaba en 2010 la lista de países de la UE con mayor presupuesto militar (4,5 % de su PIB).

2. Con la edición en 1918 del primer volumen de *La decadencia de Occidente*, Spengler ya apuntaba que la epopeya de la modernidad europea se saldaría con su muerte segura, al negar sus propios límites y reafirmar que todas las civilizaciones son transitorias.

3. Y del modelo de globalización neoliberal, respecto al cual, y según palabras de Margaret Thatcher, «There is no alternative (no hay alternativa)». Naturalmente, hay otras visiones normativas sobre lo que debería ser el vigente proceso de mundialización. El altermundismo, por ejemplo, propone que es posible y necesario otro mundo, basándose en ideas que apuntan hacia una justicia mundial y la creación de un mundo más igualitario y sostenible.

4. El *perpetuum mobile* es un concepto prestado de la física teórica que auspicia un funcionamiento permanente una vez asentado el impulso inicial. Se alude, en términos parecidos, a la doctrina de la palingenesia o «eterna recurrencia», mediante la cual, tras el ciclo de existencia y muerte, sucede una reencarnación de valores que aseguraría la continuidad de la civilización europea.

5. Para el sociólogo catalán, la futura aceptación de un capitalismo sin turbulencias excesivas precisaría la *infraestructura pública solidaria* de una democracia progresiva, necesariamente más costosa para los ricos.

6. Para Masini, lejos de cualquier matiz esotérico, las visiones hacia el porvenir son constructos sociales que poseen una función anticipatoria y estratégica.

7. Recuérdese que su afán por aliviar las condiciones de los seres humanos le había llevado a participar en la Sociedad Eugenésica Británica (Eugenics Society), la cual auspiciaba el estudio de los métodos para «mejorar» la raza humana mediante el control reproductivo. En 1909 llegó a proponer que los hombres que no pudieran trabajar deberían ser protegidos por el estado, pero que perderían sus derechos ciudadanos, incluidos la paternidad.

8. En los inicios de la década de 1980, se extendió el concepto de «la sociedad de los dos tercios» en referencia a una situación en la que dos terceras partes de los ciudadanos de democracias avanzadas europeas mantendrían niveles altos de renta, mientras que el tercio restante serían *losers* (perdedores) condenados a la precariedad laboral e incluso a la exclusión social. El agregado social se mantendría estable, al constituir los *winners* una mayoría numérica satisfecha con sus ganancias sociales.

9. Dada la previsible evolución demográfica, se haría necesaria la llegada de millones de inmigrantes para 2030, a fin de mantener los equilibrios socioeconómicos en Europa. En el caso español, los nacimientos apenas compensarían las defunciones, y se calcula que se necesitarían al menos 7 millones de inmigrantes para que la tasa de dependencia entre pasivos y productivos se mantuviese en un ratio óptimo (Moreno-Fuentes y Bruquetas Callejo, 2011). En lo que respecta al equilibrio financiero futuro de los sistemas de pensiones de reparto con prestación definida como el español, solo podrían garantizarse mediante generosas políticas de inmigración, siempre que esta política fuera selectiva por edad (Conde-Ruiz *et al*, 2008).

10. Los jóvenes mediterráneos despliegan de forma dispar itinerarios alternativos a los vividos por sus padres, generando diversas tipologías y grados de emancipación, y dependiendo de sus recursos laborales y familiares, que tratan de optimizar según las variadas coyunturas. Así, se produce una pluralidad de grupos de jóvenes adultos categorizados como «ambiciosos», «ventajistas», «confiados», «resistentes», «bloqueados», «suspendidos» «equilibristas» y «navegantes», según la lógica de aquellos jóvenes con oportunidades de mejora respecto a la posición de sus padres, de aquellos otros con riesgos de empeorarla y de los que buscan trayectorias inéditas (Gentile, 2009).

11. Recobran plena vigencia las aserciones de Marshall McLuhan sobre la imposibilidad de una reclusión total de los ciudadanos en sí mismos. En la «aldea global», se quiera o no, los individuos están expuestos a una permanente información que modela su entendimiento del mundo y sus acciones para transformarlo (McLuhan y Powers, 1989).

REFERENCIAS BIBLIOGRÁFICAS

ABRAHAMSON, PETER (1997), «Exclusión Social en Europa: ¿Vino Viejo en Odres Nuevos?», en Moreno, Luis (ed.), *Unión Europea y Estado del Bienestar*, pp. 117-141. Madrid: CSIC.

ADELANTADO, JOSÉ y CALDERÓN, EDUARDO (2005), «Globalización y Estados de Bienestar: ¿respuestas semejantes a problemas parecidos?», *Cuadernos de Relaciones Laborales*, 23 (2): 15-44.

AER (Asamblea de Regiones Europeas) (2005), «The European Social Model must be grounded in diversity». Accesible en: http://www.a-e-r.org/en/news/2005/2005101301.html.

AGUILAR HENDRICKSON, MANUEL (2009), «Los servicios sociales: las tribulaciones de un sector emergente», en Moreno, Luis (ed.), *Reformas de las políticas de bienestar en España*, pp. 171-206. Madrid: Siglo XXI.

ALBER, JENS (2006), «The European Social Model and the United States», *European Union Politics*, 7 (3): 393-419.

— (2010), «What the European and American Welfare States Have in Common and Where They Differ. Facts and Fiction in Comparisons of the European Social Model and the United States», *Journal of European Social Policy*, 20 (2): 102-125.

ALBERT, MICHAEL (1992), *Capitalismo contra capitalismo*, Barcelona: Paidós.

ALESINA, ALBERTO y GLAESER, EDWARD (2004), *Fighting Poverty in the US and Europe*, Oxford: Oxford University Press.

ALONSO, LUIS ENRIQUE (2007), *La crisis de la ciudadanía laboral*, Barcelona: Anthropos.

ANDRÉN, DANIEL (2003), *Sickness-related Absenteeism and Economic Incentives in Sweden: A history of reforms*. CESifo DICE Report, 1(3), 54-60.

ANDREOTTI, ALBERTA; GARCÍA, SOLEDAD; GÓMEZ, AITOR; HESPANHA, PEDRO; KAZEPOV, YURI y MINGIONE, ENZO (2001), «Does a Southern European model exists?», *Journal of European Area Studies*, 9 (1): 43-62.

ARRAZOLA, MARIA; DE HEVIA, JOSÉ; MAULEÓN, IGNACIO y SÁNCHEZ, RAÚL (2011), «Estimación del volumen de economía sumergida en España», *Cuadernos de Información Económica*, 220: 81-88.

ARRIBA, ANA (coord.) (2010), *Políticas y bienes sociales. Procesos de vulnerabilidad y exclusión social*, Madrid: Fundación FOESSA.

ARRIBA, ANA y MORENO, LUIS (2005), «Spain: Poverty, social exclusion and safety nets», en Ferrera, Maurizio (ed.), *Welfare State Reform in Southern Europe. Fighting poverty and social exclusion in Italy, Spain, Portugal and Greece*, pp. 141-203. Nueva York: Routledge.

ARRIBA, ANA; CALZADA, INÉS y DEL PINO, ELOÍSA (2006), *Las actitudes de los españoles hacia el Estado del Bienestar (1985-2005)*. Madrid: Centro de Investigaciones Sociológicas (CIS, Opiniones y Actitudes).

ARROW, KENNETH J. (1950), «A Difficulty in the Concept of Social Welfare», *The Journal of Political Economy*, 58 (4): 328-346. Accesible en: http://gatton.uky.edu/Faculty/hoytw/751/articles/arrow.pdf.

AZAGRA, JOAQUÍN y ROMERO, JOAN (2012), *Desde la margen izquierda*, Valencia: Publicaciones de la Universitat de València (Prisma).

BALDWIN, PETER (1992), *The Politics of Social Solidarity. Class Bases of the European Welfare State 1875-1975*, Cambridge: Cambridge University Press (Ed. castellano, 1992, *La política de solidaridad social. Bases sociales del Estado de bienestar europeo 1875-1975*, Madrid: Ministerio de Trabajo y Seguridad Social).

BALES, KEVIN (2004), *Disposable People. New Slavery in the Global Economy*, Berkeley, CA: University of California Press.

BARBIER, JEAN-CLAUDE (2009), «L'importance des langues et des mots dans la comparaison: traduction et controverses», Documents de Travail du Centre d'Economie de la Sorbonne, Universitè Paris 1 Panthéon-Sorbonne. Accesible en: http://centredeconomiesorbonne.univ-paris1.fr/bandeau-haut/documents-de-travail/.

BARÓN CRESPO, ENRIQUE (2011), «Rigor más crecimiento», *Expansión* (10.12.2011).

BARR, NICHOLAS (2004), *The Economics of the Welfare State* (4.ª ed.), Oxford: Oxford University Press-Stanford University Press.

BAUMAN, ZYGMUNT (1999), *Modernidad líquida*, Buenos Aires: Fondo de Cultura Económica.

— (2001), *En busca de la política*, Buenos Aires: Fondo de Cultura Económica.

BAUMOL, WILLIAM J. y BOWEN, WILLIAM G. (1966), *Performing arts: the economic dilemma; a study of problems common to theater, opera, music, and dance*, Nueva York: Twentieth Century Fund.

BECK, ULRICH y E. BECK-GERNSHEIM, ELISABETH (eds.) (2001), *Individualization: Institutionalized Individualism and its Social and Political Consequences*, Londres: Sage [Ed. castellano: *La individualización: el individualismo institucionalizado y sus consecuencias sociales y políticas*, Ediciones Paidós Ibérica, 2003].

BECK, ULRICH; GIDDENS, ANTHONY y LASH, SCOTT (2008), *Modernización reflexiva: política, tradición y estética en el orden social moderno*, Madrid: Alianza.

BÉJAR, HELENA (2007), *Identidades inciertas: Zygmunt Bauman*, Barcelona: Herder.

BELL, DANIEL (1974), *The Coming of Post-Industrial Society*, Londres: Heinemann (Ed. castellano: 2006, *El advenimiento de la sociedad postindustrial*, Madrid, Alianza).

— (1981), *Las contradicciones culturales del capitalismo*, Madrid: 1981.

BERLIN, ISAIAH (1958), *Two Concepts of Liberty*, Oxford: Clarendon Press (Ed. castellano, 1974: «Dos conceptos de libertad», en Quinton, Anthony (ed.), *Filosofía política*, México D.F.: Fondo de Cultura Económica).

BONOLI, GIULIANO (2005), «The politics of the new social policies: providing coverage against new social risks in mature welfare states», *Policy & Politics*, 33 (3): 431-449.

BRADSHAW, JONATHAN (ed.) (2011), *The Well-Being of Children in the UK*, Bristol: Policy Press.

BRIGGS, ASA (2000), «The welfare state in historical perspective», en Pierson, Christopher y Castles, Francsic G. (eds.), *The Welfare State Reader*, pp. 18-31. Cambridge, Polity Press.

BUCHANAN, JAMES M. y TULLOCK, GORDON (1962), *The Calculus of Consent. Logical Foundations of Constitutional Democracy*, Ann Arbor, MI: University of Michigan Press.

BUSTELO, MARÍA y PETERSON, ELIN (2005), «Conciliación y (des)igualdad. Una mirada debajo de la alfombra de las políticas de igualdad entre mujeres y hombres», *Revista de Desarrollo y Educación Popular*, 7: 32-37.

CALZADA, INÉS (2012), «Welfare program organization and legitimacy. A comparison of eleven OECD countries», *Revista Internacional de Sociología*, vol. 70 (1): 39-75.

CALZADA, INÉS y DEL PINO, ELOÍSA (2011), «Are Spaniards Different? European convergence and regional divergence in the evaluation of Welfare State», en Guillén, Ana M. y León, Margarita (eds.), *The Spanish Welfare State in the European Context*, pp. 139-163. Farnham: Ashgate.

— (2008), «Perceived Efficacy and Citizens. Attitudes towards Welfare State Reform», *International Review of Administrative Sciences*, vol. 74 (4): 555-574.

CARABAÑA, JULIO y SALIDO, OLGA (2001), «Fuentes de renta, desigualdad y pobreza de individuos y hogares», en Moreno, Luis. (ed.), *Pobreza y exclusión: La «malla de seguridad» en España*, pp. 107-152. Madrid: CSIC.

CASADO, DEMETRIO (dir.) (2004), *Respuestas a la dependencia*, Madrid, Editorial CCS.

— (2007), «La rama de los servicios sociales», en Casado, Demetrio y Fantova, Fernando (coords.), *Perfeccionamiento de los servicios sociales*, pp. 36-50. Madrid. Fundación FOESSA-Cáritas.

— (coord.) 2010, *Leyes de Servicios Sociales del siglo XXI*, Madrid: Fundación FOESSA-Cáritas.

CASAS, FERNANDO (2010), «El mercado de servicios en la Unión Europea», ponencia presentada en el II Congreso de la REPS (Red Española de Política Social-ESPANET). Accesible en: http://cg2010.espanet-spain.net/gest/sites/default/files/panel4/1/Ponencia/1/reps_mercado_y_servicios_ue_pdf_18897.pdf.

CASTEL, ROBERT (1992), «La inserción y los nuevos retos de las intervenciones sociales», en Álvarez-Uría, Fernando (comp.) *Marginación e inserción*, pp. 25-36. Madrid: Endymion.

CHOMSKY, NOAM (1994), *World Orders, Old and New*, Londres: Pluto.

COMISIÓN EUROPEA (2010), *Estrategia 2020. Una estrategia para un crecimiento inteligente, sostenible e integrador*, Bruselas COM (2010) 2020 3.3.2010. Accesible en: http://ec.europa.eu/commission_2010-2014/president/news/documents/pdf/20100303_1_es.pdf.

CONDE-RUIZ, J. IGNACIO; JIMENO, JUAN F. y VALERA, GUADALUPE (2008), «Inmigración y Pensiones: ¿Qué sabemos?», *Cuadernos Económicos de* ICE, 75: 249-270. Accesible en http://www.revistasice.com/CachePDF/CICE_75_249-270__F9F415551BF8BAC48E708EAB78FA9D7A.pdf.

CORRY, DAN; VALERO, ANNA y VAN REENEN, JOHN (2011), «UK Economic Performance since 1997: Growth, Productivity and Jobs», Londres: Centre for Economic Performance, London School of Economics. Accesible en: http://cep.lse.ac.uk/conference_papers/15b_11_2011/CEP_Report_UK_Business_15112011.pdf.

COWLES, MARIA G., CAPORASO, JAMES y RISSE, THOMAS (eds.) (2001), *Transforming Europe: Europeanization and Domestic Change*, Ithaca, NY: Cornell University Press.

CRESPO-SUÁREZ, EDUARDO y SERRANO-PASCUAL, AMPARO (2006), «Political production of individualised subjects in the paradoxical discourse of the EU institutions», en Van Berkel, Rik y Valkenburg, Ben (eds.), *Making it personal. Individualising activation services in the EU*, 107-127. Bristol: Polity Press.

CROUCH, COLIN (1999), *Social Change in Western Europe*, Oxford: Oxford University Press.

— (2011), *The Strange Non-Death of Neoliberalism*, Oxford: Polity Press.

CROZIER, MICHEL J.; HUNTINGTON, SAMUEL y WATANUKI, JOJI (1975), *The Crisis of Democracy. Report on the Governability of Democracies to the Trilateral Commission*, Nueva York: New York University Press.

DE MIGUEL, JESÚS y ESCANDELL, XAVIER (1999), «Descentralización de servicios sociales y sanitarios», *Gestión y Análisis de Políticas Públicas*, número extraordinario 13-14.

DEACON, BOB (2000), «Eastern European Welfare States: The Impact of the Politics of Globalisation», *Journal of European Social Policy*, 10 (2): 121-146.

DEWEY, JOHN (2008), *Teoría de la valoración*. Madrid: Siruela.

DÍEZ MEDRANO, JUAN y GUTIÉRREZ, PAULA (2003), «Nested identities: national and European identity in Spain», *Erhnic and Racial Studies*, 24 (5): 753-758.

DOMÈNECH, ANTONI y RAVENTÓS, DANIEL (2004), «La Renta Básica de Ciudadanía y las poblaciones trabajadoras del primer mundo», *Le Monde Diplomatique* (ed. español). Accesible en *Sin Permiso*: http://www.sinpermiso.info/textos/index.php?id=1.

DONAHUE, JOHN (1997), *Disunited States*, Nueva York: Basic Books.

EFILWC (European Foundation for the Improvement of Living and Working Conditions) (2006), «Reconciliation of work and family life and collective bargaining in the European Union. An analysis of EIRO articles». Accesible en: http://www.eiro.eurofond.eu.int).

ELIAS, NORBERT (1990), *La sociedad de los individuos*, Barcelona: Península.

ESPINA, ÁLVARO (2007), *Modernización y Estado de Bienestar en España*, Madrid: Siglo XXI/Fundación Carolina.

ESPING-ANDERSEN, GØSTA (1985), *Politics against Markets: The Social Democratic Road to Power*, Princeton, NJ: Princeton University Press.

— (1990), *Three Worlds of Welfare Capitalism*, Cambridge: Polity Press. (Ed. castellano, 1993, *Los tres mundos del Estado del Bienestar*, Burjassot: Ed. Alfons El Magnànim).

— (1999), *Social Foundations of Postindustrial Economies*. Oxford: Oxford University Press. (Ed. castellano, *Fundamentos sociales de las economías postindustriales*, Barcelona: Ariel, 2000).

— (2007), «Investing in children and their life chances», en Espina, Álvaro (ed.), *Estado de bienestar y competitividad. La experiencia europea*, pp. 104-157. Madrid: Fundación Carolina/Siglo XXI.

ESPING-ANDERSEN, GØSTA y PALIER, BRUNO (2010), *Los tres grandes retos del estado del bienestar*, Barcelona: Ariel.

ESPING-ANDERSEN, GØSTA; GALLIE, DUNCAN; HEMERIJCK, ANTON y MYLES, JOHN (2002), *Why we need a new welfare state*, Oxford: Oxford University Press.

ETUC (2005), «What is the "European Social Model" or "Social Europe?"». Accesible en: http://www.etuc.org/a/111.

EUROACTIV (2005), «Hans Skov Christensen, director general of the Federation of Danish Industry». Accesible en: http://www.euractiv.com/en/socialeurope/hans-skov-christensen-director-general-federation-danish-industry/article-146400.

FAIST, THOMAS (2001), «Social Citizenship in the European Union: Nested Membership», *Journal of Common Market Studies*, 39 (1): 37-58.

FERRERA, MAURIZIO (1998), *Le trappole del welfare*, Bolonia: Il Mulino.

— (2005), *The Boundaries of Welfare. European Integration and the New Spatial Politics of Social Protection*, Oxford: Oxford University Press.

— (2007), *The European Welfare State. Golden achievements, silver prospects*, Turín: URGE 4/2007. Accesible en: http://www.urge.it/files/papers/3_wpurge4_2007.pdf.

FERRERA, MAURIZIO y GUALMINI, ELISABETTA (2004), *Rescued by Europe? Social and Labour Market Reforms from Maastricht to Berlusconi*, Ámsterdam: Amsterdam University Press.

FERRERA, MAURIZIO; MATSAGANIS, MANOS y SACCHI, STEFANO (2002), «Open coordination against poverty: the new EU "Social inclusion process"», *Journal of European Social Policy*. 12 (3): 227-240.

FLAQUER, LUIS (2000), *Las políticas familiares en una perspectiva comparada*, Barcelona: Fundación La Caixa (Estudios Sociales).

FLIGSTEIN, NEIL (1996), «Markets as Politics: A Political-Cultural approach to Market Institutions», *American Sociological Review*, 61: 656-673.

— (2008), *Euroclash: The EU, European Identity, and the future of Europe*, Nueva York: Oxford University Press.

FLORA, PETER (ed.) (1986/87), *Growth to Limits. The European Welfare States Since World War II*, Berlín: De Gruyter (Vol. 1: *Sweden, Norway, Finland, Denmark*, 1986; vol. 2: *Germany, United Kingdom, Ireland, Italy*, 1986, y vol. 4: *Appendix [Synopses, Bibliographies, Tables]*, 1987).

— (1993), «Los estados nacionales del bienestar y la integración europea», en Moreno, Luis (ed.), *Intercambio social y desarrollo del bienestar*, pp. 15-27. Madrid: CSIC.

FLORA, PETER y HEIDENHEIMER, ARNOLD J. (1981), «The Historical Core and Changing Boundaries of Welfare States», en Flora, Peter y Heidenheimer, Arnold J. (eds.), *The Development of Welfare States in Europe and America*, pp. 17-34. New Brunswick, N.J.: Transaction Books.

FLORA, PETER; KUHNLE, STEIN y URWIN, DEREK (eds.) (1999), *State Formation, Nation-Building and Mass Politics in Europe. The Theory of Stein Rokkan*, Oxford: Oxford University Press.

FOESSA (2012), «Exclusión y Desarrollo Social en España. Análisis y Perspectivas 2012», Madrid: Cáritas Española. Informe accesible en: http://www.caritas.es/publicaciones_compra.aspx?Id=4314&Diocesis=1&Idioma=1.

FRANK, THOMAS (2004), *What's the Matter with Kansas? How Conservatives Won the Heart of America*, Nueva York: Henry Holt & Co.

FRIEDMAN, MILTON y FRIEDMAN, ROSE (1980), *Free to Choose: A Personal Statement*, Londres: Secker & Warburg.

GARRIDO-MEDINA, LUIS (2010), «El impacto de la crisis sobre la desigualdad en el trabajo», *Papeles de Economía Española*, n.º 124, pp. 46-68.

GARRIDO-MEDINA, LUIS y GIL CALVO, ENRIQUE (eds.) (1993), *Estrategias familiares*. Madrid: Alianza.

GARRIGA, ELISABET y MELÉ, DOMÈNEC (2004), «Corporate Responsibility: Mapping the Territory», *Journal of Business Ethics*, vol. 53, núm. 1-2, pp. 51-71.

GENTILE, ALESSANDRO (2009), *Inestabilidad laboral y estrategias de emancipación: Los jóvenes-adultos titulados y mileuristas de Barcelona y Roma*, Tesis doctoral. Universitat de Barcelona.

GIL CALVO, ENRIQUE (2001), *Nacidos para cambiar*, Madrid: Taurus.

GILPIN, ROBERT (1987), *The Political Economy of International Relations*, Princeton, NJ: Princeton University Press.

GINER, SALVADOR (1987), «La estructura lógica de la democracia», en Giner, Salvador, *Ensayos Civiles*, pp. 219-255. Barcelona: Península.

— (1992), «Sir Isaiah Berlin. Conversación con Salvador Giner», *Claves de Razón Práctica*, 22: 44-47.

— (1997), «Intenciones humanas, estructuras sociales: para una lógica situacional», en Manuel Cruz (comp.), *Acción Humana*, pp. 121-126. Barcelona: Ariel.

— (2009), *Historia de pensamiento social* (12.ª ed. actualizada). Barcelona, Ariel.

— (2010), *El futuro del capitalismo*, Barcelona: Península.

— (2012), *El origen de la moral*, Barcelona: Península.

GINER, SALVADOR y PÉREZ YRUELA, MANUEL (1979), *La sociedad corporativa*, Madrid Centro de Investigaciones Sociológicas.

GOLDTHORPE, JOHN H.; LOCKWOOD, DAVID; BECHHOFER, FRANK y PLATT, JENNIFER (1969), *The Affluent Worker in the Class Structure*. Cambridge: Cambridge University Press.

GONZÁLEZ, JUAN JESÚS (2008), «Estado de bienestar y desigualdad», en González, Juan Jesús y Requena, Miguel (eds.), *Tres décadas de cambio social en España*, pp. 173-203. Madrid: Alianza.

GONZÁLEZ-TEMPRANO, ANTONIO (ed.) (2003) *La consolidación del Estado del Bienestar en España (1993-2000)*, CES (Colección Estudios), Madrid.

GOODIN, ROBERT E. (2008), *Innovating Democracy: Democratic Theory and Practice alter the Deliberative Turn*, Oxford: Oxford University Press.

GOUGH, IAN (1979), *The Political Economy of the Welfare State*. Londres: Macmillan (Ed. castellano, 1982, *La Economía Política del Estado del Bienestar*, Madrid: Blume).

GUILLÉN, ANA M. (2000), *La construcción política del sistema sanitario español: de la postguerra a la democracia*, Madrid: Ex Libris.

— (2007), «Spain: starting from periphery, becoming centre», en Kvist, Jon y Saari, Juho (eds.), *The Europeanization of Social Protection*, pp. 117-135. Bristol: Policy Press.

GUILLÉN, ANA M. y GUTIÉRREZ, RODOLFO (2008), «Treinta años de pactos sociales en España: un balance», *Cuadernos de Información Económica*, 203: 173-181.

GUILLÉN, ANA M. y LEÓN, MARGARITA (eds.) (2011), *The Spanish Welfare State in the European Context*, Farnham: Ashgate.

HABERMAS, JÜRGEN (1973), *Legitimations probleme im Spätkapitalismus*, Frankfurt: Suhrkamp (Ed. castellano: *Problemas de legitimación en el capitalismo tardío*, Madrid: Cátedra, 1999).

HACKER, JACOB y PIERSON, PAUL (2010), *Winner-Take-All Politics: How*

Washington Made the Rich Richer —and Turned Its Back on the Middle Class, Nueva York: Simon & Schuster.

HALL, PETER A. (1986), *Governing the Economy: The Politics of State Interventation in Britain and France*, Oxford: Polity.

HALL, PETER A. y SOSKICE, DAVID (eds.) (2001), *Varieties of Capitalism. The institucional Foundations of Comparative Advantage*, Oxford: Oxford University Press.

HAYEK, FRIEDRICH AUGUST VON (1944), *The Road to Serfdom*, Londres: Routledge (Ed. castellano, *Camino de servidumbre*, Madrid: Alianza, 2000).

HOLLOWAY, JOHN (2002), *Cambiar el mundo sin tomar el poder*, Buenos Aires: Ediciones Herramienta.

HUNTER, JAMES D. (1992), *Culture Wars: The Struggle to Define America*, Nueva York: Basic Books.

JEPSEN, MARÍA y SERRANO-PASCUAL, AMPARO (2011), «El modelo social europeo: la frágil producción política de un proyecto social comunitario», *Pasajes de Pensamiento Contemporáneo*, 35: 53-66.

JUDT, TONY (2011), *Algo va mal*, Madrid: Santillana.

JURADO GUERRERO, TERESA (2001), *Youth in Transition. Housing, Employment, Social Policies and Families in France and Spain*, Aldershot: Ashgate.

KARAMESSINI, M. (2008), «Continuity and change in the Southern European Social Model», *International Labour Review*, 147 (1): 43-70.

KASSIM, HUSSEIN y LE GALÈS, PATRICK (2010), «Exploring Governance in a Multi-Level Polity: A Policy Instruments Approach», *West European Politics*, 33 (1): 1-21.

KORPI, WALTER (1983), *The Democratic Class Struggle*, Londres: Routledge & Kegan Paul.

KPMG (2008), *Individual Income Tax Rate. Survey 2008*, Amstelveen: KPMG International Cooperative. Accesible en www.kpmg.com/.

KRUGMAN, PAUL (2009), *The Return of Depression Economics and the Crisis of 2008*, Nueva York: Norton (Ed. castellano: *El Retorno de la Economía de la Depresión y la Crisis Actual*, Barcelona: Crítica).

— (2011), «The Greater Depression», *The New York Times* (26.01.2012).

KUHNLE, STEIN (1997), «La reconstrucción política de los Estados del Bienestar europeos», en Moreno, Luis (ed.), *Unión Europea y Estado del Bienestar*, pp. 31-65. Madrid: CSIC.

— (ed.) (2000), *The Survival of the European Welfare State*, Londres: Routledge.

KUHNLE, STEIN y SANDER, ANNE (2010), «The Emergence of the Western Welfare State», en Castles, Francis G.; Leibfried, Stephan; Lewis, Jane; Obinger, Herbert y Pierson, Christopher (eds), *The Oxford Handbook of the Welfare State*, cap. 5, pp. 63-82. Oxford: Oxford University Press.

LAMO DE ESPINOSA, EMILIO (1989), «El objeto de la sociología. Hecho social y consecuencias no intencionadas de la acción», *Revista Española de Investigaciones Sociológicas*, 48: 7-51. Accesible en: http://www.reis.cis.es/REISWeb/PDF/REIS_048_03.pdf.

LAQUEUR, WALTER (2009), *The Last Days of Europe. Epitaph for and Old Continent*, Nueva York: St. Martin's Griffin.

LAPARRA, MIGUEL (2010), «El impacto de la crisis en la cohesión social o el surf de los hogares españoles en el modelo de integración de la "sociedad líquida"», *Documentación Social*, 158: 97-130.

LEWIS, JANE (2001), «The decline of the male breadwinner model: the implications for work and care», *Social Politics*, 8 (2): 152-70.

LINDBECK, ASSAR (2006). «Sustainable social spending,» *International Tax and Public Finance* 13,4: 303-324.

LOMBARDO, EMANUELA y FOREST, MAXIME (eds.) (2012), *The Europeanization of Gender Equality Policies. A Discursive Sociological Approach*, Nueva York: Palgrave Macmillan.

LUTZ, HELMA (2007) «Domestic work», *European Journal of Women's Studies* 14 (3): 187-192.

MACKINTOSH, JOHN P. (1962), *The British Cabinet*, Londres: Stevens.

MACPHERSON, CRAWFORD BROUGH (1962), *The Political Theory of Possessive Individualism: From Hobbes to Locke*, Oxford: Oxford University Press.

MARBÁN, VICENTE (2009), «La atención a la dependencia», en Moreno, Luis (ed.), *Reformas de las políticas del bienestar en España*, pp. 207-238. Madrid: Siglo XXI.

— (2012), «Actores sociales y desarrollo de la Ley de Dependencia en España», *Revista Internacional de Sociología*, 70 (2): 375-398.

MARGALIT, AVISHAI (2010), *La sociedad decente*, Barcelona: Paidós.

MARÍ-KLOSE, PAU y MARÍ-KLOSE, MARGARITA (2006), *Edad del cambio. Jóvenes en los circuitos de la solidaridad intergeneracional*, Madrid: Centro de Investigaciones Sociológicas.

MARÍ-KLOSE, PAU; MARÍ-KLOSE, MARGARITA; VAQUERA, ELIZABETH y ARGESEANU CUNNINGHAM, SOLVEIG (2010), *Infancia y futuro. Nuevas realidades, nuevos retos*, Barcelona: Fundación La Caixa.

MARKS, GARY; HOOGHE, LIESBET y SCHAKEL, ARJAN SCHAKEL (2008), «Patterns of Regional Authority», *Regional and Federal Studies*, 18 (2-3): 167-181.

MARSHALL, THOMAS (1950), *Citizenship and Social Class and Other Essays*, Cambridge: Cambridge University Press (Ed. castellano, 1998, *Ciudadanía y clase social*, Madrid: Alianza).

MASINI, ELEONORA (ed.) (1983), *Visions of Desirable Societies*, Oxford: Pergamon Press.

MCLUHAN, MARSHALL y POWERS, BRUCE R. (1989), *The Global Village: Transformations in World Life and Media in the 21st Century*, Nueva York: Oxford University Press. (Ed. castellano, 1990, *La Aldea Global*, Barcelona: Gedisa).

MEADOWS, DONATELLA H.; RANDERS, JORGEN; MEADOWS, DENNIS L. y BEHRENS, WILLIAM W. (1972), *The Limits to growth: A report for the Club of Rome's Project on the Predicament of Mankind*, Washington, DC: Potomac Associates.

MERTON, ROBERT K. (1968), *Social Theory and Social Structure*, Nueva York: Free Press.

MICKLETHWAIT, JOHN y WOOLDRIDGE, ADRIAN (2004), *The Right Nation: Conservative Power in America*, Nueva York: Penguin.

MONTANELLI, INDRO (2010), *Historia de Roma*, Barcelona: Debolsillo (Ed. original: 1957, *Storia di Roma*, Milán: Longanesi).

MORENO, LUIS (1997), *La federalización de España. Poder político y territorio*, Madrid: Siglo XXI (2.ª edición 2008).

— (2000), *Ciudadanos precarios. La «última red» de protección social*, Barcelona: Ariel Sociología.

— (2001), «La "vía media" española del modelo de bienestar mediterráneo», *Papers*, 63/64: 67-82.

— (2002), «Global y local: Identidades territoriales y mesogobiernos», en Safran, William y Máiz, Ramón (coords.), *Identidad y autogobierno en sociedades multiculturales*, pp. 97-111. Barcelona: Ariel.

— (2003), «Europeanisation, Mesogovernments and Safety Nets», *European Journal of Political Research*, 42 (2): 185-199.

— (2004), «Spain's transition to New Risks: a farewell to "superwomen"», en Taylor-Gooby, Peter (ed.), *New Risks, New Welfare. The Transformation of the European Welfare State*, pp. 133-157. Nueva York: Oxford University Press.

— (2007), «Europa social, bienestar en España y la "malla de seguridad"», en Espina, Álvaro (coord.), *Estado de Bienestar y competitividad. La experiencia europea*, pp. 445-511. Madrid: Fundación Carolina-Siglo XXI.

— (2008), *The Nordic Path of Spain's Mediterranean Welfare*, Center for European Studies Working Paper Series #163, Harvard University. Accesible en: http://www.ces.fas.harvard.edu/publications/docs/pdfs/CES_163.pdf.

— (2009a), «NURSOPOB: Presentación, contexto del bienestar, marco de referencia y nuevos riesgos sociales», en Moreno, Luis (eds.), *Reformas de las políticas del bienestar en España*, pp. 1-34. Madrid: Siglo XXI.

— (2009b), «Ciudadanos multinivel y políticas de bienestar», *Documentación Social*, 154: 91-104.

— (2011), «Sociología política», en Giner, Salvador (coord.), *Teoría sociológica moderna* (2.ª ed.), pp. 603-615. Barcelona: Ariel.

— (2012), «Agregado del bienestar, Responsabilidad Corporativa y Ciudadanía Social», *Revista de Responsabilidad Social de la Empresa*, 3 (3); 91-113.

MORENO, LUIS y COLINO, CÉSAR (eds.) (2010), *Diversity and Unity in Federal Systems*, Montreal & Kingston/Londres/Ithaca, NY: McGill-Queen's University Press.

MORENO, LUIS y LECOURS, ANDRÉ (2009), «Introducción: tensiones y paradojas de una relación multifacética», en Moreno, Luis y Lecours, André (eds.), *Nacionalismo y democracia. Dicotomías, complementariedades y oposiciones*, pp. 19-36. Madrid: Centro de Estudios Políticos y Constitucionales.

MORENO, LUIS y MCEWEN, NICOLA (2005), «Exploring the territorial politics of welfare», en McEwen, Nicola y Moreno, Luis (eds.), *The Territorial Politics of Welfare*, pp. 1-40. Londres: Routledge.

MORENO, LUIS y PALIER, BRUNO (2005), «The Europeanization of Welfare: Paradigm shifts and social policy reforms», en Taylor-Gooby, Peter (ed.), *Ideas and Welfare State Reform in Western Europe*, pp. 145-175. Nueva York: Palgrave Macmillan.

MORENO, LUIS y RODRÍGUEZ CABRERO, GREGORIO (2007), «Política social y estado del bienestar», en Pérez Yruela, Manuel (ed.), *Sociología en España*, pp. 645-666. Madrid: Centro de Investigaciones Sociológicas/Federación Española de Sociología.

MORENO, LUIS y SARASA, SEBASTIÁN (1993), «Génesis y desarrollo del Estado del Bienestar en España», *Revista Internacional de Sociología* 6: 27-69.

MORENO, LUIS y SERRANO PASCUAL, AMPARO (2007), «Europeización del Bienestar y activación», *Política y Sociedad*, 44 (2): 101-114.

— (2009), «Modelo Social Europeo y políticas sociales: una evaluación formativa institucional», *Gestión y Análisis de Políticas Públicas*, 2: 11-32.

— (2011), «Europeanization and Spanish welfare: the case of employment policy», en Guillén, Ana M. y León, Margarita (eds.), *The Spanish Welfare State in European Context*, pp. 39-58. Farnham: Ashgate.

MORENO FUENTES, FRANCISCO JAVIER y BRUQUETAS CALLEJO, MARÍA (2011), *Inmigración y Estado de bienestar en España*, Barcelona: Obra Social La Caixa.

MORENO FUENTES, FRANCISCO JAVIER; ARRIBA, ANA y MORENO, LUIS (2006), «Inmigración, diversidad y protección social en España», *Revista Española del Tercer Sector*, 4: 53-97.

MSPSI (2011), *Informe del Gobierno para la Evaluación de la Ley de Promoción de la Autonomía Personal y Atención a las Personas en Situación de Dependencia*, Madrid: Ministerio de Sanidad, Política Social e Igualdad.

MUNCHAU, WOLFGANG (2005), «Why social models are irrelevant», *Financial Times* (23.10.2005).

MURPHY, RICHARD (2010) *Making pensions work*, Downham Market, Norfolk: Finance for the future LLP. Accesible en: http://www.

financeforthefuture.com/MakingPensionsWork.pdfhttp://www.financeforthefuture.com/MakingPensionsWork.pdf.

MURRAY, CHARLES (2012), *Coming Apart. The State of White Americans, 1960-2010*, Nueva York: Crown Forum.

NALDINI, MANUELA (2003), *The Family in the Mediterranean Welfare States*, Londres: Frank Cass/Routledge.

NAVARRO, VICENTE (dir.) (2007), *La situación social en España II*, Madrid: Editorial Biblioteca Nueva.

— (dir.) (2009), *La situación social en España III*, Fundación Largo Caballero-Editorial Biblioteca Nueva, Madrid.

NOYA, JAVIER (2004), *Ciudadanos ambivalentes. Actitudes ante la igualdad y el Estado del Bienestar en España*, Madrid: Centro de Investigaciones Sociológicas/ Siglo XXI.

NOZICK, ROBERT (1974), *Anarchy, State and Utopia*, Oxford: Blackwell (Ed. castellano, 1988, *Anarquía, estado y utopía*. México D.F.: Fondo de Cultura Económica).

NYBERG, LARS (2010), Dictamen del Comité Económico y Social Europeo sobre el «Impuesto sobre las transacciones financieras». Bruselas: Comité Económico y Social Europeo. Accesible en: http://periodismohumano.com/files/2011/02/ITF.-Dictamen-CESEU.pdf.

O'CONNOR, JULIA S. y BRYM, ROBERT J. (1988), «Public welfare expenditure in OECD countries: Towards a reconciliation of inconsistent findings», *British Journal of Sociology*, 39 (1): 47-68.

OFFE, CLAUS (1984), *Contradictions of the Welfare State*. (ed. John Keane), Londres: Hutchinson (Ed. castellano: *Contradicciones en el Estado de Bienestar*, Madrid, Alianza, 1990).

OSTROM, VINCENT y OSTROM, ELINOR (1999), «Public Goods and Public Choices», en McGinnis, Michael (ed.), *Polycentricity and Local Public Economies: Readings from the Workshop in Political Theory and Policy Analysis*, pp. 75-103. Ann Arbor: University of Michigan Press.

PARAMIO, LUDOLFO (2009), «El modelo europeo: ¿modelo económico o modelo social?», *Nueva Sociedad*, 221: 166-179.

PAVOLINI, EMANUELE y RANCI, COSTANZO (2008), «Restructuring the welfare state: reforms in long-term care in Western European countries», *Journal of European Social Policy*; 18 (3): 246-259.

PÉREZ ERANSUS, BEGOÑA; GONZÁLEZ DE DURANA, ANA y PARRILLA FERNÁNDEZ, JOSÉ MANUEL (2009), «Transformaciones de las políticas autonómicas de inclusión social: ¿Reforma o cambio de imagen?», en Moreno, Luis (ed.), *Reformas de las Políticas del Bienestar en España*, pp. 239-280. Madrid: Siglo XXI.

PETER, LAURENCE J y HULL, RAYMOND (1969). *The Peter Principle: Why Things Always Go Wrong*, Nueva York: William Morrow & Co.

PETERSON, JOHN (2004), «Policy Networks», en Wiener, Antje y Diez, Thomas (eds.) *European Integration Theory*, pp. 117-135. Oxford: Oxford University Press.

PETMESIDOU, M. (1996), «Social Protection in Southern Europe: Trends and Prospects», *Journal of Area Studies*, 9 (4): 95-125.

PIERSON, PAUL (1998), «Irresistible forces, immovable objects: postindustrial welfare states confront permanent austerity», *Journal of European Public Policy*, 5 (4): 539-560.

POLANYI, KARL (1944), *The Great Transformation: The Political and Economic Origins of Our Time*, Boston: Beacon Press (Ed. castellano, 1978, *La Gran Transformación*, Madrid: La Piqueta).

POTUCEK, MARTIN (2008), «Metamorphoses of Welfare States in Central and Eastern Europe», en M. Seeleib-Kaiser (ed.), *Welfare State Trasnformations. Comparative* Perspectives, pp. 79-95. Nueva York: Palgrave Macmillan.

PRADERA, JAVIER (1995), «El doble lamento: la opinión pública ante el Estado de bienestar», *Claves de Razón Práctica*, 50: 40-49.

RAJAN, RAGHURAM R. y ZINGALES, LUIGI (2003), *Saving Capitalism from the Capitalists: Unleashing the power of financial markets to create wealth and spread opportunity*, Nueva York: Crown.

RAWLS, JOHN (1971), *A Theory of Justice*, Cambridge, MA.: Belknap (Ed. castellano, 1978, *Una teoría de la justicia*, México D.F.: Fondo de Cultura Económica).

REHER, DAVID S. (1996), *La familia en España. Pasado y presente*, Madrid: Alianza.

— (1998), «Family ties in Western Europe: Persistent contrasts», *Population and Development Review*, 24 (2): 203-234.

RITZER, GEORGE (1993), *The McDonalization of Society*, Thousand Oaks, CA: Pine Forge Press (Ed. castellano: 2010, *La McDonalización de la sociedad*, Barcelona: 1996).

RIZZO, SERGIO y STELLA, GIAN ANTONIO (2007), *La casta. Così i politici italiani sono diventati intoccabili*, Milán: Rizzoli.

RODRÍGUEZ CABRERO, GREGORIO (1992), «Fundamentos teóricos de la política social», en Moreno, Luis y Pérez-Yruela, Manuel (comps.), *Política Social y Estado del Bienestar*, pp. 21-44. Madrid: Ministerio de Asuntos Sociales.

— (2004), *El Estado de Bienestar en España: Debates, Desarrollo y Retos*, Madrid: Fundamentos.

— (2005), «La protección social a las personas en situación de dependencia en España en el contexto de las políticas europeas de cuidados de larga duración», en Rodríguez-Cabrero, Gregorio; Arriba, Ana; Marbán, Vicente y Salido, Olga (2005), *Actores Sociales y Reformas del Bienestar*, pp. 53-82. Madrid: CSIC.

— (2008), «Estado de Bienestar y políticas sociales en España (1977-2007)», en Jiménez de Parga, Manuel y Vallespín, Fernando (eds.), *La política*, pp. 733-762. Fundación Sistema-Biblioteca Nueva. (colección, *España Siglo XXI* [dir.] del Campo, Salustiano y Tezanos, José Félix).

— (2009), «El Sistema de Autonomía Personal y Atención a la Dependencia en España (SAAD); desarrollo y ámbitos de evaluación», *Economistas*, 122: 8-16.

— (ed.) (2011), *Servicios sociales y cohesión social*, Madrid: Consejo Económico y Social.

RODRÍGUEZ CABRERO, GREGORIO y MARBÁN, VICENTE (2012), «Long-term care in Spain: A hybrid system of informal family care tradition and the institutionalisation of risk», en Ranci, Costanzo y Pavolini, Emanuele (eds.), *Reforms in Long-term Care Policies in EU Countries*, Nueva York: Springer.

ROMERO, JOAN (2011), «¿Quiere Europa ocuparse del futuro de su modelo socioeconómico? ¿Puede hacerlo? ¿Europa o los Estados?», *Pasajes de Pensamiento Contemporáneo*, 35: 15-27.

ROSANVALLON, PIERRE (2011), *La Société des égaux*, París: Le Seuil.

ROSE, RICHARD y PETERS, GUY (1978), *Can government go bankrupt?* Nueva York: Basic Books.

ROSS, FIONA (2000), «Beyond Left and Right: The New Partisan Politics of Welfare», *Governance*, 13 (2): 155-183.

ROTHSTEIN, BO (1998), *Just Institutions Matter. The Moral and Political*

Logic of the Universal Welfare State, Nueva York: Cambridge University Press.

RYAN, PAUL (2011), *A RoadMap Plan for America's Future. Description of the legislation*, Budget Committee Republiucans. Accesible en: http://www.roadmap.republicans.budget.house.gov/.

SABATIER, PAUL (1998), «The advocacy coalition framework: revisions and relevance for Europe», *Journal of European Public Policy*, 5 (1): 98-130.

SALIDO, OLGA (2011), «Female Employment and Policies for Balancing Work and Family Life in Spain», en Guillén, Ana M. y León, Margarita (eds.), *The Spanish Welfare State in the European Context*, pp. 187-208. Farnham: Ashgate.

SALIDO, OLGA y MORENO, LUIS (2007), «Bienestar y políticas familiares en España», *Política y Sociedad*, 44 (2): 31-44.

— (2009), «Familia y género», en Moreno, Luis (ed.), *Reformas de las Políticas del Bienestar en España*, pp. 281-308. Madrid: Siglo XXI.

— (2012), *Female employment and welfare development in Spain*. Nueva York: Palgrave Macmillan.

SARACENO, CHIARA (1995), «Familismo ambivalente y clientelismo categórico en el Estado del Bienestar italiano», en Sarasa, Sebastià y Moreno, Luis (eds.) *El Estado del Bienestar en la Europa del Sur*, pp. 261-288. Madrid: CSIC.

SCHARPF, FRITZ (1996), «Negative and positive integration in the political economy of European welfare states», en Marks, Gary; Scharpf, Fritz; Schmitter, Philippe y Streeck, Wolfgang *Governance in the European Union*, pp. 15-39. Londres: Sage.

SCHMITTER, PHILIPPE y BAUER, MICHAEL W. (2001), «A (modest) proposal for expanding social citizenship in the European Union», *Journal of European Social Policy*, 11 (1), 55-65.

SCHUMPETER, JOSEPH A. (1943), *Capitalism, Socialism and Democracy*, Londres: Unwin (Ed. castellano: 1971, *Capitalismo, socialismo y democracia*, Madrid: Aguilar, 1971).

SCHWARTZ, JOSEPH M (2008), *The future of Democratic Equality. Rebuilding Social Solidarity in a Fragmented America*, Nueva York: Routledge.

SEN, AMARTYA (1992), *Inequality Reexamined*, Oxford: Clarendon

Press (Ed. castellano, 1995, *Nuevo examen de la desigualdad*. Alianza Editorial).

SENNETT, RICHARD (2006), *La corrosión del carácter: las consecuencias personales del trabajo en el nuevo capitalismo*, Barcelona: Anagrama.

SERRANO PASCUAL, AMPARO (2009), «The battle of ideas in the European field: the combat to defeat unemployment and the struggle to give it a name», *Transfer*, 15(1): 5-71.

SERRANO PASCUAL, AMPARO y MAGNUSSON, LARS (eds.) (2007), *Reshaping Welfare States and Activation Regimes in Europe*, Bruselas: P.I.E. Peter Lang.

SIIS (2011), *Activación y derecho a la inclusión en el marco de las políticas de empleo y de garantía de ingresos la CAPV*. Documento de Trabajo. San Sebastián: Centro de Documentación y Estudios SiiS-Fundación Eguía-Careaga.

SIMMEL, GEORG (1986), *El individuo y la libertad*, Barcelona: Península.

SKOCPOL, THEDA (1992), *Protecting Soldiers and Mothers: The Political Origins of Social Policy in United States*, Cambridge, MA.: Belknap.

SMITH, ADAM (1759), *The Theory of Moral Sentiments*, Londres: A. Millar (1790) (Ed. castellano, *La Teoría de los Sentimientos Morales*, México, DF: Fondo de Cultura Económica, 1979).

SPENGLER, OSWALD (1966), *La decadencia de Occidente*. (Tomo 1: *Bosquejo de una morfología de la historia universal*) (Versión original 1918). Madrid: Espasa-Calpe.

SØRENSEN, PETER BIRCH (2007), «The theory of optimal taxation: what is the policy relevance?», International Tax Public Finance: 14: 383-406.

SORKIN, ANDREW ROSS (2010), *Too Big to Fail. The Inside Story of How Wall Street and Washington Fought to Save the Financial System – and themselves*, Nueva York: Penguin Books.

SOSKICE, DAVID (1999), «Divergent Production Regimes: Coordinated and Uncoordinated Market Economies in the 1980s and 1990s», en Kitschelt, Herbert; Lange, Peter; Marks, Gary y Stephens, John (eds.), *Continuity and Change in Contemporary Capitalism*, pp.101-134. Cambridge: Cambridge University Press.

SOTELO, IGNACIO (2010), *El Estado social. Antecedentes, origen, desarrollo y declive*, Madrid: Trotta/Fundación Alfonso Martín-Escudero.

STEINER, GEORGE (2005), *La idea de Europa*, Madrid: Siruela.

STOCKMAN, DAVID (1986), *The Triumph of Politics: How the Reagan Revolution Failed*, Nueva York: Harper & Row.

STRANGE, SUSAN (1996), *The Retreat of the State. The Diffusion of Power in the World Economy*, Cambridge: Cambridge University Press.

STUART MILL, JOHN (1848), *Principles of political economy with some of their Applications to Social Philosophy* (ed.) William J. Ashley, Londres: Longmans, Green & Co., 1909.

SYKES, ROBERT; PALIER, BRUNO y PRIOR, PAULINE M. (2001), *Globalization and European Welfare States. Challenges and Change*, Nueva York: Palgrave Macmillan.

TANZI, VITO y SCHUKNECHT, LUDGER (2000), *Public Spending in the 20th Century. A Global Perspective*, Nueva York: Cambridge University Press.

TAYLOR, CHARLES (1996), *Fuentes del Yo: La construcción de la Identidad moderna*, Barcelona: Paidós.

TAYLOR-GOOBY, PETER (2002), «The Silver Age of the Welfare State: Perspectives on Resilience», *Journal of Social Policy*, 31 (4): 597-621.

— (ed.) (2004), *New Risks, New Welfare: The Transformation of the European Welfare State*, Oxford: Oxford University Press.

— (2006), «Is the future American? Or can left politics preserve European welfare states from erosion through growing "racial" diversity?», en Delorenzi, Simone (ed.), *Going Places. Neighbourhood, Ethnicity and Social Mobility*, pp. 114-126. Londres: Institute for Public Policy Research.

— (2009), «The future of the European social model – the welfare dimensions», en Taylor, Robert (ed.), *Social Europe and the single market –where next?*, pp. 74-80. Londres: The Smith Institute.

THATCHER, MARGARET (1993), *Los años de Downing Street*, Madrid: El País/Aguilar.

TILLY, CHARLES (2004), *Contention and Democracy in Europe, 1650-2000*, Nueva York: Cambridge University Press.

TITMUSS, RICHARD (1962), *Income distribution and social change. A study in criticism*, Londres: Allen and Unwin.

TOBÍO, CONSTANZA (2005), *Madres que trabajan. Dilemas y estrategias*, Madrid: Cátedra.

TORREBLANCA, JOSÉ IGNACIO (2005), *¿Adiós a los fondos? Las claves para entender la posición de España a la hora de negociar el presupuesto de* *la UE para 2007-2013*. Documento de Trabajo (DT) 21/2005. Madrid: Real Instituto Elcano de Estudios Internacionales y Estratégicos (Accesible en: http://www.realinstitutoelcano.org/documentos/204/Torreblanca.pdf).

VAN HECKE, STEVEN (2003), «The principle of subsidiarity: ten years of application in the European Union», *Regional and Federal Studies*, 13 (1): 55-80.

VAN KERSBERGEN, KEES (1995), *Social Capitalism. A Study of Christian Democracy and the Welfare State*, Londres: Routledege.

VAN OORSCHOT, WIM (2008), «Popular deservingness perceptions and conditionality of solidarity in Europe», en Van Oorschot, Wim; Opielka, Michael y Pfau-Effinger, Birgit (eds.), *Culture and welfare state: Values and social policy in comparative perspective*, pp. 268-288. Londres: Edward Elgar.

VAN PARIJS, PHILLIPE (1992), *Arguing for Basic Income. Ethical Foundations for a Radical Reform*, Londres: Verso.

VEBLEN, THORSTEIN (1899), *The Theory of the Leisure Class: An Economic Study in the Evolution of Institutions*, Nueva York: Macmillan (título modificado en 1912 por *The Theory of the Leisure Class: An Economic Study of Institutions*) [Ed. castellano: *Teoría de la clase ociosa*, México: Fondo de Cultura Económica. Traducción de Vicente Herrero, 1944].

VEENHOVEN. RUUT (2009), *Happy Life Years in 148 nations 2000-2009*. World Database of Happiness. Rankreport Happy Life Years, version 10/09 (Accesible en: worlddatabaseofhappiness.eur.nl).

WEBER, MAX (1969), *La ética protestante y el espíritu del capitalismo*, Barcelona, Península, 1969 (Ed. Original, 1901).

WENCES SIMÓN, MARÍA ISABEL (2006), *Sociedad civil y virtud cívica en Adam Ferguson*, Madrid: Centro de Estudios Políticos y Constitucionales.

— (ed.) (2007), *Teoría social y política de la Ilustración escocesa: una antología*, Madrid y México, Plaza y Valdés-CSIC.

— (2009), *Hombre y sociedad en la Ilustración escocesa*, México, D. F.: Fontamara.

WILENSKY, HAROLD L. (1975), *The Welfare State and Equality: Structural and Ideological Roots of Public Expenditure*, Berkeley, CA: University of California Press.

WILKINSON, RICHARD y PICKETT, KATE (2009), *The Spirit Level: Why More Equal Societies Almost Always Do Better*, Londres: Allen Lane (Ed. castellano: *Desigualdad. Un análisis de la (in)felicidad colectiva*, Madrid: Turner, 2009.

WILLIAMSON, JOHN B. y WILLIAMS, MATTHEW (2003), «The notional defined contribution model: An aseessment of the strengths and limitations of a new approach to the provision of old age security». Documento de Trabajo WP 2003-18, Center for Retirement Research, Boston College. Disponible en: http://crr.bc.edu/images/stories/Working_Papers/wp_2003-18.pdf.